罗福腾 主编 ■

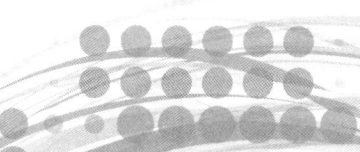

新加坡华语应用研究
新进展

新跃人文丛书

总主编　郭振羽

副总主编　符诗专　罗福腾

丛书编委会委员

符诗专　新加坡新跃大学新跃中华学术中心
郭振羽　新加坡新跃大学新跃中华学术中心
李国英　北京师范大学文学院
罗福腾　新加坡新跃大学中文课程
王润华　马来西亚南方大学学院
徐兴无　南京大学文学院
周建渝　香港中文大学中文系
竺家宁　台湾国立政治大学中文系

新跃人文丛书之二
《新加坡华语应用研究新进展》

分册编委会委员

李国英　北京师范大学文学院
柳士镇　南京大学文学院
罗福腾　新加坡新跃大学中文课程
王　惠　新加坡国立大学中文系
吴英成　新加坡南洋理工大学国立教育学院中文系

目 录

《新跃人文丛书》总序

总主编 郭振羽

《新跃人文丛书》面世了。

这套丛书，是由新加坡新跃大学"新跃中华学术中心"组织编辑、由八方文化创作室出版、以"文化中华"为主轴的学术系列专著。

"新跃中华学术中心"成立于2012年元月。中心成立的宗旨，就是透过开展课题研究、出版学术专著、举办文化学术活动、设立与中华文化相关的研究项目，来提升社会大众对中华语言、文化及社会的认识和了解。

在研究方面，中心成立伊始，即确定下以"文化中华"为主旨的研究方向；强调不以政治实体或者地理位置来定义"中华"二字，而是以源起于中华大地、流播到五洋七洲的今日华夏文明作为"文化中华"的定位。这么一个"中华"，不是一个局限于地理意义的"中华"。身处世界各个不同角落的炎黄子孙都有自己在地的关注和思考。这样的关注和思考理当受到尊重和珍惜。因为只有这样多元、有容乃大的"中华"，才能在全球化、在地化、全球在地化（glocalization）的二十一世纪中，让以华文来书写学术文章的学人畅所欲言，进而达到百花齐放、百家争鸣。

在这样的语境下，《新跃人文丛书》要为"文化中华"的多元性尽一份心、出一点力。除了先期推出的新马华文文学研究、华语应用研究、华文教材研究等专辑外，还有望推出其他研究专辑，包括历史、社会、艺术、戏剧、影视、媒体以及华流时尚等涉及中华人文的课题。我们采取开放、包容的态度，举凡与华夏文明选题有关，不论是中国大陆还是港、澳、台，亦或是世界各地华人的人文现象，都会予以考虑，甄选之后纳入出版规划。

"新跃人文丛书"得以顺利面世，是丛书各分册主编、作者以及出版社编辑们共同努力的结果。我们深知，要出版一套学术研究丛书，从选题的确定、作者的写作到出版发行，每一步骤都需要细心安排，慎重处理。我们感谢编委会委员以及各地学者给予的指导和支持。

《新跃人文丛书》是一片新开发的园地。在这块处女地的土壤下，蕴育各种可能，还有待关心"文化中华"的有心人去挖掘、灌溉、开发。中华文学、语言、教育、历史、社会、艺术、传播、流行文化，与全世界有华人存在的国家、社会的各种在地现象相互磨合、变异所产生出来的可能性是难以想像的。

这样的园地不能仅靠少数人来耕耘。它多元的本质，呼唤着更多各地各界卓有研究成就的学者专家参与。我们真诚期待社会各界的专家、时贤能为这一出版计划出谋划策，共襄此举。

是为序。

2012年10月15日

前　　言

罗福腾

　　《新加坡华语应用研究新进展》是"新跃人文丛书"的第二分册。

　　新加坡新跃大学（SIM University）中文课程从1999年开始招收第一届学士班起，到现在已经招收了十七届学员，毕业的学员上千人；2005年之后，陆续推出了中文硕士班、博士班，也有上百的学员学成毕业。多年来，中文课程累积了一大批学士论文、硕士论文以及博士论文，而这些论文就成为笔者编选"新跃人文丛书"之二的宝贵资源。

　　本册收录的新加坡华语研究的论文共九篇，都属于华语、华文应用研究的范围。

　　第一组论文，重在探讨本地华语交际和华语命名的现状。骆珍凤医生的论文《新加坡医患交际用语初探》从作者本身的职业出发，详细记录、统计、分析了自己跟患者华语交际的情况。记得她写作该文的时候，正是"沙斯"肆虐阶段。从调查到写作，历尽重重困难。最终为我们了解本地医患之间的华语交际提供了不可多得的资料。梁汉基先生的《新加坡公寓住宅华文命名的语言与文化特色》一文，多角度分析、讨论本地公寓住宅的汉语命名过程、方式、来源以及其中隐含的文化信息，是同类选题中仅见的论文。作者出身英校源流，因为喜爱华文，中年之后鼓起勇气来修读中文学位。在最后一年的学习中，结合自己的工作实践和优势，写出文风平实、资料翔实的论文，实在是难得。姚耀光先生的《新加坡华人熟食招牌名称的语言学观察》能条分缕析、分类解说本地华人摊贩熟食招牌的命名方式，也是属于文风扎实的好文章。

　　第二组论文是以本地民众华文应用为研究重点的文章。曾佩玉同学的论文《新加坡华文报章挽词用语研究》是具有开拓性研究的优秀论文。记得当时指导写作伊始，学员和导师都没有把握是否可以写成一篇像样的论文，周围的同学也对这一选题抱有不解。可贵的是佩玉同学利用工余时间，连续几个月到国家图书馆查阅当年的报章缩微胶卷，严谨、认真、仔细地记录当时的挽词挽联，最后形成了很厚的资料长编。在此基础上，作者克服困难，利用所学知识，终于写成一篇得到评委认可的优秀论文。此论文早前曾发表于其他文集，被多篇研究文章所引用，反响颇好。与此有异曲同工之妙的是吴玉英同学的《新加坡报章贺词贺语研究》，洋洋洒洒六万余字，描述报章贺词的几十年使用情况，是同类研究课题里的较好文章。罗健明女士的硕士论文《新加坡华人姓氏拼写法研究》是难度较高的一个选题。健明跑遍了本地宗乡会馆、宗亲会馆等，搜集到了各个方言族群的姓名拼写资料，最后列出资料长编，为后来的写作打下了坚实基础。可惜的是，限于本文集的篇幅，很多有用的附录表格被割爱了。不过，通过正文，读者仍然可以了解本地华人姓氏的错综复杂情况。

　　第三组论文聚焦于本地书面语华文应用的研究。梁萍同学的《新加坡中文广播语言研究》综述本地广播语言的变迁，可以帮助读者了解广播语言风格的嬗变历程；刘玲女士的《新加坡英中应用翻译评估》一文，针对本地英中翻译领域的评估方式提出见解；李玉珠同学以本地知名作家尤今女士的作品为研究对象，集中分析作家本人的语言应用技巧。这些文章都在客观上拓宽了本地华文应用研究的领域，也弥补了某些研究课题的不足。

　　把学位论文中的优秀论文结集出版，是自己执掌中文课程以来的一个强烈愿望。可是，在非主流语言的环境中，出版一本华语华文的研究文集，谈何容易？在尝试多次未果的情况下，这一计划迟迟未能付诸实施。幸运的是，2012年1月新跃大学专门成立了"新跃中华学术中心"，大学学术顾问郭振羽教授出任中心首任主任。在郭教授的全面指导和积极督促之下，学术中心为论文集提供了足够的出版基金和人力资源，终偿多年夙愿。坦率地说，如果没有郭教授的鼎力推动，这本论文集是无法与读者见面的。走笔至此，再次感谢郭振羽教授为提升本地华文教育和学术研究作出的辛勤努力。

同时，还要感谢以下专家、朋友的大力支持，他们是来自中国、台湾、香港、本地的各位编辑委员会委员、各篇论文导师、责任编辑何华先生以及学术中心的符诗专博士、鲁虎博士等。大家都为出版此书付出很多。

由于受到篇幅的限制，收录进本论文集的文章，仅仅是从上千篇学位论文中挑选出的一小部分，还有很多优秀论文只好忍痛割爱。另有数篇虽已见于其他书刊发表，但鉴于水平较好，而且是本校毕业生作品，最终还是纳入本集之中。另外，由于这些论文写作的时间跨度有十年多的时间，而写作的体例、格式等前后出现多次变化，这可能导致论文集中的各篇文字体例未必完全统一。在此，敬请读者朋友谅解。

2012年10月8日
于新加坡新跃大学

新加坡华人医患交际用语初探

骆珍凤

一 绪论

（一）新加坡人口的来源

新加坡的历史起自1819年英国东印度公司莱佛士的登陆。在这之前，新加坡是柔佛王国的附属地，一个小渔村。当年莱佛士抵达时，据说岛上只有150多人，其中华人约有30人。[1] 1824年《英荷协定》签定后，新加坡正式成为英国殖民地。[2]

根据1840年的调查，早期移居此地的华人，主要来自中国南部沿海各省的闽南人、广府人、潮州人、客家人和海南人，还有来自马六甲的海峡华人（俗称峇峇）。[3] 海峡华人的祖辈，其实也是来自中国南方的漳泉商人，他们早于三、四百年前就南迁到马来半岛。他们的第一代与当地的土著马来妇女结婚，后裔接受马来族的语言和生活习惯，但仍保持中国传统的宗教信仰。他们的口语称峇峇语，是福建方言与马来语融汇而成的。[4]

随着新加坡的开发，华人不断地南移，本地华族人口也迅速地增加。但是，到了1949年新中国建立后，大陆的政治局势起了重大的变

---

[1] 林孝胜，新加坡华社与华裔，新加坡亚洲研究学会出版，1995年3月，页2。

[2] 黄孟文、徐迺翔，新加坡华文文学史初稿，新加坡国立大学中文系，八方文化企业公司，2002年10月，页vii（绪论）。

[3] 李元瑾，新马华人传统与现代的对话，南洋理工大学中华语言文化中心，新加坡亚洲研究学会，南洋大学毕业生协会联合出版，2002年6月，页58。

[4] 同(4)，页60–61。

化，致使华人南迁的潮流中断。因此新加坡的华族人口占总人口的比例，自1957年后一直维持在75%左右。[5]

新加坡在1959年成为英国殖民地政府属下的自治邦，1963年脱离英国殖民地政府而并入马来西亚，1965年独立建国。

(二)新加坡的语文及其政策

新加坡的种族复杂，语言自然也跟着复杂。在华族中，就通行好几种不同的方言，有闽南话、潮州话、广州话、客家话、海南话、福州话、福清话和上海话等等。有史以来闽南话、潮州话和广州话为新加坡最普遍的方言，因为这三个方言群为华族中较大的社群。根据1957年的人口统计数据，新加坡华族人口中，福建人占40.6%，潮州人22.5%，广东人18.9%，海南人7.2%，客家人6.7%，[6] 显示了南来的华人以福建人为最大的族群。

1959年新加坡自主后，政府规定英语、华语、马来语和淡米尔语为四大官方语言。由于周边国家的压力，政府选择人口较少的巫族母语（即马来语）作为国语，并认可它作为各民族的共同语。在学校里推行以马来语为主的多语政策，规定学生及公务员必须学习马来语文。然而从1967年起，由于经济发展上的需要，政府强调英语为工作语言，并且是各民族的共同语，不过，马来语仍为国语。在学校教育方面，实行以英语为中心的强制双语教育政策，规定各语文源流学校都要以英语和母语两种语文进行教学。英文学校以母语为第二语文，用以教授历史和公民科；各母语学校则一律以英语为第二语文，用以教授数学和科学。[7]

自殖民地时代开始，凡能掌握英语者均能寻得职位高、待遇好的工作。这种社会现实，使做父母的都纷纷把孩子送入英文学校受教育。结果，报读华文小学的新生逐年减少。于是教育部决定从1984年

---

[5]　云惟利，新加坡社会和语言，南洋理工大学，中华语言文化中心，页2–3。

[6]　李如龙，东南亚华人语言研究，北京语言文化大学出版，2000年1月，页17。

[7]　同(4)，页122。

起，逐步把华校的非英文班转为英文班。从1987年起，传统的四大语文源流学校统一，所有学生都以英文为第一语文，而母语一律作为第二语文学习。在华文中学方面，政府于1979年颁布《吴庆瑞教育报告书》，规定保留9间华文中学为特选中学，即以华文和英文为第一语文，其余学校自1980年起都改为以英文为第一语文，而各族母语为第二语文。[8] 新加坡唯一的华文大学南洋大学也于1980年后改为以英文为主的南洋理工学院。

　　政治、社会的因素，促使新加拔华人不得不重视英文教育。但是政府为了保留华族文化，对华文教育加以强制，即华族学生的华文学科必须达到规定水平才能升上高等学府。另一方面，华族内部方言分歧严重，并且绝大部分的华人都以方言为家庭用语，而华语与方言的歧异，使华族学子在学习华语方面产生困扰。为了解决方言问题，从1979年起，政府每年都举行"推广华语运动"，鼓励华人少说方言，多讲华语，让华族学生在学校和社会上多接触华语，以便推进他们的语文学习。这项运动至今已有二十多年，根据教育部调查资料显示：从1980年至1989年间，华族小一学生家中使用的语言状况：方言从64.4%下降至7.2%，华语则从9.3%上升至23.3%。华语运动已促成华人渐渐改变其用语习惯，华语也随之成为华族的共同语。[9]

　　早期华人把中国南方的语言、文化和风俗传统移植到新加坡这多元种族的社会里，经过百多年的社会变迁，新加坡华人的社交语言已从早期以方言为主发展成今日以华语（即中国普通话）或英语为主。他们所说的华语是否符合中国普通话的标准？香港学者汪惠迪先生对新加坡华语研究的结论，认为新加坡华语是现代汉民族的普通话的区域变体，它在新加坡的土壤上形成并发展起来，所以无论语音、语汇、语法都与普通话有不同之处，正是这种差异体现了新加坡华语的特色。[10]

---

[8]　同(4)，页123。

[9]　同(6)，页134。

[10]　同(1)，页27。

（三）本文的写作目的

本文的选题是"新加坡华人医患交际用语初探"。医学是一门专门的学科，具有其正统规范的名词术语。本论文所研究的"医患交际用语"不是专门讨论这些专有术语，而是要考察在社会文化背景之下而形成的语言表达形式，是新加坡华人表达医疗、医药话题的常用或通用语言。根据笔者所见，目前在本地还未有学者研究这方面的语言报告，也未读到相同选题的文章。

本文希望达到的目标包括：客观记录、描述本地医患交际常用的词、短语、句子等形式；并从社会、文化、语言等方面分析其产生的原因。由于新加坡是五方杂处的移民社会，多元种族，多元语言，即使华人内部也是方言分歧严重，这些背景都从不同角度影响了人们对语码的选择。

写作中使用的资料是笔者在社会调查中获取的第一手资料，其中包括摘录病人与医生之间的交谈话语、病人的个人资料，还有经过分析与归纳之后得到的。

二　材料来源

（一）材料的获取

对普通大众来说，使用医学用语频率最高的莫过于求医看病的时刻。然而，病者的病况是隐私的，非有关的医务人员或外人是不允许旁听的。笔者正好是一位看普通病症的西医，故可在不侵犯病人的隐私下，进行社会调查，以作研究。

文章研究的对象是新加坡的华人。医学领域有许多专门科别，例如外科、内科、小儿科、妇科、骨科等等。本文是从普通医学的角度去搜集本地华族在医药方面的措词用语。当医生为病人诊病时，病人必须将其病情与病史向医生表述出来，这是提供"医学用语"真实资料的来源，故可从此处着手进行社会语言调查。

普通医学虽然仅诊疗普通疾病，但它治疗的对象不分男女老幼，故所概括的疾病与病者的范围比专科医学来得广。这正好适宜本论题的研究动机。

(二)搜集时间

笔者以一个多月的时间，于2003年的3、4月间，当时正是"沙氏"肺炎(SARS)传染病的高峰期，总共搜集了223个华族患者的语料。笔者在诊病时，先记录下病人的个人资料，包括病者的年龄、性别与职业。如果病者是无法沟通的幼童，就以代他表述病况的华族陪伴者为调查对象。与病人交谈所使用的语言随病人之意。在病者完全无意识之下，借助录音机录下病人所说的话语。事后再把所录的语音片断用文字摘录出来。所采用的文字是根据病人所使用的语言，即用汉字记录华语，并用音近的汉字或汉语拼音符号记录汉语方言；用英文记录英语。通过这种现场隐蔽观察记录的社会调查方式所获得的资料是自然的、真实的。这些语料是一段段或长或短的、陈述性的语句。其内容仅包括与医学有关的语料，即病情、病历或服药方式等等。

三　调查结果分析

笔者所调查的223个病患中，女性病患有160人，男性病患为63人；年龄最小的为5岁，最年长的为84岁（见图一）。由于此调查是

图一：调查对象年龄分布

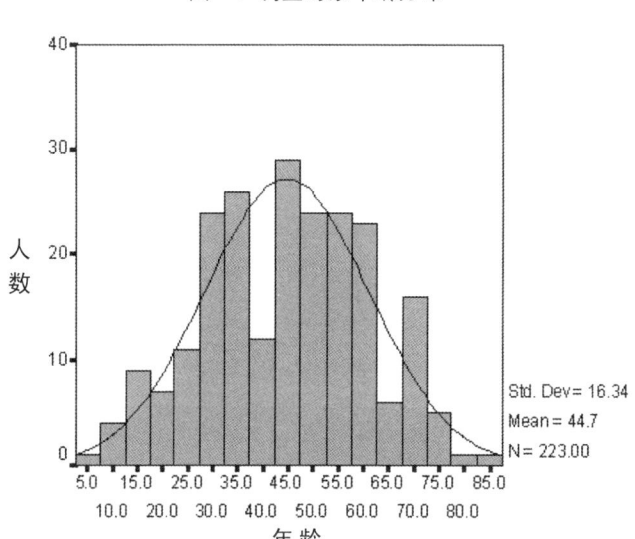

在病患无意识下进行，故病患的教育背景资料无法获得。病患的职业类型很广，有行政管理、会计、教师、工程师、经理、药剂师、秘书、书记、行销、技术人员、司机、美容师、小贩、厨师、学生、国民服役人员、工厂女工、家庭主妇和退休人士等等。

(一)新加坡华人使用语种的状况

1.年龄与语言形式的选择

调查对象所选用的交际语言有华语、英语和汉语方言，而以方言沟通的调查对象只采用闽南语或潮语。他们所选用的语种全是自发的。将调查对象先据其年龄划分为五组（见表一），后分别计算各组调查对象选用某种语种的频率。

表一：调查对象的年龄与语种选用的状况

年龄	语言						合计	
	华语		英语		汉语方言			
	人数	百分比	人数	百分比	人数	百分比	人数	百分比
25岁以下	10	37.0%	17	63.0%	0	0%	27	100%
26–35岁	7	14.0%	43	86.0%	0	0%	50	100%
36–45岁	15	38.5%	23	59.0%	1	2.5%	39	100%
46–55岁	29	61.7%	15	31.9%	3	6.4%	47	100%
56岁以上	30	50.0%	6	10.0%	24	40.0%	60	100%
合计	91	40.8%	104	46.6%	28	12.6%	223	100%

以上的表一、图二及图三显示，新加坡华人的用语习惯与其性别没有明显的关系，但与其年龄却表现出以下的特点：

(1) 全体样本中，使用英语的人数百分比最高的是26至35岁的年轻人(86%)，但他们使用华语的人数百分比却是全体样本中最低的(14%)，而且35岁以下的年轻人没有使用方言的现象。

图二：华族男子的用语习惯

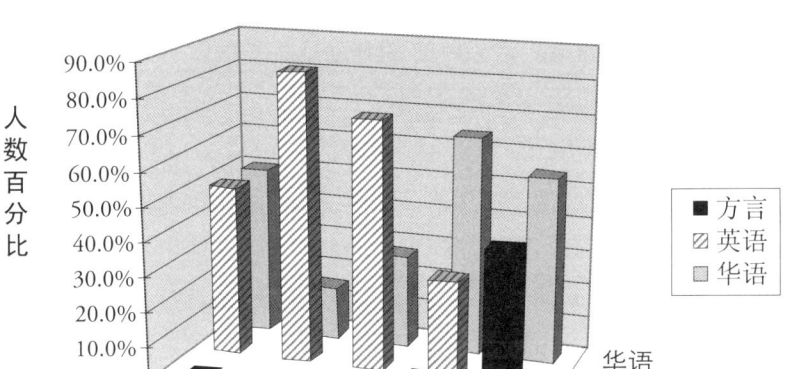

图三：华族女子的用语习惯

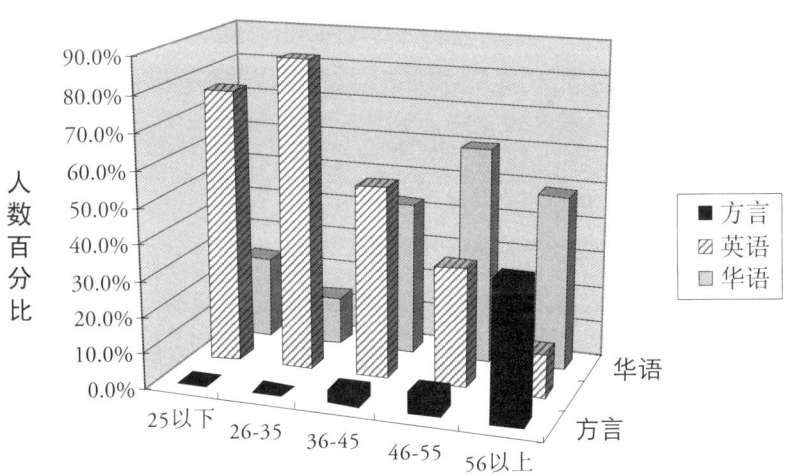

(2) 使用华语的人数百分比最高的是46岁至55岁的中年人
(61.7%)。

(3) 56岁以上的老年人虽然是全体样本中使用方言人数百分比最
高的(40%)，但他们使用华语的人数频率(50%)却高于使用方言的。他们也是全体样本中使用英语人数百分比最低的一组（10%）。

(4) 从总样本来看，约有一半的新加坡华人使用英语，另一半当中，使用华语与方言的比例约为4:1。

语言的选用习惯与说话者的教育背景是相关的。在正常的交际情况下，受华文教育的偏于讲华语；受英文教育的则讲英语；没有受过教育的自然使用母语。那么，据上述的新加坡华人的用语习惯又可显示：现今26岁至35岁的新加坡华人，大都是受英文教育；46岁以上的华人，大都是受华文教育。以新加坡自1965年独立至今38年来看，上述的语种选用习惯又间接地反映了本地华人在新加坡独立以前，多数选择华文源流学校；在独立后，却纷纷倾向于英文源流学校。这种倾向于英语教育的事实，表现了英语实为新加坡的优势语言。

以方言为交际用语的习惯只见于小部分的中年人和老年人，并且在总体上，讲华语的人数百分比也只略逊于讲英语的人数百分比。换句话说，现今的新加坡华人已少用方言而多以华语为共同语，因此，年青的一代不再通晓方言。这种以华语取代方言的现象，反映了政府推广华语运动的成效。

2. 职业与语言形式的选择

将调查对象据其职业划分为学生、家庭主妇与退休人士、技术人员、行政管理人员等四大组。学生组包括学生与国民服役人员：技术人员组包括各行业的技术人员、书记、小贩、司机、厨师、美容师及工厂女工：行政管理人员组包括专业人士、教师、秘书及行政管理执行人员。

我们现在从两个角度来总结表二的资料：

一是从行业看语种的选用：

家庭主妇与退休人士、各类技术人员除了以华语和英语为交际语言外，均仍有少数的华人使用方言。使用方言的习惯却不见于学生与行政管理人员。在行政管理人员中，绝大部分的华人选用英语为交际语言。从社会阶层的角度来看，行政管理人员是属于上层社会的服务者，而英语既为新加坡的行政用语，所以他们使用英语的人数频率必然是最高的。技术人员的工作领域是社会的中下阶层，他们使用华语的人数频率是全体样本中最高的。家庭主妇与退休人士的日常活跃场所当然也是如巴刹、咖啡店、百货商场等基层社会里，他们使用华语的人数频率也相当高，只次于技术人员。以上对华人用语习惯的分析，显现出华语是今日的新加坡华人在公共场所的共同语。

二是从语种看行业间的差异：

选用华语的情况：由高到低的顺序依次是各类技技术人员（69.4%）、家庭主妇与退休人士（55.3%）、学生（41.7%），最低的是行政管理人员（11.5%）。

表二：职业与选用语种的状况

职业	华语		英语		汉语方言		合计	
	人数	百分比	人数	百分比	人数	百分比	人数	百分比
学生	10	41.7%	14	58.3%	0	0%	24	100%
家庭主妇与退休人士	47	55.3%	15	17.6%	23	27.1%	85	100%
技术人员	25	69.4%	6	16.7%	5	13.9%	36	100%
行政管理人员	9	11.5%	69	88.5%	0	0%	78	100%
合计	91	40.8%	104	46.6%	28	12.6%	223	100%

选用英语的情况：由高到低的顺序依次是行政管理人员（88.5%）、学生（58.3%），而家庭主妇与退休人士、各类技术人员都最低。行政管理人员以英语交流的比例最高，这与国家规定的工作语言为英语有直接关系。这也折射出国家语言政策的力量。

选用方言的情况：家庭主妇与退休人士最高，这说明远离社会工作的人士方言情结较重。学生和行政管理人员却无一人以方言跟医生沟通。

(二)语料的分析

1.词语的统计

调查所搜集的语料语言，主要有华语、英语及两种汉语方言即闽语和潮语。笔者从调查对象所表述的语句中，先将表达有关病症、征候、人体器官、病原调查、治疗、药品和医疗人员及其机构等名称的词语、短语抽出来，然后对所抽出的词及词组进行分类，统计与归纳，再分别将之列入各语言的表格，并与相应的中国普通话对照，[11,12]以便作为语料分析的规范。

2.词语来源及应用的综合分析

(1)华语作为医患交际用语

A.本地华语与普通话的歧异

大部分的本地华语与普通话对同一事物的用语呈现歧异。歧异的产生主要源自以下两大方面：

第一，本地华人不熟悉规范的医学用语

由于本地华人对规范的医学用语不熟悉，因此在表达上，往往取事物的特征，或借用其他语言，不然就自创新词语，因而产生变异的语言。

首先，对于不熟悉的病症名称，本地华人常以疾病的病原、病理过程或征候替代病症的名称。例如：

甲、以病原替代病症的名称

"局部贫血心脏病"这个名词，笔者至今还未遇到会选用此词的本地华人病患，他们一般都以"心脏病"来概括与心脏有关的疾病。近年来有较多病患常以"心脏血管阻塞"指定所谓的"局部贫血心脏病"，主要原因是病患已认知胸部绞痛是由"心脏血管阻塞"

---

[11]　English/Mandarin Hanyu Pinyin Medical Vocabulary Guide Book, Ministry Of Health Singapore, 1980.

[12]　吴建庵，英汉袖珍医学辞典，香港新医出版社出版，1975年。

所引发的。"心脏血管阻塞"即为"局部贫血心脏病"的病原。又如关节炎"痛风"多数的华族病患都称之为"尿酸",因为"尿酸"过高会导致关节炎。

乙、以病理的过程取代病症的名称

"敏感"本是指病患对外界事物如食物、药物等产生异常的反应,其征候一般显现为红疹或呼吸困难等现象。这种病症,普通话称为"变态反应",但是本地华人通常以其病理过程"敏感"当成病症的认同。又如普通话"胆石病",相对应的本地华语是"胆生石",后者确为"胆石病"的病理过程。

丙、以征候取代病症的名称

普通话称之为"结膜炎"的眼症,本地华语却称为"红眼"或"红眼症",而闽南语则以"目"取代"眼"称为"红目"。此病症的征候现象是眼睛呈现红肿疼痛,由此可证实"红眼"之称是源自"结膜炎"的征候。再看本地华语"尿发炎"与普通话"尿道炎",这两组词都同指一种"发炎"的病症。但是从词义上来看,前者的发炎是指尿,后者的发炎是指尿道,两组词所表达的词义相关但不一致。然而,从所共指的病症上来看,"尿道炎"是指尿道因受细菌感染而引发的,引发后通常呈现尿发炎现象。故从病理的剖析,可得知本地华语"尿发炎"是取名于"尿道炎"的征候。

其次,对不熟悉的医学术语,本地华人常借用方言词、外语或自创新词语来取代。

对于典型的征候、医药名称,往往借用已知的方言词来表达。例如本地闽南语的"漏屎"(lao⁴sai⁴)、"哮咕"(hei¹gu¹)已各自成为本地华人专用以表达"腹泻"和"气喘病"的通俗用语。"漏屎"即表示粪便如水,难于制止;"哮咕"该是取自"气喘病"发作时,病患常发出"咕咕"的呼吸声。闽南语"畏寒"(wui¹gua²)(即畏怕寒冷)也是一个通用俗语,专用以表达"寒战"现象。(这些例子都以方言语音直接表达于本地华语用语。)

对于表达病原调查、治疗与药物等术语，本地华人多数自创新词语。在这方面的语料显示：虽然用语与普通话不同，但是大体上，本地华语所表达的词义与普通话没有多大的分歧，只有在词汇的选用和词组的结构上，本地华语则显得非常粗俗、口语化。例如：对于病原调查的术语，本地华人常以"述宾结构"的短语来表达，比如"验血"、"验尿"、"照乳房"等；对于医疗名称，尤其是外科手术，本地华人常以"割掉"表达"切除手术"，就如"割掉子宫"；在药物方面，传统口服方式的药品用语与规范语的差异不大，但是，对于那些服用方式比较奇异的药品，本地华人常用"的字结构"的短语来表述，比如"含喉咙的"、"喷气管的药"、"喷鼻子的药"、"塞的药"等等。

第二，本地华语深受汉语方言的影响

汉语方言既为早期新加坡华人的家庭用语，又是早期华人社会的交际用语。华人在这种以方言为主的环境里学习华语（即普通话），必然会受到方言的影响，使到华人所说的华语在语音、词汇及语法上都与普通话有所差异。在书面语上，常见的差异主要表现为方言词的融入及方言语法的兼用。

首先，把方言词语融入华语词汇

方言词语的融入是新加坡华语的特色，例如：显（腻烦、疲倦）、一路来（一直、向来）、冲凉（洗澡）、搞定（做好、办妥）等。在医药用语中，方言词语的借用也是必然存在的。

对病症"高血压"而言，语料中显示本地华人有两种用语即"高血压"与"血压高"。从词的结构上来分析，前者是定中结构，后者则为主谓结构，两组词的结构是不同的，但所表达的词义却是相同的。"血压高"是广东人常用的华语词汇，即为粤方言词语。语料中其他的方言词语如下：

(1) 鼻水（鼻涕），闽、潮语方言。

(2) 发冷（寒战），粤语方言。

(3) 尿袋（膀胱），粤语方言。

(4) 下面（女阴），本地汉语方言对"女阴"的代词。

(5) 戒口（忌食），闽、潮、粤语方言。

(6) 打针（注射），闽、潮、粤语方言。

其次，本地华语兼有方言语法

语料中的本地华语，其词组中的形容词、一些动词和副词呈现了词语重叠的倾向。例如征候中的词组"喉咙粗粗的"、"喉咙涩涩干干的"、"青青的痰"、"红红的痰"、"喉咙烧烧"、"眼睛朦朦"、"肚子涨涨的"、"一阵一阵的痛"等。再看方言词组，也有类似的重叠形式，如"头憧憧"、"耳仔轰轰轰"、"肚紧紧绑绑"。据中国学者高然先生对汉语方言的研究所得，这种倾向于词语的重叠方式，是闽南方言的漳州话的语法特点。他指出漳州话的名词、形容词、量词、动词、数词、副词等大体上都可有重叠形式。[13] 新加坡说闽南的华人，约占新加坡华族总人口的一半，并且本地的闽南语又以厦门、漳州、泉州三个地区为代表。[14] 基于以上的论据，本地华语的词语重叠形式倾向是直接受到了闽方言语法的影响。

征候组的本地华语体现了单音节词的表述方式，例如以单音节词"痛"取代"疼痛"、"咳"取代"咳嗽"、"喘"取代"喘息"、"干"取代"干燥"、"痒"取代"痒痒"及"吐"取代"呕吐"等双音节词汇。单音节词的表述方式，本是古汉语的语法特点，至今只见于方言语句中，现代汉语则多以双音节词为主。本地华语的单音节词用语现象可说是采用了方言词的语法。

语料中的短语"鼻子有塞"，其词语结构正符合新加坡闽潮方言常见的"有＋动词"的语法结构。例如，闽南语："腹内有生一粒瘤"、"我有煮饭"。这与标准普通话是有很大差异的。

例如"发炎"二字，据笔者所知，是本地的福建人、潮州人和广东人常用来表示发炎的病症，并且常以"发炎"二字套在受影响组织器官名词之后，形成"主谓结构"的短语，比如"喉咙发炎"、"皮

---

[13] 高然，语言与方言论稿，暨南大学出版，1999年，页137。

[14] 同(1)，页58。

肤发炎"、"伤口发炎"等。这种以主谓式表达发炎病症的词语，也常见于本地华语词汇中，则使本地华语与普通话的"定中结构"（尿道炎）表达方式不同而产生语言歧异。

B.本地华语与普通话歧异的程度

基于以上的分析，在不考虑语音的前提下，凡在词汇及语法上与普通话相符的本地华语，都把它归纳为规范语。我们就以这个准则，将语料中的词语分为规范语与非规范语两大类，再把非规范语分为方言词与非方言词两次类，并且统计各类词语使用的频率以供分析（见表三）。

表三：本地华语与普通话歧异的程度

项目	与普通话相符		与普通话分歧				合计	
	规范语		方言词		非方言词			
	数量	百分比	数量	百分比	数量	百分比	数量	百分比
病症	39	72.2%	5	9.3%	10	18.5%	54	100%
征候	92	58.2%	7	4.4%	59	37.4%	158	100%
人体器官	81	94.2%	3	3.5%	2	2.3%	86	100%
病原调查、治疗、药物	42	57.5%	6	8.2%	25	34.3%	73	100%
合计	254	68.5%	21	5.6%	96	25.9%	371	100%

表三的统计数据显示：新加坡华人在医患交际场合所说的华语词汇，总体上与中国普通话分歧的程度为31.5%，其中源自方言词的只占总体的5.6%，可见本地华语词汇受方言词的影响不大。分歧程度在各小组内显得不一致，最高的是在病原调查、治疗和药物方面，其次为征候，第三为病症，最低的是人体器官项目。

人体器官与基本病症的术语应属于基本词汇，故词的稳定性高；而病原调查、治疗、药物和征候等术语是属于一般性、活跃性大的词语，其词的稳定性较差，经常随着新病例的产生、科技的发展而产生新词。以上调查显示本地华语与普通话分歧程度最高的是一般性的词汇，表现了本地华人对这方面的专有名词不熟悉。这种对活跃性词语不熟悉的现象，又反映了本地华人生活在以英语为主的社会里，在正常情况下，是极少或无机会接触到有关方面的华文词语。

对使用华语的本地华人来说，他们获取医学常识的机会通常是患病求医的时候。由于新加坡的高等学府除了中文系外，所有的课程都一律以英语传授，因此，本地的医务人员一般上都不熟悉以华文表达的医学术语。当医生与使用华语的病患交谈时，虽然他们本身不熟悉华文医学术语，但是一般上两方都能相互沟通。不过，两者在交流中，往往无意识地共同创造出非规范的医学术语，例如以"尿酸"取代规范语"痛风"。这些非规范语也就如此地被引用和传播，成为约定俗成的用语。这也可能是促成语言变体的原因。

至于造成征候词语歧异的原因，主要是受到汉语方言的影响。

(2) 英语作为医患交际用语

语料显示了新加坡华人以英语表达的医患交际用语与规范的英语差异很小，只有一小部分的用语，在词汇和文法上似乎受到汉语方言的影响。比如：

(a) Phlegm is sticky-sticky

(b) Vision is blur-blur

　　形容词重叠并非英语文法，形容词"sticky"、"blur"的重叠方式类似汉语方言的语法。

(c) Urine bleed blood, 这句短语从英语文法上来判断是错误的，若用华语直接翻译，则是"尿流血"，这正是闽潮方言的用语。

(d) 以"Below"代称"女阴"前面已分析过，为汉语方言的用语。

以上四个选自调查语料的例子，体现了新加坡华人的英语也如华语一样，都不同程度地受到了汉语方言的影响。

3. 句子的分析

(1) 表述语言的选用

将语料中的表述语言归纳为四种类型：即纯英语、纯华语、纯汉语方言、多语掺杂混合体。

表四：本地华人社交用语的状况

表述语言	纯华语	纯英语	纯汉语方言	多语掺杂混合体	合计
人数	64	92	18	49	223
百分比	28.7%	41.3%	8.0%	22.0%	100%

表四的数据显示，以多语掺杂混合体表达方式的华人占总样本人数的22.0%，即每五个华人当中，有一人所说的语言是属于多语掺杂混合体。若将表四与表一作联合比较，便显示出以多语掺杂方式表达的华人多数来自讲华语和操方言的两组调查对象，而这两组华人，根据前面的分析，多为年长者。换言之，现今的新加坡青年华人多使用纯华语或纯英语的表达方式。

对于现今的年长者，笔者认为他们早期生活于殖民地时代，可能没有接受过学校教育，或者所受的教育水平不高。他们为了与异族沟通，就学习了一些足以协助沟通的异族语言词汇，从而渐渐养成多语掺杂的表达习惯。再看年轻的新加坡华人，他们的母语可能是华语或英语，他们不讲方言，也可能不通晓异族语言，所说的华语和英语受其他语言的干扰，就比年长者来得少。因此，多语掺杂混合体的表达现象也就少见于年轻的一代。

(2) 句子的表达方式

从搜集的语句，显示出新加坡华人的医患交际用语具有以下的特点：

首先，病况的表达方面，无论以何种语言，多数病患都先表述征候，接着是病痛发作的时间、与病情有关的事故原因，如病历、病症调查、治疗和服药等。这表现了一般人对事物的正常思维线索。

其次，由于语句全是摘录的口语，因此有些句子呈现为无主语句。比如：

(a) 英语句：

"Rashes! Get when very cold."

"Blocked nose, some cough yesterday."

(b) 华语句：

"咳嗽，伤风，从昨天晚上。"

"咳嗽，还有喘，喉咙很痛，昨天开始，有痰。小时候，很小有气喘。"

(c) 汉语方言：

　［闽语］"无嘴燋，无眩，要验血糖。"

　［潮语］"伤风咳嗽一个礼拜了，无发烧，无喉咙痛，痰白色的，目淡薄痒痒。"

再次，直接以英语表达的语句，常常体现出汉语形式的表达方式。比如：

(a) I feel warm and heaty. （"heaty"非英语词汇，它源自华语的"热"）

(b) Now the pimple, the head is yellow, can see the pus. （"head"是直接从汉语的"头"翻译过来的。据笔者所知，闽、潮方言通指脓胞的出口为"头"）

第四，直接以华语表达的语句显现了方言化的句式。比如：

(a) "我要买泄药，粪堵在肛门口，要出不出，很硬，想买药吃给它大出来。"

(b) "我想验肝。人还好，偶尔会头晕。"

(c) "我一个礼拜会有两三天会头晕，有可能是饿的关系，吃东西就比较不会晕。"

第五，以多语掺杂混合体表达的语句体现了以下的语言掺杂方式：

A. 语码的转换常见于以英语或华语为主要表述语言的语句，比如：

(a) ［华语掺杂英语］"最近我伤风，我觉得很奇怪，the eyes will start to water，一直流泪。"

(b)〔英语掺杂潮语〕"I have got slight fever. I'm in Singapore. Fever this morning only *ni*, wake up 好好, after that 我这块就有淡薄痛了。"

B. 在表述的语句中穿插着其他语言的词汇或短语，比如：

(a)〔闽语渗杂英语、巫语〕"我有 high blood pressure, gana（巫语，即万一）有什么taiji（事情），我艰苦，勿做。"

(b)〔华语掺杂英语〕"我摸摸我的颈项，发觉两边不balance."

推广讲华语运动促使现今的新加坡华人少说方言而多讲华语，但是，以上的语句分析仍显示新加坡华人的华语和英语受到汉语方言的影响。这也说明了华族的方言情结不是在短短的几十年里就可消解的。

多语掺杂混合体的表述方式，可说是新加坡这多语社会的产物。它是本地华人在日常生活的许多场合中常见的用语现象。在医患交际的场合里，通常只限于医生与病患两者的对话，故病患在用语方面，自然是比较坦率、不受约束。因此，多语掺杂的用语现象在这种场合里当然也是屡见不鲜的。

四　结语

本文所探讨的新加坡华人"医患交际用语"，真实地体现了本地华人的语言面貌。他们在这非正式场合的医患交际中，以英语为交际语言的华人占最高百分比，其次为使用华语的，占百分比最低的是操方言的年长者。这是由于本地政府实行的双语政策和推广华语运动的成效，致使讲方言的华人大大削减。现今的年轻新加坡华人，多数只讲英语和华语，而没有操方言的习惯。因此，汉语方言在本地可说是趋于消亡的语言。

在词汇方面，以华语表述的与医学有关的词语，其结构大多粗俗、方言化，且偏离正统规范语；而以英语表述的词语，则和其规范语的差别不大，反映了掌握英语的本地华人比掌握华语的拥有较高的普通医学知识水平。这种差异是否印证了现今的新加坡华人的华语文程度实为"有语无文",还有待进一步的研究。

从语法上来看,绝大部分的新加坡华人所说的语言,不论是英语还是华语,都和标准规范语有明显的偏离。英文语句中常夹用汉语语法,而华文语句也频频显现汉语方言语法。这两种语言还各自时而夹杂着一种或多种其他语言的词汇,时而转换语码,形成多语混合的语体。这就是口语化的"新加坡英语"和"新加坡华语"。

通过本文研究可以得出结论:新加坡华人医患交际用语,是规范的普通话和英语的变体。它是新加坡这多语社会不可避免的产物,一种自然的"双语现象"。早期的新加坡华人多以汉语方言为母语,当他们开始学习普通话或英语时,自然会把方言词汇和语法带进后来所学的语言中,如此代代相传而成为约定俗成的共同语。变体的普通话不仅体现了新加坡华语的特色,同时也反映了本地的历史和传统文化。

【附注】

　　本文节选自作者汉语言文学学士学位毕业论文(2003年);论文导师为新跃大学中文系罗福腾副教授。

新加坡公寓住宅华文命名的
语言与文化特色

梁汉基

一　序言

人们都期望有一间心仪的住宅，又希望有一个优雅的住宅名称。那么，什么样的名称才算优美呢？一幢公寓竣工了，该怎样给这幢公寓命名呢？这是一个很有趣的问题。

新加坡发展商命名私人住宅时使用的语言基本上是英语，然后才翻译成华文名字。在这命名和转译的过程中，由于历史背景以及各种族及族群语言文化的差异，引发了许多语言与文化的特色。

笔者从事房屋建筑管理工作许多年，对本地公寓建筑与命名有较多接触和认识。由于在工作的范畴里常常遇到建筑物的中英文命名课题，这也激发了本人的兴趣去发掘和探讨私人住宅命名时的语言与文化的特色，从而萌发了论文的写作动机。

新加坡的住宅分三类：政府组屋、私人有地产业和私人公寓。政府组屋以号码编排。私人有地产业分为小型的洋房和别墅，通常没有命名。而私人公寓多是大型的住户住宅。建筑发展商在建造私人公寓的同时，必须给予公寓英文的命名，并将其翻译成华文名称。本文重点研究的是私人公寓住宅的华文命名的语言与文化特色。

公寓住宅华文命名没有规范与条例，同时各族群的语言存在很大差异，各有不同的语言规范及特点。研究公寓命名能对社会建设发展和管理经营及促销运营方面有所帮助，对新加坡独特的多元种族文化及语言研究方面也同样具有新的启迪。

　　新加坡目前的做法是政府设立专门委员会负责审批公共建筑的名称。通过这项论文研究，希望能提出一些新颖的、具有建设性的意见，期望对发展商以华文命名公寓住宅及政府部门审核华文命名工作起到指导和参考的作用。

　　本文希冀达到的目标有两个：

　　一是探讨公寓命名特色，并能深入了解这方面的文化意义，与同行分享研究的成果，同时让从事房地产行业的各位同仁加深对博大精深的中华文化的了解，保留本土特有的传统文化。

　　二是利用论文研究得出的结果、结论，为政府部门提供相关的咨询和帮助，使本地的住宅华文名称更加寓意深刻而富有文化内涵。

　　就笔者目力所及，有关新加坡公寓命名的文章和评论，似无作者在这方面做过系统的研究。李晓东和汪芳分别在《世界建筑》（华语版，北京）2000年第一期杂志中阐述过新加坡住宅的建造风格，也列举了滨海舫等地标性建筑。但始终没有任何一位作者系统而又全面地来分析这些新加坡建筑物英文转译及华文命名背后的文化意义和内蕴。有鉴于此，本文将就新加坡公寓住宅的华文命名语言与文化特征做一番深入浅出的阐述，以填补这方面资料的空白。

　　本论文的资料主要来自《新加坡街名指南》所记载的公寓住宅英文与华文名称。其它资料是从历史博物馆、会馆，以及口述历史资料得来，以及从新加坡文献记载中得来，如：《根的系列》五集、《狮城散记》等等。还参考了一些报章，如《联合早报》、《新明日报》和《联合晚报》。

　　笔者采访从事公寓住宅华文命名的相关人士了解公寓住宅发展商华文命名的过程和方法，以及拜访了负责审批公寓住宅华文命名的相关政府部门，向他们征求相应的审核标准。

　　说到本论文的研究方法，大致包括以下几点：一是分类法：包括把搜集的资料按核心语素分类，按修饰语素译法分类及按语言来源分类。另外一种特别的新命名方式的出现是不具备语言或结构规律的，而是新创出的命名及分类。本文力求总结出新加坡公寓住宅华文命名的规律。二是注解法：由于一部分的新加坡公寓住宅命名掺杂了方言，英语，巫语或淡米尔语，因此需要注解才可以明白其中含义。笔者尽量一一注明出处或典故的含义。三是分析法：从语言学的角度来分析新加坡公寓住宅华文命名的语言特色；并结合翻译过程中的语言与社会文化的关系来，探讨中文命名中所蕴含的文化特色。口语化也是命名时要考虑的因素之一，一些富有中华底蕴的命名更是上品之作。

二　新加坡公寓住宅华文命名的由来

(一)新加坡社会语言特点对公寓命名的制约作用

受多元种族与族群的影响，新加坡社会语言状况非常复杂，母语种类众多，而且四种官方语言并列，社会上多种语言交流并用。十九世纪中期以后，从华南沿海地区福建、广东、海南、潮州等地来的中国移民构成了本地人口的主要组成部分，他们与其他不同籍贯的人一起组成新加坡华人社会的主体社群。他们还根据自身的地缘，方言群和职业再划分为不同的小群体，并在社会上各自发挥自身的影响力。

新加坡的社会语言状况，除了高度复杂之外，还具有以下几种特色，如：

第一、新加坡四种官方语言即英语、华语、马来语、淡米尔语之中，华语是全国乃至全世界母语人口最多的语言，英语则是第二大语言；两者都是联合国的法定官方语言。马来语也是印尼和马来西亚的国语，在全世界各大语言母语人口中占第十一位。淡米尔语与福建话也都是使用人口众多的语言。换言之，新加坡人使用的主要语言，是世界上三分之一以上人口的母语。新加坡地方虽然小，但在语言方面却丰富多彩。[1]

第二、新加坡的各个主要语言，分属不同语系。彼此之间的语言结构大有不同，想要完全达到语言上的融合统一，实在是有一定的困

---

[1]　郭振羽《新加坡的语言与社会》（新加坡：正中书局，1985），页15–25。

难。不但如此,新加坡各主要族群各有其悠久的历史文化传统。各种族要想在文化上融合同化,更非易事。

第三、新加坡华人日常使用的母语不是华语而是方言,主要为福建、广东、潮州与海南方言。这四种方言人口总数,大约占全国人口50%左右,其中以福建方言为主要交流母语的人口最多,总数占全体人口的30%左右。正因为如此,新加坡社会长久以来缺乏明确有力的主体本土语言,本土文化和本土族群。百多年来的移民群,无法认同或同化于一个主位文化,仍形成多元并存的社会形态。这是新加坡和其他一些移民社会所不同的一个重要特征。[2]

第四、新加坡的几种主要语言,不但缺乏强固的本土性,而且各语言在新加坡之外又有其主流支配地位,更加反映出新加坡的语言和文化的边缘地位。另外,新加坡是个国际大都市,多种外语并存的现象司空见惯,如法语和西班牙语等。这些语言不但是外来的,而且是有着不同的标准与规范。建筑发展商为了适应潮流,也会用外语来为公寓命名。

从新加坡公寓住宅命名的由来,可探讨新加坡独有的语言特性和特殊的文化背景。

(二)公寓英文名称翻译成华文名称常见的方式

新加坡所有的地名与建筑名,英文是法定名称。但因为华族占全国人口绝大比例,建筑发展商经常采用华文名称为辅助公寓名称,以方便不谙英语的华族人士。因此,在新加坡公寓的华文命名很大程度上受到英文的影响和牵制。

新加坡公寓命名翻译的技巧主要是采用音译、意译、音译兼意译三种。[3]

---

[2] 同前注(1),页26–27。
[3] 李成业《翻译传译与双语文集》(新加坡:华文研究会出版,2007),页26–35。

第一、音译方式

音译是直接借用英文语言的词，按照它们的声音形式翻译成华语。由于不同的语言有不同的语言系统，翻译的音不可能完全符合英语或其它外语的原来读音，所以无论译音如何近似，一读即知是外来语。汉字不是音素文字，因此对外来语的翻译很多都翻译得不太准确，加上汉字常有一字多音和一音多字的现象，更增加了翻译的字面和意思的混乱。例如：Corona Ville 哥伦纳苑。从华语的角度来审视，读者根本不能赋予字面以华文的内涵，英文和华文两者含义根本不统一。

第二、意译方式

意译是按照英文词语的意思用华语的构词方式来翻译的。意译后的华文词完全是按照华语结构方式构成的。例如：Rose Garden 玫瑰园、Victory Heights 胜利岭等。这种翻译让读者从华语的字面上一看，就能知道公寓原先的英文命名的意思。

第三、音译兼意译方式

汉字是一种表意系统的文字，它虽然很早就走向表音的道路，想尽量跟语音结合，可是始终还没有完全脱离表意的范畴。在形体上既要表音，又要表意，这是汉字特有的一种优点。例如：Comfort Garden 康福花园、The Visioncrest Residence 伟景峰公寓等。这是从字面和内涵都完美融合的最佳翻译。

（三）新加坡公寓住宅华文命名的过程

根据笔者多年从事建筑管理的经验和观察，本地住宅公寓命名的过程，是有一套程序的。发展商先决定新公寓住宅的英文名称，然后才寻找适当的华文名称搭配。发展商通常是根据以下的规则来决定华文名称搭配所选定的英文名：

1. 选取与英文意思接近的华文字，如那些华文字的意思最接近公寓住宅的英文名称。例如：Rich Mansions 福豪大厦、The

Central 中央城、Banyan Villas 榕林别墅。还有经常选择吉祥的华文名字。例如：The Florida 富乐园、Eastpoint Green 东福苑、Promises Garden 信园、Lucky Park 幸运园。

2. 选取发音接近的华文字，如那些华文字的发音听起来最接近公寓住宅英文名称。例如：Dover Parkview 多福景、Cashew Hill 凯秀山庄、 Tanglin View 东陵景。

3. 公寓住宅华文命名的灵感取自附近的街道名字。例如：Orchard Scotts 乌节史名士、The Bayshore 翠湾园、Bedok Grove 勿洛上庄、Bishan 8 碧山 8、Lakeshore 湖滨园。

4. 代表华贵的的华文名字。例如：The Regalia 爵士大厦、Ville Royale 皇家山庄、Regency House 丽晶大厦。

因为优雅完美响亮的公寓名字可直接刺激销售，一些发展商聘请语言专家，甚至风水家来协助取名。当公寓的英文名称与适当的华文名称选定后，发展商就会向新加坡街道与建筑命名委员会审请批准。[4]

在1979年，政府有史以来第一次组织《新加坡文化部华文译名统一委员会》。[5] 成立委员会的目的是出于有些华文名称无法还原翻译，委员会尽可能根据考查所得，把新加坡地理华文名称统一规定。譬如 Bukit Timah 武吉知马、Farrer Park 花拉公园、Bedok 勿洛等等。

新加坡街道与建筑命名委员会先决定表示适当的英文名称，然后决定相应的华文名称。华文名称要求符合以下的条例：

1. 不得违反道德宗教

2. 不得威胁到种族和谐

3. 不会引起误解

以上就是新加坡公寓住宅华文命名的过程。

---

[4] 新加坡文化部华文译名统一委员会报告《新加坡地理名称统一华文译名》（新加坡：Ministry of Culture, Singapore, 1979），页3。

[5] 同前注，页5。

三　新加坡公寓住宅华文命名的分类

截至目前，新加坡大大小小约有2226座私人公寓住宅。[6] 这些住宅全部都有英文名称。新加坡所有地名与建筑名，英文是法定名称，华文是辅助名称。

(一)传统公寓命名的结构—修饰语素与核心语素

基本上，传统公寓命名结构包括两个部分，即"修饰语素"与"核心语素"。如 Beauty Gardens 美丽花园的修饰语素是 Beauty 美丽，核心语素是 Garden 花园。在翻译的过程中，修饰语素可以音译、意译、音译兼意译这三种方式来翻译。Beauty 是使用意译法翻译成"美丽"，核心语素 Gardens 则以适当的意译"花园"来翻译。请参看下表一：

表一：公寓命名的结构

命名结构	
修饰语素	核心语素
Beauty 美丽（意译）	Garden 花园（意译）
Aston 艾诗敦（音译）	Lodge 园（意译）
Rich 福豪（意译）	Mansions 大厦（意译）
Yong An 永安（音译）	Park 园（意译）
Comfort 康福（音译兼意译）	Garden 花园（意译）

从详细观察全部英文与华文公寓命名来看（参看附录），可以根据以下标准对公寓命名来进行分类：

1. 核心语素分类
2. 修饰语素译法的分类
3. 语言来源分类
4. 创新命名及分类

---

[6]　《Singapore Street Directory新加坡街名指南》（新加坡：Chartered Holdings Pte Ltd, Singapore, 2008），页83–102。

表二：公寓命名分类

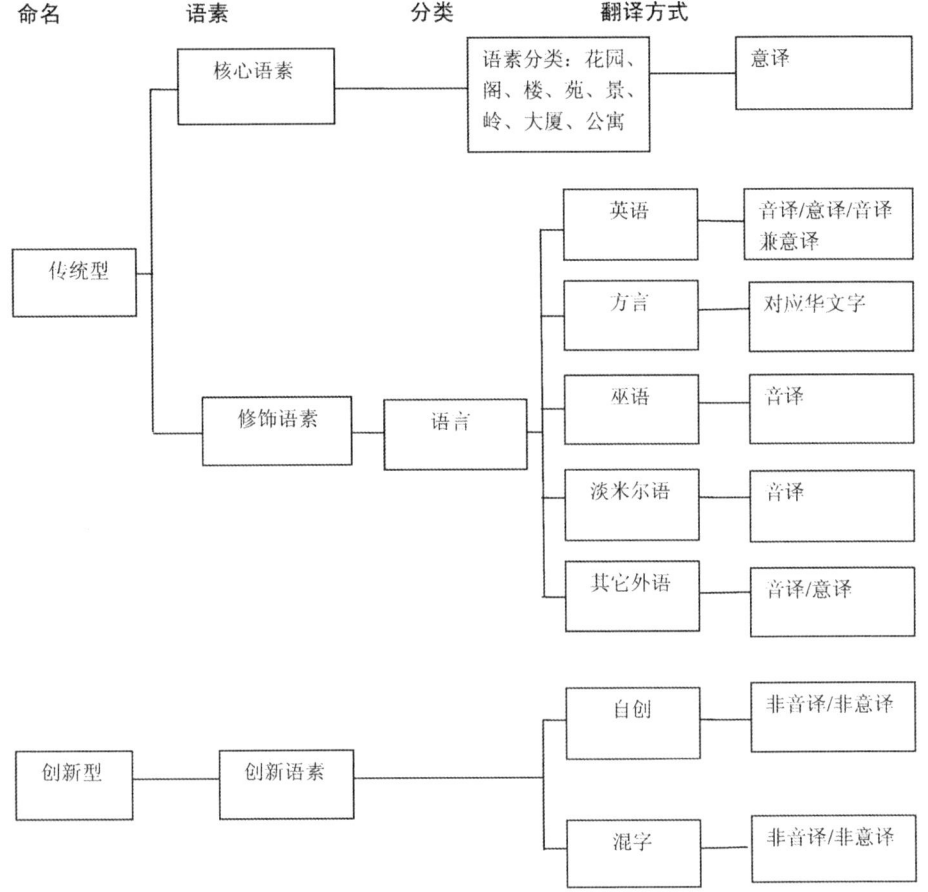

　　从表二上看，可见核心语素大体上是用意译翻译。修饰语素的
语言来源为英语和多种外语；翻译方式都采用了音译、意译、音译
兼意译三种方法。方言基本上是采用对应华文字来翻译。巫语与淡
米尔语是采用了音译翻译方式。创新分类大体上是采用非音译或非
意译来翻译，就是不根据传统的音译或意译的翻译模式来翻译，通
常没有音译或意译的关系。

（二）核心语素分类

语素是最小的语音语义结合体，是最小的语言单位。公寓命名可以从华文名称的核心语素来分类。譬如从英文的 Garden 翻译成"花园"。核心语素的翻译只是用意译的方式。

一般上若公寓的英文名称有加上核心语素如 Garden、Lodge、Court、Park、View 等，华文名称同样也会加上对应的核心语素如园、苑、阁、楼、景等。以下列举出一些根据核心语素分类的公寓名称的例子（参看表三）。

表三：核心语素分类

园	苑	阁	楼	景
Amber Park 安柏园	Jersey Lodge 泽西苑	Balestier Court 马里士他阁	Airview Towers 风景楼	Mutiara View 翠峰景
Austral View 南景园	Kew Lodge 邱苑	Bedok Court 勿洛阁	Amber Towers 安柏大楼	Parkway View 百丽景
Parc Oasis 柏奥园	Kingsville 京士苑	Chuan Court 川阁	Orchard Towers 乌节楼	Dunman View 德明景
Pinewood Gardens 松木园	Le Cresendo 乐乐馨苑	Bassein Court 百幸阁	Park Ave Suite 柏道楼	Charisma View 彩丽景
Tai Peng Gardens 太平园	Eastern Vill 东苑	Chiang's Court 蒋阁	Cairnhill Mansions 经禧楼	Chuan Park 春景

从表三上看，所采用的各种核心语素有：园、苑、轩、楼、景、等等。根据统计（看附录）可见用'园'的比率占最多；同时翻译成'园'的英语字大部分是 Park 和 Garden。但是也可以从 Blanca、The、View、Villas、Glades、Vue、Mansions、Towers、Rise、Woods、Spring、Green、Dale、Acres 翻译而来。例如：Ardmore <u>Park</u> 雅茂园、Chelsea <u>Gardens</u> 彩丽园、Aldea <u>Blanca</u> 雅科夫园、Austral <u>View</u> 南景园、Bartley <u>Villas</u> 百丽园、Amberglades 安柏林园、Belle <u>Vue</u> 豪景园、Bichwood <u>Mansions</u> 桦林园、Cairnhill <u>Towers</u> 经禧园、Chantilly

Rise 璀丽园、Clementi Woods 金文泰园、Eden Spring 伊登春园、Elias Green 怡翠园、Greenacres 青园 等等。这些公寓住宅的华文名称都是以"园"来取名。可见从英语名称翻译到华文名称是没有规律的。

同样别的核心语素翻译也有出现无规律的情况。'楼'这个语素也可从 Towers、Court、Loft、Gardens、House、Mansions、Point、Apartments、Haven、Cottage、Brooks 翻译过来。例如：Airview Towers 风景楼、Bee Hwa Court 美化洋楼、Bishan Loft 碧山楼、Botanic Garden Mansion 植物园楼、Cairnhill Mansion 经禧楼、Cavenagh House 嘉文纳楼、Claymore Point 克雷登楼、Euro-Asia Apartments 华洋楼、Fairhaven 菲海文楼、Fernhill Cottage 芬恩楼、Gilstead Brooks 吉士德楼 等等。原因可能是'园'和'楼'有多重的翻译。

相比之下，一些核心语素如'阁'、'坊'、'景'的翻译是准确从 Court、Place and View 的英文名称翻译而成的。例如：Balestier Court、Bedok Court 和 Chuan Court 翻译为马里士他阁、勿洛阁，川阁；而 Adam Place、Amber Place、Eastwood Place、翻译为亚当坊、安柏坊、东林坊、与 Anguillia View、Balmoral View、Goodluck View 翻译为安德烈景、百慕乐景、月运景。

从语言的角度来看，阁和英文单词 Court 有音与意的接近。从词义的角度来看，坊与景跟 Place 和 View 的意思相近。所以在选用华文名称时需要慎重考虑，大部分的核心语素是以意译或音译兼意译的形式来翻译的。

(三)修饰语素译法的分类

另外一种分类法是以修饰语素译法进行分类。此类可分为以下三种方式（参看表四）：

1. 音译
2. 意译
3. 音译兼意译

表四：修饰语素译法的分类

音译	意译	音译兼意译
Draycott Condo 德雷葛公寓	Beauty Garden 美丽花园	Visioncrest Residence 伟景峰公寓
Hullet Court 合力阁	Bright Apartments 光明公寓	Amber Apartments 安柏公寓
Carmi Mansion 卡美大厦	Joyful Mansions 欢悦大厦	Parkway View 百丽景
Jansen Lodge 詹森苑	La Crystal 美水晶	Le Hill Condo 乐山公寓
Kovan Garden 高文花园	Ladyhill Park 淑女山园	Richmond Park 富门园

　　本文认为判断音译优劣的标准应该是如何选用与英语发音相近且吉祥优美的华文字。

　　以下列出的是一些好的翻译例子。例如：

（1）音译：Aroozoo Park 阿鲁舒斯园、Alessandrea亚历珊丽、Le Conny Park 乐康妮园。

（2）意译：Highgate Condominium 高门公寓、Harbourlights海港灯塔、Great Eastern Mansions 大东方大厦。

（3）音译兼意译：Comfort Garden 康福花园、D'Grove Villas 迪林别墅、Horizon View 浩然景、与Top Ten Apartments 顶登公寓。

　　从以上好的翻译例子来看英文与华文名称，就会立刻知道它们是英中翻译而来的，而且使用的华文字都很美。最理想的翻译是音近与意美，如以上的"Comfort"翻译成"康福"。次之，翻译是音近与意欠美或音欠近与意美。最不理想的翻译是音欠近兼意欠美。

　　笔者愚见，感觉以下例子是一些不适当的名称。如：

（1）音译：Angsana Park 空中花园、Beverly Mai 梅院。

（2）意译：Autumn Glory 秋隆楼福、Icon 海天大厦、The Countryside 青乡园。

（3）音译兼意译：Goodlink Park 月邻园、Camellia Park 敏黎园、Jasmine Court 捷士民阁。

从以上例子可以看出，这些从英语翻译而来的华语名称可说是不准确，措词不适当，或搭配不当。华文名称与英文名称不对应，如果要根据华文名称来找这些公寓，必定会发生误解与困难。

（四）语言来源分类

第三种分类办法是以语言来源分类。当然作为官方语言，英语是最普遍的；第二是本地的特色华语方言；第三是巫语（马来语）；第四是淡米尔语，最后是其它外语如西班牙语与法语。分类如下（参看表五）：

（1）英语
（2）方言
（3）巫语
（4）淡米尔语
（5）其它外语，如西班牙语与法语。

表五：语言来源分类

英语	华语方言	巫语	淡米尔语	其它外语
Riveria View 丽雅景	Cheng Soon Garden 正顺园	Rama Rama Court 拉马拉马阁	Jaya Tower 洁雅大厦	Casablanca 卡沙布兰加园
Ritz Mansions 丽士大厦	Chiang's Court 蒋阁	Chiku Mansions 世古大厦	Nathan Court 纳丹坊	Casa Perla 卡沙柏特
Ecoville	Ek Toh Court 艺度阁	Raya Garden 拉亚花园	Nathan Plaza 纳丹苑	Calarasi 嘉乐园
Ecoville 公寓	Eng Aun Park 永安园	Kemaman Part 甘马挽坊	Seedevi 适德威园	De Angelo 德安格罗
The Edgewater	Eng Say Court 永舍园	Kemaman View 甘马挽景	Narula Villa 那鲁拉台	Le Chateau 乐山庄
The Edgewater 公寓				
Rose Garden 玫瑰园				

从表五中可以看出，新加坡是个多元种族的社会与国际大都市。在公寓命名时就会受到社会与环境的影响，其命名采用了新加坡的四种官方语言，同时也使用了一些外语来为公寓命名，如：西班牙语、法语、日语。公寓命名经常使用附近的街名或地方名字。如果地方名字是采用方言、巫语、淡米尔语，那么公寓命名就会出现同样的方言或语言的名称。

(五) 创新命名及分类

最后是一些特殊的命名方法。这类是指英文命名出现数字配搭以及个别发展商采用创新的名称共同组合成公寓住宅的名称。这些命名方式不是依照修饰语素与核心语素的结构，而是以"自创"与"混字"方式 （参看表六）。

从表六中可以看出，这一些公寓是由创新命名方式来取名的，并且有一些公寓名称也包括了号码或符号。华人喜欢吉祥的号码如'一'、'二'、'三'、与'八'。因为'一'有第一的意思；在广东话里'三'和'升'或'生'的发音相近，'八'的发音接近'发'的意思。相反的'六'在福建话里有'跌'的意思，并不是吉祥的数字，就很少取用。例如：18 Ardmore 18号雅茂、2rvg 2号日、Bishan 8 碧山8、J Court J阁、Hillview 128 山景128。

表六：创新命名分类范例

创新命名分类			
1. 自创名称		2. 符号混字	
J Court	J 阁	18 Ardmore	18号雅茂
TG Mansion	TG大厦	3 Balmoral	3号百慕乐
NOB Hill	NOB 山	Cosy 23	舒适 23
DLV	DLV 公寓	Hillview128	山景128
crest@cairnhill	经禧阁	2rvg	2号rvg

　　有一些公寓还采用高科技或自创的名称，如：DLV、The Infiniti、The Inspira、Domain 21，并且不要翻译华文命名。这些名称就是那些所谓的赶新风潮、具有现代、而又新颖的公寓名称。

（六）公寓命名分类的比率

　　以下是各种公寓命名分类与翻译方法的比率（参看表七）。

表七：公寓命名分类比率表[7]

修饰语素	命名分类与翻译方法							
	语言					创新		总数（%）
	英语	华语方言	巫语	淡米尔语	其它外语	自创	混字	
音译	1021 45%	214 10%	90 4%	15 1%	107 5%	0 0%	0 0%	1447 65%
意译	565 26%	0 0%	0 0%	0 0%	5 0.2%	0 0%	0 0%	570 26%
音译兼意译	31 1%	0 0%	0 0%	0 0%	0 0%	0 0%	0 0%	31 1%
非音/意式	21 1%	0 0%	0 0%	0 0%	28 1%	67 3%	62 3%	178 8%
总数（%）	1638 73%	214 10%	90 4%	15 1%	140 6%	67 3%	62 3%	2226 100%

　　根据统计（参考附录与表七），采用音译翻译方式的比率占65%，是最多的统计数字，因为大部分的英语、巫语、淡米尔语、与其它外语的公寓命民都是采用音译方式。采用意译翻译的种类占26%，而音译兼意译的翻译方式就只占1%。音译、意译、音译兼意译之所以有着明显的差异，原因在于翻译的难度。翻译音译最容易，意译比较难，而音译兼意译最难。要想做精确与准确的翻译，而且具备优雅吉祥的程度，还需要有一些华文造诣极高、资历比较深的学者来翻译。

---

[7] 同注(6)，页83–102。

四　新加坡公寓住宅华文命名的语言特点

笔者在以上篇幅里着重解释了公寓命名的由来。事实上，公寓项目的命名非常重要，许多私人住宅发展商的公寓项目的命名，都是由其公司的高级执行人员亲自选定合适的中英名称。大规模的发展商公寓项目命名往往要征询许多个建议再决定选用哪个名称。这些备选名称可能从四面八方征集而来，其中甚至包括公司职员间的提名竞争。新加坡建筑发展商认为一座公寓项目的名称可能成为吸引买家因素之一。[8]

公寓命名之所以成为影响公寓销售量的关键因素之一，原因在于它的命名特色足以吸引购买者的注意力，但有时这种注意力可能带给购买者以亲切感或也可能招致得其反的效果。因此在公寓命名时，发展商需要非常仔细地反复斟酌和认真考量。

(一)方言色彩浓厚

十八、十九世纪，新加坡早期移民主要来自中国福建、广东。倘若以方言群体来区分，主要有闽南人、潮州人、客家人、广府人与海南人。这其中不乏一些杰出人士。有鉴于此，新加坡许多早期公寓住宅便以方言名字的发音和拼写来命名。例如：Beng's Lodge 明园、Boon Teck Heights 文德岭、Cheng Soon Garden 正顺园、Chip Hock Gardens 集福花园。这些公寓的名陈读起来发音不太规范，但方言色彩浓厚，具有典型的新加坡语言环境特色。

最早来自中国的移民下南洋上岸后，第一件事就是要感谢妈祖娘娘的保佑。在当时，下南洋如同"人生最大的一场赌博"，是把自己的命运交给惊涛骇浪的南中国海，妈祖是他们心中无上崇高地位的精神神灵，保佑他们一切须利，出入平安。[9]

---

[8] 新加坡《海峡时报》27.08.2007 (Ms Fiona Chan, Property Reporter, *Straits Times* 27 August 2007)，页H-5。

[9] 李威宜《新加坡华人游移变迁的我群观：语群》(台北：唐山出版社，1999)，页18–21。

上岸后，早期移民的生活都相当困苦。移民来南洋的先辈们充分发扬了团结互助的精神，使得新来的华人移民很快在本地站稳了脚跟。因此老一辈移民纷纷建立起宗亲会、同乡会，时至今日这些民间团体仍发挥着它们的功效。新加坡华人很注重家庭观念也体现在公寓住宅的命名上，有些命名散发着浓厚的怀旧寻根的色彩。例如 Chun Tin Court 春田阁、Chip Hock Gardens 集福花园、Lauw & Son's Garden 刘氏父子花园。许多早期公寓命名采用华人的姓氏，可能是为了增加亲切感或公寓是由同乡会所建的。例如：Chia Garden 谢氏花园、Chiang's Court 蒋阁、Chan's Ville 陈苑、Ying Mansions 英氏大厦。早期也很多公寓命名是根据名人的名字直接用来命名。例如 Oei Tiong Ham Park 黄仲涵园、Chen Jing Jue Mansions 陈静觉大厦。

华人传统上注重"安居乐业"，所以在给住宅命名上也体现出人们对于美好生活的追求，就出现了如 Cai Yuan Mansion 财源大厦、Chip Bee Gardens 集美花园。

(二)结构类型简单

传统的公寓命名结构以简约为主，顺口又易记。大多数传统的名称只有两个组成部分。第一部分是修饰性的语素，而第二个部分则是核心语素。一些英文命名喜欢用两个字但第一个字用"The"来表示"唯一"的意义。可是华文翻译就无法显示"唯一"的意义。例如：The Peak 峰园、The Pearl 山亭、The Richmond 富梦园。

有一些公寓英文命名只是一个单词而已，如：Baywater 碧水苑、Balmoral 百慕乐、Bluwel 蓝宝等。由于受制于华语习惯以双音节，因此没有出现单独一个字的华文名称。

有一小部分的公寓英文命名采取的则是三个字以上，如 Carribean at Keppel Bay 岌巴湾加拉勒比村、Casa Esperanza 卡莎埃斯珀兰莎。公寓命名需要兼顾到英文翻译成华文的影响，这也是在取名时候应该注意的问题。以上这两座公寓英文命名虽然好听与新颖，但用音译方式翻译成华文名称时，结果华文名称难读又难记！这两座公寓的华文名称可说是既不够简化，也不符合华语习惯。

　　建筑发展商为了尽量给以顾客良好的印象，也采用了一些简单组合街道、姓名及号码的公寓名称，这种命名方式现在已开始受到青睐。最新的趋势是字称中开始出现'一'，其中14个公寓已经采用'一'来命名。例如：One Fort 一福、One Oxley Rise 1欧思礼坡。但这并不意味着发展商没有创意空间，正如出现了以2rvg（2号日）、Residence 8（第8居）的名称。

（三）语言富于幽默感和吉祥色彩

　　在为公寓住宅以华文命名时，发展商也充分发挥华语独特的幽默诙谐成分，力求口语化，让钢筋水泥筑成的建筑平添不少人性化色彩。例如：Bo Bo Tan Gardens 宝宝丹花园、Duku Court 仁心果阁。

　　从分析新加坡私人公寓住宅华文命名所反映的语言特点来看，可以看出公寓的英文命名有些采用的是强调高尚、华贵的词语。但在翻译华文命名时，却经常采用的是带有富贵、吉祥、幸运、平安等的词语，都具有着华人特有的语言与传统的文化特色。如：Ford Mansion 被翻译成"福特大厦"、Castle Court 翻译成"嘉城阁"。如果公寓有个吉祥的门牌号码，甚至也出现了采用其好含义的号码来加入名称，如：Gilstead 38 吉士德38。

　　在公寓华文命名过程，有时为了追求吉祥色彩也发生过不少笑话。有些翻译和英文原意完全不同。例如：Shelford Point 翻译成"赐福坊"。Icon 翻译成"海天大厦"而 Icon Point 又翻译成"名爵坊"。同样是英文的Icon但华文翻译确实天壤之别。搞得大家一头雾水。

　　即使中英文名称不存在任何争议，当命名委员会在一些无法预料的情况出现时，也可能会迫使它在最后一分钟作出改变，避免歧义。例如众所周知的位于新加坡河附近的公寓，就是现在所谓的Tribeca翠贝卡，本来要命名的是 Pharos on the Waterfront。但发展商后来发现 Pharos 是希腊时期有名的被地震毁灭的灯塔。最后临时决定改名字为 Tribeca。另外一个例子是一家发展商向公寓命名委员会申请 Lentor Park 的名字，但被拒绝。原因是 Lentor Park 的读音类似于福建话中的一句粗俗不堪的词语。同样的，另外一家发展商要命名一座公寓项目为 Legacy Park 也没得到批准，因为 Legacy Park 读音在福建话好像"你去死打"的意思，而在广东话好像"你的屁股"的读音。[10]

（四）语言种类多样化

不同种族有其自身的语言特色。语言种类多样化。一些公寓住宅命名就以马来语、淡米尔语翻译成英语，再由英语翻译成华语，多数遵循音译的方式。例如以马来语命名的 Kemaman Point 甘马挽坊、Shaik Mohamed Villa 赛莫哈末公寓、Mutiara View 翠峰景、Nanak Mansions 纳娜大厦、和以淡米尔语命名的 Casa Irrawaddy 卡莎依拉瓦迪、Nathan Court 纳丹坊。

另一种趋势是借用外来词。举例来说，开始借用西班牙语中的 Casa "家"这个字。另有公寓开始用法语的 le 或 la "乐"。用西班牙语或法语给公寓高档摩登的印象。例如：Casa Rosita 卡莎罗西达园，Chateau La Fame 名人山庄。

一些项目命名中采用了外国的资源，外国人听到这一熟悉的地名，会有一种亲切感。但这些发音会令新加坡人感到不适。例如：Aldea Blanca 雅迪邦阁、Casa Contendere 卡莎肯特里、De Lente 迪兰特苑。

借用法语来命名也曾发生过一些问题。其中一家发展商想把项目以法语名 Perle 来命名。Perle 意思是珍珠。但街道和建筑物名称委员会否决了这间公寓的法语命名，因为这个词在英语发音中听起来像 'Peril 危险' 的意思。

值得注意的是，虽然街道和建筑物的名称委员负责审查公寓名称与语法的准确性，但在使用法语的 le 和 la "乐"的准确性上显得漠不关心，其实这些词在法语中有男性和女性名词之分。例如：La Mansion 美大、La Crystal 美水晶、Le Hill Condo 乐山公寓。

公寓的名称，开始出现 De 或 D。De 在法语中通常意味着 of the 或 from，就是"从"。例如在词的开始只用一个字的元音 D。

---

[10] 同注(8)，页H-5。

如：D'Dalvey迪大威、D'Focus Apartments迪焦点公寓、D'Manor绿晶庄。在英语语法中，没有 "D'...." 这种字。

五　新加坡公寓住宅华文命名所反映的文化特点

(一)时代色彩鲜明

一些公寓住宅的华文命名与中国古代建筑物的命名方式相似，颇有中华遗风。例如Peach Garden 桃园、Hua Court华阁。单从名字上，人们仿佛穿越时光隧道回到先前的年代，简洁又不失庄重。还有些公寓取的名字恰当，勾起人们怀旧寻根的浓厚兴趣。许多新加坡居民都记得一些旧公寓，如Balmoral Park百慕乐园公寓、Balestier Point马里士他坊、Boon Teck Gardens文礼花园、The Seaview海景公寓、Ruby Plaza宝石中心、Lucky Plaza Apartments幸运商场公寓、Lion Towers狮城大厦，等等。还有很多以姓氏来取名，如Chan's Ville陈园、Chia Garden 谢氏花园、Chiang's Court 蒋阁，也值得怀念。

新加坡的公寓命名的改变反映了本地的时代变迁，同时也显示了国家与社会的快速发展，以及文化元素的增加。公寓命名的时代性可以从以下例子来作标志性的体现。[11]

1. 六十年代：倾向于用姓氏取名

在六十年代，新加坡的经济与社会发展是处在起步阶段。发展商的规模还小。同时宗乡会馆拥有一些实力，也能建公寓为同乡供应住宿。小发展商与宗乡会馆开始发展私人住宅项目。他们为公寓取名时，喜欢用姓名或街道名字来命名，如：Chia Garden 谢氏花园。这个时代的公寓，许多也是以街道的英语、巫语或淡米尔语来取名的。

---

[11] 梁元生《新加坡华人社会史论》（新加坡：国立大学中文系，2005），页25-32。

2. 七十年代：倾向于用方言取名

在七十年代，新加坡人民还是普遍用方言交谈。人民的教育与文化素质还是很低，所以公寓命名也普遍用方言名称。如：Chip Hock Gardens 集福花园。同样的，一些项目还用附近街道的方言、巫语或印度语来做公寓名称。与此同时，政府已经开始推广"讲华语运动"。这么一来，在七十年代的末期，私人公寓的命名就开始淘汰用方言、巫语、印度语了。

3. 八十年代：倾向于用华丽词语取名

在八十年代，政府开始实行新加坡绿化城市。许多公寓被命名"园"或"花园"。发展商也喜欢用华丽与吉祥的公寓名称。与此同时，人民的生活与教育水平已经逐渐提高，文化素质有改进。所以发展商采用华丽吉祥为公寓取英文命名，同时也非常注意英文翻译的华文名称。如：Amber Park 安柏园、Ritz Mansions 丽士大厦。原因是许多买者还是受华文教育，不懂英文。

4. 九十年代：倾向于用外语取名

在九十年代，新加坡的经济快速的发展，国人有机会出国旅行。为了要引用更新颖的公寓命名方式，时髦的风潮是用其它外语如：西班牙语和法语来为公寓取名。如：Espana 埃是斯伯纳。同时，为了表示公寓住宅是高尚华贵的，公寓命名的核心语素还喜欢采用"阁"、"苑"的名称。

5. 二十一世纪：倾向于用具有创意的名称

从二十一世纪开始，发展商又穷尽新的花招，喜欢用创新的名称，包括 '@' 来表示高新科技时代的来临。这时期也流行符号 '一'、'二'、'八' 来加上名称。公寓命名开始取用自创的英文名称。如：sky@eleven 天 eleven。因为富裕的国人大多都认识英文，而且有些买者是外国的人士，有一些发展商甚至开始不把这些自创的名称翻译华文名。

（二）重视工商意识文化

一些发展商在华文命名上往往会使用诸如奢华、富贵这些形容词突出豪宅的地位来彰显公寓主人的尊贵地位以吸引买家。例如 Belle Vue 豪景园、City Square Residences 城市雅居、Advance Apartments 前进公寓、Bullion Park 金湖山庄、Regent Court 贵爵阁、Queen Astrid Gardens 爱士特女皇花园。

地产分析家也指出，最近在高级公寓的命名中广泛使用 'Residences' 这一英文词语。[12] 许多公寓已经开始使用这种命名方式，包括 Marina Bay Residences 滨海住宅区和这些位于市中心的地段的 The Orchard Residences 乌节住宅区。

随着房地产价值的增加，发展商必须找出新颖恰当的公寓名称，因而就应该聘请高级语言专家来负责公寓命名与翻译的工作。同时，这也有利于本地的语言发展。

（三）重视同舟共济的精神文化

发展商们都认识到他们是处在同一个行业，良好的商业环境是由他们创造出来的，所以他们需要发扬同舟共济的精神。发展商认识到他们决定的公寓命名有时会影响到语言的发展。同样的在取名的时候，也互相借鉴。他们组成工商会，经常会面商讨行业的前景，又同时交换商业意见与引进新概念。如果项目规模很大，几个发展商会合作参加同一个项目，同样在公寓命名时都会互相磋商相关合作项目的命名，以达成共识。

发展商们如果发现一块良好的发展地区，他们都会共同在此地区发展许多项目。例如在'百慕乐 Balmoral'地区的房子很畅销与受欢迎，许多行家在此发展。该地区共有二十个项目：Balmoral 百慕乐、Balmoral 2 百慕乐 2、Balmoral 8 百慕乐 8、Balmoral Condominium 百慕乐共管式公寓、Balmoral Crest 百慕乐峰、Balmoral Gate 百慕乐

---

12 同注(8)，页H-5。

门、Balmoral Gardens 百慕乐园林、Balmoral Green 百慕乐林、Balmoral Heights 百慕乐岭、Balmoral Lodge 百慕乐苑、Balmoral Park Maisonettes 百慕乐园公寓、Balmoral Place 百慕乐坊、Balmoral Point 百慕乐公寓、Balmoral Residence 百慕乐居、The Balmoral Spring 百慕乐泉、Balmoral Tower 百慕乐楼、Balmoral View 百慕乐景、The Balmoral 百慕乐。几乎全部公寓命名的模式都用完了！

(四)宗教信仰道德的延续

在公寓命名时，无意中时常会牵涉到一些宗教信仰和道德的问题。例如，对一些屋主而言，Bishops Walk 主教径、Adam Garden 亚当花园、Eden Park 伊登园有很强烈的基督教性质。

同样Dragon Court 龙阁、Dragon Mansion 龙门大厦、Dragon Year Garden 龙年花园，可能令华族产生好感。但对于别的种族，不会有特别大的反应。

如果公寓依照宗教信仰来命名，街道与建筑命名委员会是不会批准的。一家发展商旗下的管理负责人，想把建设在金恒生道路的公寓命名为Trinity Towers，但被命名委员会拒绝。原因是委员会觉得有宗教性质，名称像一间教堂。最后发展商把这项目改名为Trillium 三叶草大厦。[13]

因此公寓命名虽然看起来可能像一个小问题，但是一旦遭到相关部门拒绝时，要想在极短的时间内选出更好的名称，可能会演变成额外棘手的任务。

(五)与时并进的取名技巧

新加坡有一个严格审查建筑和地产命名的机构，被称为街道和建筑物名称委员会。举例来说，该委员会颁布新的规则，公寓住宅不得

---

[13] 同注(8)，页 H-5。

以 Park 公园为结尾语素。因为英文 Park 与华语公园表示为一个实际的花园，不适合用于公寓命名。

但一百多个现有公寓已经使用了这个词，其中包括较旧的建筑物，如 Bedok Park 勿洛公园、Bayshore Park 碧湾园及 Clementi Park 金文泰公园。要设法解决这一问题，发展商最近已采取用法语词 Parc 公园，把它放在公寓名字的第一个位置，例如 Parc Palais 富丽山庄、Parc Vista 湖滨园、Parc Stevens 史蒂芬园。

街道和建筑物的名称委员会还建议正确使用 Place 坊和 Link 道，因为该两个词也可用于道路的名称。Tower 塔这一名称只能用于30层以上的建筑物，Villas 别墅只作为低层的房子。City 城市这个词——适用于大型公寓，如在 910 个单位的 City Square Residences 城市雅居，或 600 个单位的项目 Citylights 城光，来体现发展商的项目规模。

同样的，发展商早期取过 Gay Gardens 家乐园和 Gay Villas 家乐别墅的名称。Gay 是表示高兴的意思。但是现在由于 Gay 有同性恋的意思，这种名字已取缔不会再用，反映出发展商时常关注到时代的变迁。

这些年来涌现出的新词语越来越多，发展商现在更容易想出一个个全新的词汇来为公寓命名。这导致了一股新的风潮席卷了公寓住宅的华文命名：自创的新词语，如 Lumiere, NClave 和 The Infiniti 。这部分原因是发展要遵守新的命名规则。现在给公寓命名要追求时尚，因为它会赋予项目现代感。

在荷兰村（Holland Village）的公寓就是一个很好的例子。该地区是潮流的发源地，因此，发展商结合'Village 村'和'Buzz 风潮'的结合，重新组成了新词 Viz。它更简单醒目，颇具意义。

新的命名潮流还包括几乎无处不在的符号'@'，正式名称为'在那里的商品地址'。但在公寓命名时采用这'@'符号是表示'住在'意义，企图要追赶潮流。新加坡至少有三十座公寓在运用这个符号。有些新项目后面都会附上 dot.com 的热潮。例如：eight@east coast 8号东海岸、sky@eleven 天eleven、crest@cairnhill 经禧阁。

发展商绞尽脑汁不断造出新颖的英文名字。一些发展商用了新颖摩登的英文命名，有时连华文翻译命名也不取而慢慢舍弃华文名称。如 Atrium Residences、Geranium、Nuovo，都没有华文翻译名称。

六　新加坡公寓住宅华文命名存在的问题与解决的办法

(一)存在的问题

公寓命名体现出本地的语言文化特色。为了给公众留下好印象，建筑命名应该做出适当的选择。公寓华文命名过程，普遍也是其它语言翻译成华语的过程。这其中也发生过不少笑话。

以下列出一些公寓命名所存在的问题。

1. 英中翻译不当

发展商应该注意翻译的意义，如 Chiku Mansions 世故大厦。Chiku 是马来语的一种水果，为何翻译成'世故'？"世故"在华语中有待人处世圆滑，不得罪人的意思。"不通世故"和"深于世故"都是贬义词。显然命名者不理解这个词在华文里面的意思。

一些英文命名与华文命名没挂钩，如 Rafflesia Condomium 碧山豪园。虽然这座公寓的位置在碧山区，但英文与华文名字没挂钩，会引起混乱和误解。

2. 翻译词汇不统一

有些翻译和英文原意完全不同。例如在 Aston Lodge 艾诗敦苑、Aston Mansions 翠丽园、The Aston 艾诗这三个名称内，Aston 有三种不同的翻译模式。同一个英文词语，如 Aston 应该规范用同一个华文名称。又如，The Florida 富乐园，Florida Park 佛罗里达园。同样的 Florida 英文字，应该用国际认同的翻译。

另举例来说同样是核心语素"园"英文名称却用 Park、Mansions、View 等不同的词汇与之对应。像 Alwyn Park 雅威园、Bichwood Mansion 桦木园、Chuan View 春景园。

同样是华文"屋"这个字在 Hillside <u>Homes</u> 山傍<u>屋</u>和 Belmont <u>House</u> 贝蒙<u>屋</u>中分别以"Homes、House"代替。又如华文"<u>居</u>"这个字被英文"<u>Apartment</u>、<u>Flats</u> 和 <u>Residence</u>"来代替。例如 Concourse <u>Apartment</u>鸿福<u>居</u>、Ceylon <u>Flats</u>锡兰<u>居</u>、Balmoral <u>Residence</u>百慕乐。

例如：Eng Aun Park <u>永安园</u>、Yong An Park <u>永安园</u>采用了相同的华文名称。为了避免混淆，不同的英文命名不应该用同样的华文翻译。

3. 混合不同外语

应用外语是流行的取名方式，但应该用准确的语言。有些公寓命名把两种语言混在一起。例如：Casa Cairnhill（西班牙语＋英文名）、Casa Irrawaddy（西班牙语＋印度语）、Casa Melwani（西班牙语＋马来语）、Casa Riviera（西班牙语＋法语）、Le Wood（法语＋英语）等等。

4. 渐渐舍弃公寓华文命名

现在政府规定街道必须有英文与华文的名字。但是，对于建筑物英文是必需的，而华文名字就没有限制。因此有些发展商宁可花上大量的时间和人力拼接现有的英文词汇而不肯为公寓做华文命名。这是个不良的趋向。新加坡毕竟是个华人占大部分的社会，而建筑物的名称是日常用语，就应该有华文名称。这同时也表现出对华语应有的尊重。

（二）对策与方法

1. 华文媒介统一译名委员会

华文媒介统一译名委员会，是一个自愿性组织。顾名思义，他们的工作主要是统一译名。由于新加坡是个多元语文社会，中文媒体在日常的运作中，无可避免的要面对将其它语文的特有名词、人名、地名等等转译为中文的问题。委员会就是因为中文媒体急需译法统一的意愿而产生的。

该网站所收集的统一译名，是委员会过去这些年来的一些工作成果，包括以下几大类：[14]

（1）新加坡政府部门职衔

（2）公司机构

（3）人名

（4）地名

（5）建筑物及住宅区名称

（6）电脑名词

（7）财经名词

（8）马来／印尼文名称

他们所收集的，是媒体工作者日常比较多接触到的名词，所以，并不是包罗万象的，也不能被当作是完整的词典。不过，对一般从事新闻与翻译工作者，相信会有一定的帮助。网站的最大潜能在于它为我们提供了一个可以不断更新、丰富内容的架构。他们力求做到所有信息准确及时，但由于不少信息太过灵活，因此不足之处在所难免。

2. 发展商的任务

以上的"华文媒介统一译名委员会"毕竟是个自愿组织，能力与效率有限。为了解决本地公寓命名的许多问题，发展商们也同样可以联合组织合作委员会，来自我检讨公寓命名的规则，互相交换意见。公寓华文命名的工作不可只交给志愿组织来做。毕竟发展商为公寓命名更具责任性和专业性。

发展商同时应该聘请高水准、资历深的翻译员，来担任华文翻译工作。这些翻译员可以充分发挥他们的专业才能，为公寓住宅取一个恰当的华文命名，以保持公寓住宅华文命名的高水准。

---

[14] Website: http://chineseterms.zaobao.com/chineseterms.html

3. 有关当局的任务

有关当局应该注重公寓命名的水准和规则。他们可以和发展商合作来商讨公寓命名的改良方法。1979年，政府曾经对新加坡路名的华文翻译做过全面的检讨并规范了道路名称。那么现在迫切需要有关当局应该对现有的新加坡公寓住宅命名做一个检讨。特别是应对越来越多发展商舍弃华文命名和胡乱地给公寓住宅起个华文名称作出回应。

针对以上论文列出的在华文命名过程中出现的种种问题，本论文可以提出的判断公寓住宅华文命名的优劣标准有以下几点：

(1) 无论是音译、意译还是音译兼意译都要符合华文习惯。不可以选用歧义、贬义的词语。

(2) 不可以用半英文、半华文拼凑出一个新造的词语。因为这会造成谁都看不懂的窘况，除非造出这个词的人解释出词意。这会给下一代带来不良的示范甚至造成语法混乱。

(3) 华文名称和英文名称要一一对应。

(4) 选用的华文名词要表现出语言的美感，赋予良好的愿望和憧憬。不要一味求新、求怪。要尊重民族情感。

有关当局应该总结过去的经验，修正现有的漏洞，指定出一套公寓住宅华文命名的规范。

七　结语

每个新加坡人都期望拥有一间华丽、舒适的公寓。买下了住屋，当然希望公寓有个优雅吉利的名字，最好是公寓的华文名称与英文名称音意接近，而且容易记住。

本论文阐述了新加坡私人公寓住宅华文命名的由来，也分析了公寓住宅的分类，还研究了新加坡公寓华文命名的语言特色等。论文更进一步地研究了公寓华文命名所反映的文化特点，包括怀旧寻根浓厚、与时并进的取名技巧、反映社会文化的发展。通过研究总结出华文命名存在的一些问题与对策。论文提出一些新加坡公寓住宅建筑命名的规律及适用的一些准则。一旦有了相应的准则，便可促使发展商致力于改进公寓住宅的华文命名，可以促进公寓住宅项目吸引买家，提高销售额，繁荣新加坡本地房地产市场，从而带动经济增长。

笔者希望本论文可以作为发展商华文命名公寓住宅以及相关部门制定华文命名规范参考之用。在此，也要诚恳地呼吁发展商和政府应当作出及时的行动。

总之，公寓的华文命名对于新加坡华文文化与传统有着深刻的影响力。公寓华文翻译也反映出新加坡的文化内蕴，不可等闲视之。如果翻译不当会引起外界的嘲笑，开历史的倒车。我们应该为新加坡的下一代保护这些珍贵的文化遗产。

【附注】

本文节选自作者汉语言文学学士学位毕业论文（2008 年）；论文导师为程芳女士。

附录

部分现有私人公寓中英文名称分类附录

1. 英语音译分类表

Appleton View 雅柏敦景	Ardmore View 雅茂景	Abelia 艾贝利亚园
Alessandrea 亚历珊丽	Amanusa 安曼娜莎	Adam Garden 亚当花园
Adam Plaza 亚当坊	Affluence Court 雅芙伦阁	Adam Park 雅登阁
The Aberdeen 雅柏苑	Acacia Lodge 艾凯萨苑	Allan Ville 雅伦苑
Allsworth Park 奥斯华园	Alwyn Park 雅威园	Amaninda 雅曼丽达园
Arthur Court 亚瑟阁	The Ascott 雅斯阁	Angullia View 安德烈景
Austral View 南景园	Amaryllis Ville 嘉丽苑	Aquarius By The Park 丽泽苑
Adelphi Hill Garden 亚达菲山花园	Apollo Garden 阿波罗花园	Arcadia Garden 雅凯园
Amaranda Garden 紫馨园	The Anchorage 金锭园	Ardmore Park 雅茂园
The Areca 雅利佳园	Armadale 雅美典园	Aroozoo Park 阿鲁舒斯园
Ardmore Point 雅茂苑	Aston Lodge 艾诗敦苑	Avon Park 雅丰苑
Balestier Court 马里士他阁	Bristol Lodge 布里斯托苑	Bagnall Court 百纳阁
Ardisia Garden 雅迪舍花园	Avila Garden 阿维拉花园	Balmoral Gardens 百慕乐花园
Balmoral View 百慕乐景	Balmeg Court 宝美阁	Bassein Court 百幸阁

Balmoral Place 百慕乐坊	Bendigo Gardens 班迪哥花园	Bishan Park Condo 碧山花园
Blossoms 富胜景	The Ansley 诺云峰	Botanic on Lloyd 懿园
Belmondo Gardens 贝蒙多花园	Belmondo View 贝蒙多景	Braddell View 布莱德岭景
Cassia View 诗雅苑	Camellia Lodge 敏黎苑	Camay Court 佳美阁
Culford Gardens 高富花园	Charming Gardens 嘉铭花园	Canne Lodge 纤苑
The Champagne 祥彬园	Camellia Park 敏黎园	Casafina 凯丰园
Changi Gardens 樟宜花园	Cashew Gardens 凯秀花园	Cathay Gardens 国泰花园
Curzon Lodge 可顺苑	Chiltern Park 翠登苑	Cavenagh Court 加文纳阁
Dunman View 德明景	Eden Spring 伊登春园	Changi Rise 樟宜苑
Charlton Park 爵敦园	Blue Horizon 海皇园	Charlton Garden 爵敦花园
Cardiff Court 卡迪夫阁	Cavenagh House 嘉文纳楼	Chatsworth Court 采士华阁
Carissa Park Condo 加丽莎花园	Chelsea Gardens 彩丽园	Chester Park 策士特园
Daisy Lodge 丽施苑	Dublin Lodge 杜比铃苑	Dover Parkview 杜佛景
Celadon View 翠绿景	Chestervale 芊桦园	Duchess Garden 大吉花园
Ceylon Court 锡兰阁	Castle Court 嘉城阁	Dunearn Gardens 杜尼安花园
Clemenceau Court 克里门梭阁	Changi Court 樟宜阁	Dunearn Lodge 杜尼安苑
Dunearn Court 杜尼安阁	Dusun Court 都顺阁	Elias Green 怡翠园
Fairlodge 美花苑	Duchess Park 嘉皇园	Glenville 葛苑
The Devonshire 雅博楼	Cherry Gardens 绮鲤苑	Grace Gardens 玉丽花园
Gilstead Brook 吉士德楼	Gilstead View 吉士德景	Haig Court 海格阁
Henry Park 亨利园	Holland Mews 荷兰苑	Harvey View 哈威景
Hammer Court 翰美阁	Jersey Lodge 泽西苑	Jervois Court 泽维士阁
Jervois Gardens 泽维士花园	Kerrisdale 卡力是德园	Leedon Park 礼敦园
Edelweiss Park Condo 火绒查草园	Florissa Park 富临花园	Lloyd Court 来益阁
Kentview Parkv肯特景园	Lincoln Lodge 林肯苑	Lynnsville 林苑
Lewis Court 鲁易士阁	Novena Gardens 诺维娜花园	Melrose Court 美乐士阁
Lanson Plaza 兰盛坊	Malcolm Park 马康园	Morning Dew 莫宁园
The Glenwood Regency 葛兰雅木丽苑	Elegance View 豪丽苑	Mutual Court 慕杰阁
Henley Garden 富锦花园	Glendale Park 葛桃园	Orchard Towers 乌节楼
Mia Plaza 玫坊	Norfolk Court 纳福阁	Patent Plaza 碧镫坊
The Paterson 巴德申楼	Queen Astrid Gardens 爱士特女皇花园	Queen Astrid Park 爱士特女皇园
Queensberry Lodge 奎恩斯伯里园	Quelin Garden 桂林花园	Raffles Park 莱佛士园

Radiant Court 瑞殿阁	Rafflesia Condo 碧山豪园	Rebecca Park 利百加园
Regency Compass 丽晶堪宝	Regency House 丽晶大厦	Regency Lodge 丽晶苑
Regent Carden 丽晶华园公寓	Regent Green 丽晶林	Regent Heights 丽晶峰
Regentville 丽晶山庄	Regina Hill 青峰园	Regis Mansions 灵芝楼
Richmond Ville 绿荫苑	The Richmond 富梦园	River Valley Apartments 里峇峇利阁
River Valley View 里峇峇利景	Robin Court 罗彬阁	Robin Regalia 罗彬爵士
Robin Start 罗彬星园	Sommerville Regency 索美维丽晶园	Rose Lane Court 玫阁
Marine Garden 马林花园	Charleston 查尔斯顿苑	Savoy Park 翠华园
Sommerville Park 索美维园	Sommerville Court 索美维阁	Serenity Park 春锦园
Shelford Point 赐福坊	Surrey Court 怡景阁	Sommerville Court 索美维阁
Sommerville Gardeur 索美维豪苑	Sunrise Mansion 嘉升园	Sommerville Loft 索美维居
The Tropica 濠景园	The Taipan 大宾楼	Sunrise Gardens 硅谷居
Unique Hill House 友力园	Tulip Garden 金香园	Tanglin Park 东陵园
The Albany 爱巴尼园	The Albracca 爱尔巴塞园	The Alcove 雅科夫园
Botanic Gardens View 植物园景	Cavenagh Fortun 福慧苑	The Clementvale 金文苑
Lynn Gardens 林花花园	Loyang Plaza 罗央坊	The Legacy 礼阁
Namly Park 南佳园	King's Garden 京士花园	The Pier 乐滨轩
Mill Point 美坊	Goodwill Court 月誉阁	The Quintet 冠庭园
Vina Lodge 温娜村	Valencia 维林西亚楼	Valley Apartment 华丽公寓
Vista Garden 伟大花园	Vista Park 伟大园	Vista View 伟大景
Wilkie Court 威基阁	Wilkie Apartment 威基公寓	Waterloo View 滑铁卢景
Wilkie Mansion 威基大厦	Wilkie Lodge 威基苑	Wilkie Green 威基林
Wilmer House 威尔马楼	Wilkie Vale 威基谷	Wilkie Regency 威基丽苑
Woodsvale 竹翠园	Wilmer Park 威尔马园	Wilmer Lodge 威尔马苑
Wollerton Park 武勒登园	WollertonParkApartment 武勒登园公寓	Icon Point 名爵坊
Laurel Park 月桂园	Zion Mansion 锡安大厦	

2. 英语意译分类表

Airview Towers 风景楼	Autumn Ten 秋隆十	Autumn Glory 秋隆楼福
Bichwood Mansions 桦木园	Bamboo Grove Park 竹林阁	Beauty Garden 美丽花园
Baywater 碧水苑	Blissful View 乐苑	Chapel Court 教堂阁
Canary Park 金丝雀园	Chantilly Rise 璀丽园	Camwood Park 甘木园

Coronation Gardens 加冕园	Coral Park 珊瑚园	Century Ville 世纪苑
Duchess Court 爵阁	City Vale 城市谷	Dukes Garden 公爵花园
Eastwood Plaza 东林坊	Eastern Gardens 东方花园	Eastwood Gardens 东林花园
Evergreen Park 青山苑	Eastern Ville 东苑	Ever Lodge 长久苑
Four Seasons Park 四季园	Euro-Asia Apartments 华洋楼	East Court 东阁
Goldhill Gardens 金岭花园	Fort Gardens 炮台花园	Goodluck Garden 月运花园
Happy Gardens 安乐花园	Goldleaf Gardens 金叶花园	Goodwood Gardens 月木花园
Hillview Park 山景花园	Highland Gardens 高原花园	Hillside Gardens 山傍花园
Greenacres 青园	High Point 高坊	Goodlink Park 月邻园
Highgate Park 高门园	Global Ville 环球苑	Green Ville 碧苑
Hillodge 山苑	Hill Park 山园	Hillcrest Park 山峰园
Peach Garden 桃园	Hillside Homes 山傍屋	Hillton Green 山傍林
President Gardens 总统园	Lucky Park 幸运园	Lucky Court 幸运阁
Promises Gardens 信园	Pinewood Gardens 松木花园	The Parisian 巴黎园
Prosperity Mansion 繁华大厦	Prince Apartment 太子大厦	Pinetree Condo 松林苑
Oleander Tower 夹竹桃楼	Prospect Court 辉煌阁	The Prominence 卓越公寓
Raintree 雨林	Public Mansion 大众大厦	Prosperity Mansion 繁华大厦
Rich East Garden 福东园	Orange Court 柑阁	Pumpkin Garden 南瓜花园
The Rivervale 鲤河园	Quemoy Park 金门园	Queens 皇后楼
Riverside Plaza 河滨舫楼	Rainbow Court 彩虹阁	Queensway Tower 女皇道公寓
Rosedale 玫瑰谷	Regent Court 贵爵阁	Rainbow Mansions 彩虹大厦
Rose Mansion 玫瑰大厦	Ridgewood 高山青住宅区	Regency Park 旺家园
Ruby Plaza 宝石中心	River Plaza 翠河舫	Rich Mansions 富豪大厦
Season Park 季景园	Rosewood 青龙木园	Rivervale Crest 河谷峰
Silver Hill 银景岭	Rose Maison 玫瑰楼	Riverside View 河滨园
Spring Mansion 春厦	Royal Ville 富贵园	Rosevale 玫瑰苑
Spring Court 春苑	Ruby Apartment 宝石公寓	Royale Mansions 富贵大厦
Summer Green 夏日林	Season View 佳季园	Royal Ville 富贵园
Shangri-La Apartment 香格里拉阁	Silver Tower 银景大厦	Sun Rosier 豪山村
Top Ten Apartment 顶登公寓	Spanish Villa 西班牙山庄	Shaw Corner 邵氏一角
The Twins 双临楼	Spring Gardens 春花园	Spanish Village 西班牙村庄
University Park 大学园	Summer Villas 夏日花园	Spring Green 春林
The Village 村园	Summer Plaza 夏日坊	Summer Apartment 夏日公寓
Ville Royale 皇家山庄	The Tiara 冠冕公寓	Summer View 夏日景
Woodgrove 木林苑	Tropical Spring 澎涛苑	Sungrove 太阳林

White House Park Apartment 白宫园	Urbana 城市之光	Treasure Plaza 聚宝坊
Westvale 西谷	Village Tower 绿村楼	United Mansion 联合大厦
West Bay Resort Condo 西湾	Villas Laguna 河畔山庄	View Point Mansion 景远大厦
The Glacier 冰川园	East Woodgrove 木林住宅	Villas Holland 荷兰山庄
Emerald Court 绿宝石阁	Westwood 西林园	White Water 清水园
Harbour View Gardens 港景园	Westpoint 西林公寓	Westridge 西岗
Rose Court 玫瑰园	The Waterside 听涛阁	Westlake Condo 西湖花园
Sunshine Loft 阳光	Fragrant Gardens 花香花园	Water Plaza 海涛苑
Sunshine Lodge 日光苑	Sunshine Regency 阳光苑	Sunshine Mansions 阳光公寓
Central View 市景园	The Sunshine 阳光公寓	Sunshine Green 阳光林
Sunshine Loft 阳光楼	Sunville 太阳苑	Reservoir Villas 蓄水池
Angsana Park 空中花园	Sandy Palm 沙棕楼	The Trumps 皇牌楼
Sunrise Mansion 朝阳大厦	Eastvale 东桦苑	Eastside Loft 东雅阁
Mandarin Gardens 文华花园		

3. 英语音译兼意译分类表

Bayshore Park 碧湾园	Brentwood 布木园	Comfort Gardens 康福花园
Aspen Loft 爱诗乐富林	The Apine 雅松	Bossoms 富胜
Breezeway in Katong 加东风道	Centrepoint Apartment 先得坊公寓	Castle Green 嘉诚林
Camwood Park 甘木园	The Fortune View 丰运景	Holland Hill Lodge 荷兰山阁
Flora East 富罗东园	The Floravale 花景轩	Ford Mansion 福特大厦
Holland Wood Court 荷兰林阁	Mayflower Ville 美花花苑	Le Wood 乐林
Peak Court Condo 碧松阁	The Riverina 丽河苑	Park Avenue Suite 柏道楼

4. 英语非音意翻译分类

Imperial Heights Imperial Heights 公寓	Three Three Robin Three Three Robin 公寓	

5. 方言音译表（对应华文字）

Au-Jiang Apartment 区江公寓	Chong Kim Apartment 忠锦公寓	Bee Hwa Court 美华洋楼
Char Yong Gardens 茶阳花园	Chuan Park 春景	Cheng Soon Garden 正顺园
Chin Bee Mansion 振美大厦	Chuan Yuan 川园	The Chuan 川阁
Chua Court 春阁	Eng Court 永公寓	Chuan Tower 川台

Chuan View 春景园	Gek Lim Mansions 玉林大厦	Dong Xin Court 东兴阁
Ek Toh Court 艺度阁	Hua Mei Garden 华美花园	Fuyuen Court 福园阁
Gao Ming Hua Yuan 高明花园	Joo Chiat Court 如切阁	How Sun Garden 禾山花园
How Sun Park 禾山园	Keng Lee View 庆利景	Hua Xin Garden 华新花园
Joo Chiat Apartment 如切公寓	Kim Keat Mansion 金吉大厦	Joo Chiat Lodge 如切苑
Keng Lee Court 庆利阁	Kim Yam Heights 金炎岭	Kim Keat House 金吉屋
Kim Keat Lodge 金吉苑	Koon Seng House 坤成屋	Kim Lin Park 金陵大厦
Kim Wee Mansions 金为大厦	Meigui Lodge 麦桂苑	Kimnan Park 金南园
Koon Seng Court 坤成阁	Ong's Mansion 王氏大厦	Liang Apartment 连楼
Meigui Court 麦桂阁	Tai Gin Apartment 大金公寓	Meigui Mansion 麦桂大厦
Mun Wah Garden 文华花园	Wan Tho Lodge 运涛苑	Peck Hay Mansion 碧霞大厦
Sims Mansions 沈氏大厦	Yew Lian Village 友联村	Tai Keng Court 大庆阁
Tuan Sing Park 传慎园	Yi Mei Garden 怡美园	Wen Yuan Court 文渊阁
Xie Rong Court 协融阁	Cai Yuan Mansions 财源大厦	Yong An Park 永安花园
Yin Fo Mansion 应和大厦	Chong Sing Garden 春盛花园	Yi Kai Court 毅凯阁
Cai Garden 财园	Eng Kang Green 永康林	Chen Jing Jue Mansions 陈静觉大厦
Chiang's Court 蒋阁	Heiwa Court 熙和阁	En Fu Mansions 恩福大厦
Eng Aun Park 永安园	Hong Joo Park 丰裕园	Foh Pin Garden 和平园
Foh Pin Mansion 和平大厦	Hong Yun Court 丰运阁	Hong Seng Mansions 丰兴大厦
Hong Seng Tower 丰兴台	Jin Ding Garden 金鼎花园	Hong Long Garden 丰隆花园
Hong Long Garden Condo 丰隆花园公寓	Kim Court 金阁	Hua Court 华阁
Hong Yu Mansion 华玉大厦	Leshan Garden 乐善花园	Jin Fu Apartment 金福花园
Kai Sheng Court 凯腾阁	Mei Garden 美花园	Lan's Plaza 蓝氏坊
Lauw & Son's Garden 刘氏父子花园	Tan Tong Meng Tower 陈中明大厦	Lim Tai Shi Walk 林太师径
Long Hua Yuan 龙花园	Toh Yi Court 道义阁	Shan Gate Apartment 祥门公寓
Tai Yuan Garden 泰园	Yang's Garden Villas 杨园村	Tian Court 天阁
Toh Tuck Garden 道德花园	Yu Li Yuan 玉丽园	Wei Ming Garden 玮敏花园
Xiu Lan Court 秀兰阁	Boon Teck Heights 文德岭	Yunnan Garden 云南花园
Yew Mei Green 悠美苑	Boon Teck View 文德景	Boon Teck Lodge 文德苑
Boon Teck Apartment 文德公寓	Chuan Villas 嘉利园	Bo Bo Tan Garden 宝宝丹花园
Boon Teck Tower 文德大厦	Chun Tin Court 春田阁	Boon Teck Lodge 文德苑
Chuan Seven 春景7	Eng Tai Mansion 永泰大厦	Boon View Condo 文景公寓
Chuan Vista II 泉景苑 II	Gulin View 桂林景	Chuan Vista 泉景苑

Eng Say Garden 永舍园	Hock Mansion 福大厦	Eng Lok 永洛大厦
Gulin Mansion 桂林大厦	Sam Kiang Mansion 三江大厦	Gulin Court 桂林阁
Xing Seng Garden 兴盛花园	Chuan Vista 泉景苑	Hock Seng Garden 福升花园
Hock Swee Hill 福水山	Ban Guan Park 万源园	Sam Leong Mansion 三龙大厦
Seng Yong Villas 成荣村	Mei Hwan View 美花园	Hua Guan Garden 华源花园
Leyuke Apartment 乐欲可公寓	Yishun Emerald 义顺绿宝石楼	Meihe Garden 美柏花园
Bin Mansions 彬大厦	Leck Teck Court 立德阁	

6. 巫语音译分类表

Binjai Crest 明才峰	Binjai Park 明才园	Datoh Court 拿督阁
Dushun Court 都顺阁	Dushun Garden 都顺林	Kampong Lorong Buangkok 甘榜罗弄万国
Kampong Tembeling 甘榜登百灵	Kemanman 甘马挽景	Kismis Court 吉士美阁
Kismis Lodge 吉士美苑	Kismis View 吉士美景	Lengkong Garden 麟光花园
Limau Mansion 柠檬大厦	Limau View 柠檬景	Limau Villas 柠檬台
Loyang Court 罗央阁	Loyang Garden 罗央花园	Loyang Green 罗央埔
Loyang Lodge 罗央苑	Loyang Mansion 罗央大厦	Loyang Plaza 罗央坊
Loyang Townhse Condo 罗央公寓	Loyang Tower 罗央台	Loyang Valley 罗央谷
Loyang Villas 洛阳台	Loyang Ville 洛阳苑	Pasir Panjang Apartment 巴西班让公寓
Pasir Panjang Court 巴西班让阁	Pasir Panjang Garden 巴西班让园	Pasir Panjang Lodge 巴西班让苑
Permai Court 贝尔迈阁	Petain Court 贝当阁	Raya Garden 拉亚花园
Sarhad Ville 莎荷苑	Seletar Garden 实里达花园	Seraya Court 实拉雅阁
Seraya Lodge 实拉雅乐居	Seraya Ville 实拉雅苑	Siglap Court 实乞纳阁
Siglap Lodge 实乞纳苑	Siglap Park 实乞纳园	Tanah Merah Mansions 丹美园
Duku Court 仁心果阁	Eunos Garden 友乐花园	Eunos Green 友乐林
Eunos Mansion 友乐大厦	Eunos Park 友乐园	Geylang Heritage 芽笼史苑
Geylang Mansions 牙笼大厦	Kechubong Tower 朱蒙台	Kembangan Court 景万岸阁
Kembangan Ville 景万岸	Marzuki Lodge 马裕基	Mutiara Crest 翠峰峰
Mutiara View 翠峰景	Pasir View Park 白沙景园	Punggol Park 榜鹅园
Rajah Mansions 帝苑	Rajah Tower 皇阁	Telok Kurau Court 德乐阁
Telok Kurau Lodge 德乐苑	Telok Kurau Mansion 德乐楼	Telok Kurau Ria 德乐里亚
Nassim Ville 那森苑	Nassim Gardens 那森花园	Dedap Gardens 德达花园
Minbu Villa 缅布台	Minbu Court 缅布阁	

7. 淡米尔语音译分类表

Jaya Tower 洁雅大厦	Lashimi Villa 拉丝米台	Narula Villa 那鲁拉台
Nadia Mansions 娜雅大厦	Naga Court 钠佳阁	Seedevi 适得威园
Sturdee View 史德蒂景		

8. 其它外语音译分类表

Adis Villas 亚迪斯台	Aldea Blanca 雅迪邦阁	Alessandrea 亚历珊丽
Alocassia Apartments 雅罗凯萨公寓	Amaninda 雅曼丽达园	Amanusa 安曼娜莎
Calarasi 嘉乐园	Calisay 卡立沙	The Capri 嘉碧苑
The Carpmaelina 卡美丽娜	Casa Cairnhill 卡莎经禧	Casa Contendere 卡莎肯特里
Casa Emma 卡莎埃马	Casa Flor 卡莎佛拉	Casa Jervois 卡莎泽维士
Casa Nassau 卡莎那沙	Casa Perla 卡莎柏特	Casa Robina 卡莎罗宾娜
Casa Rosa Condo 卡莎罗沙公寓	Casa Uno 卡莎文诺	Casabella 卡莎贝拉
Casafina 凯丰园	Cascadale 卡沙德里	Escada View 艾斯卡达景
The Esta 爱丝达	Figaro Garden 加洛花园	Mar Thoma Mansion 玛多玛大厦
Palazzo Court 帕来佐阁	Pasadena 白沙德娜园	The Primero 滨美罗
Calin Mansions 卡林大厦	Chateau Eliza 伊丽莎山庄	The Estoril 埃斯多里园
Versailles Condo 凡赛尔园	Vesta 维斯妲	De Paradiso 柏兰怡舍
Kasturina Lodge 佳玉苑	La Casa 美卡莎	Estiva 绿竹景
La Salle Villas 美萨尔台	Rio Vista 愉景湾	La Maison 美皇家
Mon Rosa 山罗斯	La Ville 美苑	D'Palma 迪棕树
Cote D'Azur 优景阁	D'Dalvey 迪大威	Villa Begonia 秋海棠别墅
D'Saville 萨维尔园	D'Ecosia 逸稼轩	Villa Indah 美丽山庄
Parc Haven 阳明山庄	Villa Azura 翠蓝别墅	Villa Verde 丰涛别墅
Ris Grandeur 丽士豪园	Villa Delle 幽谷别墅	Villa D'Este 西部山庄
Villa Marine 碧涛园	D'Manor 绿晶庄	De Lente 迪兰特苑
La Suisse 1 美山园1	La Suisse 2 美山园2	La Suisse 3 美山园3
La Arc 乐弧	Le Chateau 乐山庄	Le Marque 乐特许
Naung Court 南国花园	Le Gambir 乐甘必	Palisades 帕壁园
Parc Vista 湖滨花园	Parc Devon 德文山庄	Parc Oasis 柏奥花园
Heji Garden 和记花园	Himiko Court 欣美阁	Madeira Court 马德阁
Mimosa Court 含羞草阁		

9. 其它外语意译分类

Belle Vue 豪景园	Chez Bright Apartments 光辉楼大厦	La Crystal 美水晶
Maison Royale 皇家公寓	Villa De West 西方别墅	The Riverina 丽河苑

10. 其它外语非音译和非意译式分类表

Bleu　Bleu公寓	Esparis　Esparis	Vertis　Vertis公寓
Venezia　Venezia公寓	The Inspira　The Inspira公寓	Vue Teira　Vue Teira公寓
Le Galleria　Le Galleria	Le Reve　Le Reve公寓	Athena Ville　Athena 苑

11. 自创非音译或意译分类表

Bluwel 蓝宝	Brizay Park 布里赛园	Calrose　Calrose公寓
Carmi Mansion 卡美大厦	Chuville 朱氏山庄	Citrine　Citrine公寓
crest@cairnhill 经禧阁	DLV　DLV公寓	Ecoville　Ecoville公寓
eight@east coast　8号东海岸	elegance@changi 樟宜雅居	Fruition　Fruition公寓
Futura 翠菲乐大厦	Gallery 8　Gallery 8公寓	Geranium　Geranium
Glenville 葛苑	GPL　GPL台	Gryphon 格风台
The Infiniti　The Infiniti公寓	Intero　Intero公寓	Iridium　Iridium
J Court　J阁	JC Court　JC阁	JC Draycott　JC 杜佛
JC Ville　JC苑	Lumiere　Lumiere公寓	Mendon Spring 明龙泉
MHC Residential Complex MHC住宅大厦	NClave　NClave	Nuovo　Nuovo
Octaville 渥大苑	One@pulasan　One@pulasan公寓	Peily Court 佩丽阁
res@evelyn 伊芙琳居	Residence at 338A　338A公寓	Rindu 林都台
Sanny Park 山丽园	Sanford Park 三福园	SCK Ville　SCK苑
Seletaris 丽泉	Serenade@holland 荷兰西利那德	Shiba Apartments 实巴公寓
Sims Dorado　Sims Dorado	Singa Court 新雅阁	Six Avenue Ville 第6道景
SKT Mansions　SKT大厦	sky@eleven 天eleven	Starville 星园
The Sundial　Sundial大厦	Tandeville 丹德景	ten@suffolk 珠福之十
Vida　伟达园		

12. 混字分类表（加号码）

18 Ardmore　18号雅茂	24@newton　纽顿24号	3 Balmoral　3号百慕乐
Anderson 18　安徒生18号	Apartment 8　8号公寓	Ardmore 11　雅茂11
Balestier 288　马里士他288	Balmoral 2　百慕乐2	Balmoral 8　百慕乐8
Bishan 8　碧山8	Bishan 8 (II)　碧山8(2)	Cosy 23　舒适23
East 25 Apartments　25东公寓	Gilstead 38　吉士德38	Grange 70　格兰芝70
Habitat 1　达苑1	Lodge7　苑77	Martia 8　马西雅八
Jansen 28　詹森28	One K Green Lane　一K格林巷	One Jervois 1泽维士
Leedon 2　礼敦2	One Akyab　一爱业	One Fort　一福
Newton18　纽顿18	One Tree Gardens　一木花园	Haig Ten　海格十
One Leicester　李斯特1号	One Tree Hill Mansions 一木山大厦	One Tree Lodge　一木苑

One St. Michael's　一号圣迈克	Riverside 48　河滨48	Robertson 100　罗拔申100
Radiant 8　Radiant 8公寓	Unit 8　第8单位大厦	Wilkie 48　威基48
Sophia 98　苏菲亚98		

参考文献

蔡锡梅著，《世界列国乡情习俗丛书》，重庆：重庆出版社，2007。

陈照明著，《二十一世纪的挑战——新加坡华语语文的现状与未来》，
　　新加坡：联邦出版社，2000。

郭振羽著，《新加坡的语言与社会》，新加坡：正中书局，1985。

黄美玲著，《在新加坡定居》，新加坡：Lancer Design, 1990。

江炳松著，《岛国情怀》，新加坡：新文化事业有限公司，2007。

李成业著，《翻译传译与双语文集》，新加坡：华文研究会出版，2007。

李威宜著，《新加坡华人游移变异的我群观：语群、国家社群与族群》，
　　台北：唐山出版社，1999。

李晓东著，《当代新加坡建筑回顾》，北京：清华大学月刊，2000。

李晓东，汪芳著，《雅茂园公寓》，新加坡：世界建筑，2000。

李元瑾，《新马华人族群关系》，新加坡：亚洲研究学会，2006。

梁元生著，《新加坡华人社会史论》，新加坡：新加坡国立大学中文系，
　　2005。

林文丹，陈清莲著，《新加坡宗乡会馆史略》，新加坡：艺新印务私人
　　有限公司，2000。

刘岩著，《战后新加坡华文社会的嬗变》，厦门：厦门大学出版社，2003。

鲁白野著，《狮城散记》，新加坡：星洲世界书局，1953。

麦留芳著，《方言群认同》，台北：中央研究院民族学研究所，1985。

潘醒农著，《新加坡街路俗名》，新加坡：南岛出版社，1957。

丘进主编，《中国文化常识——普及标准》，香港：世界杰出华人基金
　　会有限公司，2001。

孙和声著，《华人文化评述》，新加坡：永联印务有限公司，2007。

王才强著，《新加坡的居住模式：可动性管理》，新加坡：世界建筑，2000。

王赓武著，《东南亚与华人》，北京：友谊出版公司，1986。

王振春著，《根的系列》，新加坡：胜友书局，再版，1998。

王振春著，《根的系列之二》，新加坡：胜友书局，1990。

王振春著，《根的系列之三》，新加坡：胜友书局，1992。

王振春著，《石叻老街》，新加坡：胜友书局，1997。

王振春著，《寻根集》，新加坡：新加坡文艺协会，2001。

尉厚著，《新加坡历史概况》，新加坡：国立大学，华语研究中心，1983。

吴彦鸿，《新加坡风土志》，新加坡：新加坡潮州八邑会馆文教委员会
　　出版组，1997。

吴英成著，《南大语言文化学报》，第四卷第一期，南洋理工大学中华
　　语言文化中心，1999。

吴元华著，《新加坡的社会语言》，新加坡：教育出版社，1978。

吴元华著，《母语打开文化宝库的钥匙》，新加坡：综合出版私人有限
　　公司，1999。

新加坡文化部华文译名统一委员会报告，《新加坡地理名称统一华文
　　译名》，新加坡：Ministry of Culture, Singapore, 1979。

曾玲著，《越洋再建家园》，南昌：江西高校出版社，2003。

曾少聪著，《漂泊与根植》，北京：中国社会科学出版社，2004。

张岱年、方克立主编，《中国文化概论》，北京：北京师范大学出版社，
　　1994。

赵戎著，《在马六甲海峡》，新加坡：新青年书局，2004。

周清海、汪惠迪、陆俭明、李临定，《新加坡华语词汇与语法》，新加坡：
　　玲子传媒私人有限公司，2000。

朱文俊著，《人类语言学论题研究》，北京：北京语言文化大学出版社，
　　1999。

庄英章著，《新加坡华人的祖先崇拜与宗乡社群整合》，台北：唐山
　　出版社，2000。

《Singapore Street Directory 新加坡街名指南》，新加坡：Chartered Holdings
　　Pte Ltd, Singapore, 2008。

Robert Powell 著，《新加坡新屋语》，新加坡：新加坡出版社，2001。

Robert Powell 著，《活着的遗产》，新加坡：新加坡出版社，1994。

新加坡华人熟食招牌名称的
语言学观察

姚耀光

一　引言

（一）新加坡摊贩的变迁

新加坡开埠之后，随着南来移民的增加，一种在街边随意移动叫卖的小贩也跟着出现。这些小贩在一定程度上间接为在城市里工作的职工与劳工提供了解决三餐的选择，但也给环境带来了不少污染问题。小贩们随意将废物与废水倒入沟渠，对环境造成了严重的破坏。1965 年独立之后，新加坡政府为了将新加坡打造为亚洲最清洁的城市，就开始整顿这些街边小贩。

1968年，新加坡政府对这些街边小贩进行登记，总数达到18,000摊[1]。从1971年起，划归在国家环境局 (National Environment Agency)下的小贩局就开始推行街边小贩的迁徙计划，逐步地将小贩迁入在组屋区内规划建设的"小贩中心"(Hawkers Centers)，让他们集中在一起经营各类的熟食。经过十年左右的努力，新加坡政府终于1976年完成了全部街头小贩的迁移计划。

从2000年开始，为了提升小贩中心的水平，政府更进一步展开小贩中心的提升工程(Hawker Centres Upgrading Programme)，将较老旧的小贩中心重新修建或翻新，使小贩中心的卫生水准和设备获得进一步的提升。这些小贩中心，后来改称"熟食中心"，英文名称

---

[1]　Kong, Lily. Singapore hawker centres: people, places, food, Singapore, National Environment Agency, 2007

也称为 Food Centre。翻新后的"熟食中心"依旧售卖本地的熟食和饮料，种类繁多，物美价廉，深受中下层民众的欢迎。

现在，新加坡的小贩总数近数万家。除了有政府小贩局管理的"熟食中心"外，还有由裕廊工业区 (JTC) 管理设立于工业区内的"小贩中心"，由私人公司集团经营的"食阁"（Food Court）和在全国各地的咖啡店里的小摊贩。笔者想要强调的一点是本文的研究对象重点将是放在遍布于全国109座由小贩局管理的"熟食中心"，不包括"食阁"与咖啡店里的小贩。这样选择的最主要原因是"熟食中心"的小贩多是市井小民的小本经营者，而食阁与咖啡店却都是由经济较为丰裕的财团或公司所掌控的经营者。

本文研究的"熟食中心"多建于政府兴建的组屋区内，这些"熟食中心"一般和巴刹（马来话pasar 翻译而来，指的是的菜市场）连结在一起。一个"熟食中心"有三、四十摊熟食小贩（如这次研究的 Holland Drive Food Court 荷兰道"熟食中心"就只有44摊小贩）至两百摊小贩（如 Chinatown Complex Food Court 牛车水"熟食中心"有199 摊小贩）不等。小贩摊的营业时间长，摊贩之间也难免有所竞争。

（二）本课题研究目标

传统上，每个摊贩都会有个招牌，除了摊名外，还有文字说明所提供的食品名称。有的小贩会采用中英文的招牌，并且图文并茂，十分精彩。笔者发现小贩摊的中文招牌名称，就像我们每个人的取名，丰富多彩。因此，笔者想从社会语言学的三个视角[2]；即（一）语言的变异（language variation）、（二）社会中语言的问题,探讨人们对语言的态度、语言政策等宏观问题（macro-sociolinguistics）和（三）在实际的语境中使用语言进行交际时，不同社会阶层使用语言的差别（ethnography of speaking），并通过调查和统计及对调查数据的

---

[2]　张延国，郝树壮，《社会语言学研究方法的理论于实践》，北京，北京大学出版社，2008，页4–5。

分析，来探讨华文、华语在小贩这个社会层面的语言行为,并通过语言的使用现象来阐述华文、华语的实际应用的诸种现象、特征与问题以及可能的改进建议。

　　新加坡是个多元种族的小国，定居人口接近四百万，其中华族占了四分之三。新加坡是个以英语为主要语言，母语为第二语言的国家。华语做为华人的母语，在这块土地上，一直以来，都是极为敏感的政治问题。虽然新加坡的法定语言有华、马来、印度和英文四种，但处处却只是以英文做为主要的工作语言，官方或法律文件都以英文为主。徐大明的《新加坡华社双语调查》报告书中就对新加坡语言使用的现状做了很客观的结论³，他对新加坡语言的社会层化现象的几个变项规则做了分析并做了以下的结论：在政府域方面，英语的作用十分高，新加坡华人在政府机构办事时九成以上的机率讲英语，到政府机构办事时使用方言的情况是十分稀少的。中学程度以上的人有用英语的倾向，中学程度以下的则有较强的不用英语的倾向。月入两千以下的人士也倾向于不用英语，较高收入的倾向于使用英文。此外徐大明也发现了另外一个值得注意的现象，那就是在现行的双语教育源流人士中，华语较强者有不在政府域使用华语的趋势；学生和双语教育源流人士有在政府域使用英语的较强趋势。

　　在"熟食中心"里，因为光顾的都是中下层的老百姓，所以华语在这里的使用还是很普及的。由于"熟食中心"里的美食出名，有不少高收入者也爱光顾。去年新加坡《商业时报》（Business Times）还出版了一本英文的《CEO's Hawker Guide》（总裁的小贩指导手册），图文并茂地介绍了岛上的小贩美食。笔者初步调查了一下，发现新加坡迄今还没有对小贩招牌名称进行全面、系统的研究。笔者想若能对小贩们的中文招牌中的摊贩名称做系统研究，将是件有意义的事。笔者将对收集到的小贩招牌进行系统的梳理与分析，并从以下三个方面去做研究：

---

³　徐大明，《社会语言学研究》，上海，上海人民出版社，2007，页7–25。

1. 小贩中文招牌中繁简字的应用现象；
2. 小贩中文招牌在"讲华语运动"中依旧使用方言拼音的英文现象；
3. 小贩中文招牌中应用汉语拼音的现象。

(三)研究的范围与方法

在设定了研究项目的方向之后，笔者就开始进行有目的的调查与收集语料的工作。社会语言学在调查、收集语料方面，可采用多人次抽样(sample)调查法，抽样按照随机的原则，在全部对象中抽取一部分进行调查，以达到认识全部研究对象的目的。其中的抽样分为随机(probability)抽样和非随机(non-probability)抽样两种[4]。

随机抽样可分为四小类：简单随机抽样、分层随机抽样、整群抽样、系统抽样。前三种随机抽样较适合社会语言学研究。简单随机抽样是在全部研究对象中按随机的原则抽取一定数量的对象；分层随机抽样是根据研究的目的事先将全部的研究对象划分为几个类型，然后在不同的类型或组别中进行随机抽样调查；整群抽样是先将全部研究对象划分为一个个的群体，再在这些群体中随机抽取若干群体，抽取的群体中的全部对象即为样本。非随机抽样，是根据调查者个人的主观经验或为工作方便，有选择的抽取样本。

本文在研究中采用了非随机抽样的研究方法。新加坡小贩局管理的109座"熟食中心"，以平均每座"熟食中心"有70间小贩摊位来计算，就是7,630摊。笔者从中收集了14座"熟食中心"的1,054摊小贩为样本，相当于总数的13.7%。笔者将应用定量分析的方法，对收集到定量——1,043个小贩中文招牌的语料，进行数量、频率、比例的统计，来得出结论。

笔者除了收集小贩招牌的数据之外，还设计了一个简短的问卷（见附录二），并通过问卷的方式，进一步了解人们在熟食中心使用语言的状况，这问卷的对象包括青少年（从小学生到29岁以下者）、

---

[4]　游汝杰、邹嘉彦，《社会语言学教程》，上海，复旦大学出版社，2009，页13。

中年人（30岁至49岁者）和老年人（50岁以上者），希望从调查中找出他们在熟食中心中使用华语、英语、方言的情况，和他们对摊名里的繁简字及汉语拼音的看法。

为了弥补问卷可能出现的偏颇，提高调查的质量，笔者做了一次亲身走访各个熟食中心，以一个旁观者的身份近距离观察食客在和摊主交谈时所用的语言。这些食客与摊主的交谈现象有两种情况[5]，一是"外部语言"，在这里指的是摊主和不认识的顾客之间使用的语言；另一种是"内部语言"，是摊主对熟悉的顾客（常客）所使用的语言。做为一个旁观者，笔者很难确定摊主和顾客的熟悉度，在不影响调查的分析工作下，笔者决定不做"外部"与"内部"语言的分隔，而将二者统计在一起，再将之和问卷收集到的数据结合起来做分析，以求达到更客观、更准确的效果。

二　新加坡熟食小贩的历史和现状

(一)熟食小贩中心的发展

新加坡的熟食中心的小贩是从早期街边叫卖的流动小贩发展过来的，这些流动小贩为城市里工作的职工与劳工提供了三餐的服务。随着新加坡城市与各个住区的发展，这些流动小贩也被安排到"小贩中心"里去经营，成为今天新加坡的一个特色。

小贩是属于一种工作时间较长，也较劳累的行业。由于是小本经营，不少小贩是全家人出动。早期的流动小贩是属于社会较低层的一群。新加坡独立后，有些受华文教育的因为无法在以英文为主的政府部门或企业机构中找到工作，也有些投入到小贩的行列中去。近年来虽说有青中年人加入，但一般来说这行业还是以中老年的经营者居多。因此小贩们一般上所受的教育也不高。

担任过十六年国会议员的报人吴俊刚就在他的《国会议员手记——你所不知道的故事》中提到在1990年代之前，小贩执照曾被

---

[5]　徐大明，《社会语言学研究》，上海，上海人民出版社，2007，书中《南京"问路"调查》一章中提到了"内部语言"和"外部语言"的概念，页303–314。

当作是帮助一些贫苦家庭的手段[6]。然而，话说回来，和朝九晚五的受薪人士相比，小贩还称得上是自雇的"小老板"，这是不争的事实。

(二)小贩贩卖食品的多样化

新加坡人都有在外用餐的习惯，这一方面主要是因为他们工作忙碌，另一方面是因为小贩里的本地美食品种多样化，价廉物美，一个人只要花上三几元就能享受到一顿不错的小食，比起自己动手烹煮来得经济省时。笔者收集到的小贩数据，笼统地讲，有80%是食品类，20%是饮料类。

由于早期的中国移民来自不同的省份与地方，所以本地的小食也自然而然带有他们家乡的特色。来到本地之后，也受本地其他种族饮食文化的影响，构成了今天小贩饮食的多样化和具有丰富本地色彩的特征。笔者就收到的数据将这些食品做了以下分类：

现将一些较有特色的本地食品做进一步的说明：

- 肉骨茶(Bak Kut Teh)：这是一道闽南的料理。它是以排骨药材汤和工夫茶等配料配吃的一种饭食。
- 炒粿条(Char Kway Teow)：是本地一道极受人们喜爱的潮州小食。
- 鸡饭：和前两者不同，这道食品的英文名称一般都直接翻译为"Chicken Rice"，在这一次的调查中，笔者发现大多数卖鸡饭的小贩都取名为"海南鸡饭"，直接道出食品的出处。
- 沙爹(Satay)：马来语音译，是本地的一种烤肉串；还有另一道本地小食"沙爹米粉"，是以米粉和马来沙爹浆配以鲜贝、鱿鱼而成。
- 鱼丸面：不少小贩招牌都标明"潮州鱼圆面"，说明这道面食是潮州小食。本地常听到的叫法有"Ta Mee Pok"（也有人称之为"干面"）、"Kway Teow Mee"（粿条面）。

---

[6]　吴俊刚，《国会议员手记——你所不知道的故事》，新加坡，商务印书馆，2003年，页181。

表一：本地小贩美食的名称与祖籍

数项	食品	本地通俗的称法	英文直译	祖籍
01	粥	.Chok	Cantonese Rice Porridge	广东
02	叉烧面	.Char Siew Mee	BBQ Pork Noodle	广东
03	云吞面	.Wantan Mee	Wanton Noodle	广东
04	叉烧饭	.Char Siew Fang	BBQ Pork Rice	广东
05	鸭饭	.Apung	Duck Rice	广东
06	鸡饭	.海南鸡饭	Hainanese Chicken Rice	海南
07	福建面	.Hokkien Mee .Cha Hen Mee	Fried Prawn Noodle	福建
08	虾面	.He Mee	Prawn Noodle	福建
09	卤面	.Lor Mee	无	福建
10	肉骨茶	,Bak Kut Teh	无	本土
11	粿汁	.Kway Chup	无	潮州
12	碗粿	.Wan Kway	无	福建
13	炒粿条	.Char Kway Teow	Fried Kway Teow	潮州
14	菜头粿	.Chai Tow Kuay	Fried Carrot Cake	潮州
15	鱼丸面	.He Yi Mee	Fishball Noodle	潮州
16	拉沙	.Laksa	Curry Noodle	本土
17	潮州面薄	.Teochew Mee Pok	Teochew Dry Noodle	潮州
18	水粿	.Chwee Kway	无	潮州
19	蚝煎	.Olua	Fried Oyster	潮州
20	酿豆腐	.Yong tau foo	无	客家
21	面煎粿	.Mee Jian Kway	Peanut Pancake	本土
22	沙爹	.Satay	Satay	马来
23	椰浆饭	.Nasi Lamak	无	马来
24	马来卤面	.Mee Rebus	无	马来
25	龙冬	.Lontong	无	马来
26	罗惹	.Rojah	无	马来
27	乌大	.Otak	无	马来
28	娘惹糕	.Nyonya Kuay	无	本土
29	浆绿	.Chendol	无	马来
30	面暹	.Mee Siam	无	印尼

- 虾面／炒虾面：这是两种不同烹调的面食，前者有干、汤两种面煮食法，有后者有时被成为"福建炒面"，是一道闽南炒面食。
- 云吞面（Wanton Mee）:是一道广东面食，配有叉烧（Char Siew），两个英文名称都是广东话直接翻译过来的。
- 酿豆腐（Yong Tau Foo）：是一道客家小食，将鱼肉剁碎做成馅料塞入豆腐内，蒸熟后配调在黄豆汤里，有汤食和干食两种。
- 椰浆饭（Nasi Lemak）：是一道本地常见的马来美食，在饭中加入椰浆，配以煎蛋、江鱼仔、油炸花生和辣椒酱等食用。
- 拉沙（Laksa）：又称"叻沙"，马来语音译，一种以米粉做主料的马来小吃。
- 乌大（Otak）：马来语音译，是一种小吃，把剁成糊状的鱼肉加上配料，夹在两片椰叶中加以烧烤而成。
- 罗惹（Rojah）：又称罗杂，马来语音译，是一种风味小吃，将黄梨（凤梨）、菠萝、黄瓜、豆芽、油条等拌上虾酱、花生碎及辣椒等配料而成。
- 娘惹糕（Nyonya Kway）：娘惹是马来语音译，指的是土生女性和汉族男性通婚所生的女性后代，娘惹擅长烹饪和糕点的制作。
- 浆绿（Chendol）：马来语音译，是一种具有南洋风味的饮品，以椰糖浆、绿豆粉条、红豆加和椰奶上刨冰而成。

有一点值得提一提的是有许多原来是马来料理的小食如椰浆饭、拉沙等，现在都能在"熟食中心"里的华人摊贩买到。相对的，不少马来同胞现在也在他们的食谱上添加了华人的煮炒食品，这也算是新加坡多元种族的一大特色吧！

三　新加坡熟食小贩招牌名称的类型与结构

（一）新加坡熟食小贩招牌名称的类型

新加坡早期的流动小贩没有招牌，后来迁入"熟食中心"后才有了小贩的招牌名称的做法。由于受到自身文化水平的限制，也由于政府当局没有小贩招牌取名的规定，小贩们一般都以中文取名。随着双语教育的普及，大部份小贩也在招牌中加入英文名称。在笔者收集的小贩招牌名称中，就有85%的招牌采用了中英文。

有趣的是采用纯英文的招牌的小贩只有2.6%，这说明了小贩中只懂英文的比例是极为微小的，同时这也反映了华文、华语还是小贩们主要的使用语言。

表二：熟食中心小贩招牌名称的类型

语言分类	摊数	百分比
中英文	891	85.4%
中文	125	12.0%
英文	27	2.6%
总数	1043	100.0%

（二）新加坡熟食小贩招牌名称的结构

小贩的中文招牌名称，一般上是由三个部分构成：属名、食品名称和地名。有的小贩还在名称加上了如驰名、美味等的"广告词"，组成了四个部分的结构。现将几个类型的统计列表如下：

表三：小贩招牌名称的结构

类型	数量	百分比	实例
只用属名	26	2.5%	禾园、囍悦。
只用食品名称	18	1.7%	炒香蕉、潮洲面。
属名、地名、食品名称的组合	980	88.2%	
属名＋地名＋食品名称			明泰加东叻沙、香记海南鸡饭。
属名＋食品			滨城小吃、实龙岗花园云吞面。
其他	79	7.6%	
总数	1043	100%	

只用属名小贩并不多，只有26摊。老实说，若单看招牌的名字，如禾园、囍悦、享喝、包不同、吃爽爽、吉利、天天來、好菜坞、子子宝、安珍、宝马、康知味、德利食、晶晶、东风发、松记、乐园、汉兴、美金香、莲记、道记、阿台、食客等，是无法知道这些小贩是卖些什么食品的。然而，实际情况是有的摊贩会在招牌中加了英文或图像说明贩卖的食品。也有的索性只以地名做为全名如长城、阿里山等，但这种情况的数量并不多。

只用食品名称做为全名的有咖喱卜、手工面、浆罗、甘蔗汁、炒香蕉、潮洲面、炸鱼汤、椰香饭、生甘蔗水、老火汤、西餐、酿豆腐、饭、鲜果汁、斋等。这类"无名氏"的数量也不多，只占总数的1.7%。

第三组是属名，地名和食品名称的组合。接近90%的小贩采用了这种方式取摊名，因为这是较完整的取名方式。在这种组合里的地名有两类：本地地名如红山中心、中峇鲁、荷兰村、纽顿圈等；以及国外地名如潮洲、福建、海南、日本等。

本地地名出现次数最多的是中峇鲁（26次），其次是中国街（10次）、荷兰村（7次）、后港、如切、旺角、老巴刹、锦茂、麦士威、加东（各4次）、潮洲街、牛车水、珍珠坊、红山中心（各三次）、勿洛、唐人街、大坡、大巴窑、太丰、客家、实龙岗花园、新巴刹、本地、河畔、滨海南、狮城、美芝律、芳林（各两次）和亚峇街、加冷、勿洛北、十六楼、南京街、同济前、实礼基、后港、文昌、旧机场、东陵、柴船头、槟城、樟宜、樟宜村、欧南园、滨城、玛达律、甘榜、皇家山脚、福建街、纽顿、纽顿圈、红山、义顺、芽龙二十巷、莫哈口目苏丹律、赌间口、金文泰、香港街、怡保、菜市、黄埔（各一次）

小贩将本地地名放置于招牌的最前端，如"中峇鲁"华园粥品、"如切"金珠传统粽子的数目并不多，其中以"中峇鲁"开头的招牌有20个，居首位。其他的"中国街"有10个，荷兰村有6个，如切、老巴刹、锦茂、麦士威各有4个，所以总数加起来不到总摊贩的1%。这说明新加坡是个小地方，人们很难以社区来做为食品的质量定位。

　　外地地名出现在招牌中的次数以海南为首，一共出现了32次，其次是潮州（31次）、福建（16次）、香港（14次）、福州（8）、上海、日本（各3次）、阿里山、台湾（各两次）、中國、亚洲、京都、南洋、印度、吉林、好莱坞、曼谷、澳門鳳城、莆田江口、泰国、閩南（各一次）。有趣的是，出现"海南鸡饭"的招牌竟然有22个，说明"鸡饭"是"海南"的辣！

　　至于潮州则以"潮州粥"为最多，有13个，其次是"潮州鱼丸面"（7个）和"潮州卤鸭"（6个）。其实卖"鱼丸面"的摊贩不少，只是好多都没注明"潮州"。福建则以"福建面"为主，有10个。其实这正印证了老一辈一直以来就有的一种说法："潮州粿条、福建面"，指得是潮州人擅长烹煮以鱼丸为配料的粿条面，福建人则善于烹炒以虾为配料的面食。

　　若笔者们看一看以外国地名做开头的招牌，发现排在最前面的是潮州（22个）、福建、香港（各7各）和海南（4个）。然而我们并无法从中看出什么有意义的解读。

四　新加坡熟食小贩招牌华语名称的分析

（一）新加坡熟食小贩招牌华语名称用词之分析

1. 小贩招牌中的异形词

　　新加坡的中文词汇有许多是借词，译自马来文或英文，求音不求义，词形可能比较怪异。然而，这些词汇带有特殊的热带风味或南洋色彩[7]。这些例子有娘惹（Nyonya）、巴刹（Pasar）、罗惹（Rojak）等。新加坡"华文译名统一委员会"就对分歧较大的译名进行审定统一的工作，所以今天我们各个"熟食中心"的地名已经统一化了。例如一些用过去惯用的字如"律"（Road），目前已不再使用了，而改为规范

---

[7]　林万菁，《语文研究论集》，新加坡，泛太平洋出版私人有限公司，2002，页57。

的"路"。在这一次的调研中，笔者发现有一小部分小贩招牌依旧使用"律"字（如莫哈口目苏丹"律"五味汤），但那毕竟是少数。

此外如"乌达"这一类的名称也出现几个写法，有乌打、窝打（包括有口边旁的）。同样是来自马来名称如在上一章提到的罗惹、囉惹（包括带有口边旁的惹字）、沙爹（哞嗲）、拉沙（叻沙）等也存在多种写法的不规范字。

2. 招牌名称中的"广告词"阐释

前面提到，最典型的小贩招牌名称是"属名"、"地名"加"食品名称"的结合，例如"金记荷兰村云吞面"。这样的招牌简单明了，让人一目了然。然而有些摊贩却似乎觉得遮还不足够，要在这已经完整的招牌中加些词汇，以达到"与众不同"的效果，笔者将这些词汇称为"广告词"。笔者在这次的调查中共发现了32个这类的词汇，出现在109个摊位是招牌上，也就是说有10.5%的小贩认为有在招牌种加入广告词的必要。

表四：小贩招牌中的广告词

常用广告词	数量	例子
美食	19	金記美食
驰名	15	驰名甜品之家
传统	9	传统酿豆腐
手工	8	潮洲手工蘇束丸
经济	7	成發經濟雜菜飯
正宗	7	陸記正宗潮洲卤鸭
新鲜	5	新鲜刀鱼湯
美味	4	福州美味手工麵
自制	4	荷兰村自制豆花水
專卖	3	甫道哞嗲專卖店
出现2次	滋补、祖传、招牌、家传、现做现卖、健康。	
出现1次	香滑、高級、风味、營養、巧手、口口香、五星級、第一、新口味、特式、王、一品、上湯、纯正、专家、特色。	

打广告的方式有多种，有的强调品质，有的强调价格，有店强调健康，总之花样百出，各显神通。此处将小贩招牌的广告词分为5类：

强调品质的广告词有"美食"、"美味"、"新鲜"、"香滑"、"口口香"和"上汤"。顾名思义，这一组的小贩给自己定位在食品的品质上，有者以美味吸引人，有者强调食品的新鲜度。

强调信誉、老字号的广告词有"驰名"、"正宗"、"祖传"、"招牌"、"家传"、"高级"、"五星级"、"第一"、"王"、"纯正"、"专卖"和"专家"。在这组广告词中，"驰名"与"正宗"出现的次数最多，笔者个人觉得"正宗"这词相对于这组的其他词汇似乎更好一点，因为包含了"纯正"、"祖传"、"家传"、"专"的所有含义。

强调价格、实惠的广告词只有一词"经济"。一句话"经济菜贩"将摊贩所要提供的服务讲得清清楚楚。都说了，"熟食中心"是中下层老百姓爱光顾用餐的地方，尤其是对收入不高的小市民，经济实惠是优先考量的条件。小贩们提供经济的食品，有竞争力，利人又利己。

强调健康食品的广告词有"滋补"、"健康"和"营养"。这类瞄准现代人注重健康饮食的广告词出现的次数虽然不多，却是个可喜的现象，说明人们的健康意识正在提高中。

强调食品的独特性的广告词有"现做现卖"、"自制"、"传统"、"手工"、"巧手"、"现做现卖"、"风味"、"新口味"、"特式"和"特色"。任何产品，在一个竞争的环境里，若要有突出的业绩，要么要以价格取胜、要么要以质量取胜，不然所销售的产品就必须具有独特性。这一组的广告词要强调的就是这特点。

(二)新加坡熟食小贩招牌华语名称用字之分析

1. 小贩招牌名称中简繁字共用的现象

在这次研究的食品名称中，笔者发现有三种现象，有简体字、繁体字、简繁字共用的现象，现将之列表如下：

表五：食品名称使用的简繁字

简繁字	实例
简体字食品名称 (151个)	含有"面"的食品有16项。鱼(18)、甜品(3)、粥(3)、砂煲(5)、炒(6)、粥(5)、茶(8)、咖啡(4)、豆(9)、饮(2)、汤(4)、蚝(3)、鸡(3)、饭(8)、鸡(5)、饭(4)、水(4)、沙爹(2)、食(5)、果(4)、五香(3)、点(3)、其他(24)。
繁体字食品名称 (149个)	含有"麵"的食品有30项、粿(14)、魚(14)、雞(16)、燒臘(5)、海鮮(4)、鴨(4)、湯(8)、飯(4)、菜(3)、飯(6)、飲(6)、蠔(2)、鮮菓(2)、菓汁(2)、點(6)、蝦(3)、油條(2)、食(2)、其他(16)。
简繁字掺杂使用的食品名称(19个)	含有"面"的食品有7项。"麵"(3)、燒腊(3)、炒粿条、猪肠粉、菜头粿、豬什汤、小籠包、餜条。

若以小贩的招牌全名做统计，简繁字在小贩名称中出现的比例如下：

表六：小贩全名简繁字出现的比例

字类	摊数	百分比
简体字	369	35.38%
繁体字＋简繁字	576＋65 = 641	61.5%
英文字	33	3.16%
总数	1043	100%

新加坡已经推行简化字三十多年，社会上使用繁体字的比例似乎依然很高。在所有的小贩招牌中，使用繁体字的占了六成（包括简繁字参用者）。到底是哪些原因造成这种现象呢？使用简化字的趋势会改变吗？有没有必要做些规划的工作？

笔者对收集到的数据做分析，也到熟食中心去观察并和与一些摊主交谈，以下是笔者的分析和总结出使用繁体字的四大原因：

（1）一个主要的原因是有不少摊贩是从父辈那里承接下来的。也就是说父辈只识繁体字，也以繁体字取了摊名，孩子顺理成章的承接下来。所谓“老招牌”（老字号），它代表历史、代表经得起考验，所以没必要改。官方的小贩局只对小贩所贩卖的食品种类和卫生水平有严格管理外，对中文招牌并无明文规定。基于同样的理由，一些中老年人的摊主，习惯于繁体字，所以采用繁体字招牌也是可以理解的。

（2）在我们谈到的641个用了繁体字的摊名中，含有“麵”的摊名招牌占了109个（17%）。相比之下，用简化字“面”的摊贩只有31个，不到使用繁体字的三分之一。其实只要我们看一看使用繁体字“麵”，我们就不难发现一字之差，食品名称就能完整的改为简化字，例如：

表七：简繁字共用的实例

手工麵（面）	5	麵（面）食	2
麵（面）家	7	鱼脞麵（面）	1
上海麵（面）	1	豆腐麵（面）	1
拉车麵（面）	1	腰子麵（面）	1
鱼丸麵（面）	1	麵（面）粉粿	1
叩叩麵（面）	1	香港麵（面）	1
招牌麵（面）	1	麵（面）煎粿	2
云吞麵（面）	2	米粉麵（面）	4
烧腊麵（面）	1	板麵（面）	4
肉脞麵（面）	4	鸭麵（面）	2
福建麵（面）	1	总共	40

其他61个含有“麵”的名称还包含的其他的繁体字，它们是雲吞麵（16个）、粿條麵（9）、蝦麵（17）、魚園麵（12）、潮洲麵（1）、雞麵（1）、燒臘麵（2）、鹵麵（7）。

我们看到部分小贩用选用繁体字的“麵”，而放弃使用“面”，例如保记炸云吞“麵”、炒虾“麵”、高记酿豆腐“麵”等，这或是和简化字"面"取得不好有关。我们知道，很多时候人们以"面"代"脸"，如"去年今日此门中，人面桃花相映红；人面不知何处去，桃花依旧笑春风"，"犹抱琵琶半遮面"等，我们不也说"面红耳赤"、"面黄肌瘦"吗？从"面"让人想到"脸"，难怪有小贩中有人要排斥"面"这个字。

　　（3）另外一个出现很频繁的字是"粿"。前面说过了，"粿"并不是中国的规范字，在《现代汉语词典》等工具书中并无法找到，故笔者将之纳入繁体字的组别里。严格的说，笔者个人认为这字应该属于方言字。在《新世纪全球华语辞典》[8]中就收录了这个字，它指出该字多用于台湾、新马泰、印尼等地区。

　　潮州人对于凡是用米粉、面粉、薯粉等经过加工制成的食品，都称"粿"。"菜头粿"（"菜头"是萝卜的潮语别名）。而用米粉蒸成薄片切成条状的叫做"粿条"，所以"粿"实际就是包含别处所称的糕，但包括的范围又不单纯是"糕"。在招牌的数据中，含"粿"的食品名称就有14个，它们是：

　　　　炒粿條，粿條，麵粉粿，粿攤，煎粿，菜頭粿，潮洲粿，仙
　　　　草粿，菜头粿，水粿，笋粿，粿什，炒粿条和粿汁。

　　在熟食中心，人们习惯上会将"粿"发音为"Kueh"（方言），例如水粿（Shui Kueh）、米煎粿（Mee Jiah Kuek）、娘惹糕（Nyonya kueh）、潮州粿（Teochew Kueh)等，很少人会讲shui guo（汉语拼音）、mi jian guo、niang re gao和chao zhou guo。近来也有人将米煎粿直接翻译为Pan Cake，然而这样的译法并不是很正确，给人的感觉是像将"馒头"翻译为"面包"一样，很不是味道。

　　（4）另一原因可能跟摊主或招牌承包商的对简繁字的认识或中文水平有关。现在让我们看一看繁简字掺杂使用的实例：

---

[8]　李宇明，《新世纪全球华语词典》，北京，商务印书馆，2010，页338。

表八：繁简字掺杂使用的实例

实例	规范字
發記包點	发记包点
貴記白菜头粿	贵记白菜头粿
新新驰茗蚝煎	新新驰名蚝煎
客家囊豆腐	客家酿豆腐
兰香麵粉粿	兰香面粉粿
福建炒蝦面	福建炒虾面
林興燒腊雞飯	林兴烧腊鸡饭
新洲冷熱飲品	新洲冷热饮品
许兄弟猪什湯	许兄弟猪什汤
L21譜咖啡冷熱飲品	L21谱咖啡冷热饮品
有記後港（囗㿝咑）	有记后港乌打
金文泰兄弟囉囗惹	金文泰兄弟罗惹
河畔魚圓粿條湯	河畔鱼丸粿条汤
莫哈口目蘇丹律五味汤	莫哈口目苏丹路五味汤
荷兰村魚片湯	荷兰村鱼片汤
热带雨林饮品站	热带雨林饮品站
海南雞飯香港燒腊	海南鸡饭香港烧腊
来友冷热飲品	来友冷热饮品
超記燒腊	超记烧腊
鴻記鼓油魚头	鸿记鼓油鱼头
莊家冷熱飲品	庄家冷热饮品
旺旺炒蝦面	旺旺炒虾面
香港油雞飯面	香港油鸡饭面
林記咖喱鸡	林记咖喱鸡
唐記搶攤松魚头	唐记抢摊松鱼头
天來魚圓香菇肉脞面	天来鱼丸香菇肉脞面
旺來素（囉囗惹）	旺来素罗惹
客家興坊拌繪面	客家兴坊拌绘面
(囉囗惹) 薄餅鲜蛤	罗惹薄饼鲜蛤
中華面莊	中华面庄
李強燒腊	李强烧腊
显页坤道記點心飽餃	显页坤道记点心包饺

洪鵬拉面小籠包	洪鹏拉面小笼包
文志記豬什汤	文志记猪什汤
長發香港汤	长发香港汤
守望（囉口惹）	守望罗惹
萬利特制饮料	万利特制饮料
桐記面食	桐记面食
甫道哆哆专卖店	甫道沙爹专卖店
在成猪肉哆哆	在成猪肉沙爹
龍虾面	龙虾面
開心果园	开心果园
文華园海南雞飯	文华园海南鸡饭
村記鱼圆面	村记鱼丸面

　　这里边包含了几种现象，有种现象是用字错误。例如"驰名：写成"驰茗"；"潮州"写成"潮洲"；"果汁"写成"菓汁"等等。无可否认的，新加坡是个高度开发的贸易港口，不少港台的书刊也在这里分销。当今的网络世界也加速了信息的交流，所以繁简字的转换会出现一定的难度，以致造成错用。就像有人会将"皇后"写成"皇後"；"人云亦云"写成"人雲亦雲"一样。

　　造成这种错用的原因主要是没有把繁简字的对应关系搞清楚，以为同一个字在繁简之间可以随意对换。在小贩招牌中，笔者发现不少用到"潮州"时，竟将"州"写成"洲"，例如新巴刹潮"洲"粿、潮"洲"鱼片汤肉骨茶、陆记正宗潮"洲"卤鸭、潮"洲"街潮"洲"粥等。这种现象似乎很普遍，属于用错词汇的范畴，对华文词汇的规范工作是很不利的。

　　另一种情况是将"包点"写成"饱点"，"鱼丸"写成"鱼圆"。在11摊"包点"的小贩中，有6摊采用了"饱"字，而26摊跟"鱼丸"有关的小贩中则有21摊用了"鱼圆"，4摊用了"鱼丸"和1摊用了"鱼園"。除了"鱼園"不能被接受外，"鱼圆"中的"圆"和"饱点"中的"饱"，笔者相信它们就像上面所提道的"粿"字，是属于方言字。"圆"是从潮州话借来的，而"饱"应该是从香港借来的。我们在香港的酒楼就经常能看到和"飽點"有关的展示牌。所以有没有必要将"圆"和"饱"两字"规范化"，还是值得让专家学者做进一步研究的工作。

其他繁简字掺杂共用，却是明显的错误。这样的例子有：炒蝦（虾）面、貴記（记）白菜头粿、囊（酿）豆腐、荷兰村鱼片湯（汤）、熱（热）带雨林饮品站、李强烧（烧）腊、長發（发）香港汤等等。还有另外一种情况是招牌用了繁体字，却在其中错用了个简体字，例如林興燒腊（臘）雞飯、超記燒腊（臘）、林興燒腊（臘）雞飯。

综合以上四个原因，笔者得到一个初步的结论就是有必要将这些常用字做成一个规范字表，以便给小贩们或招牌承包商有份便利的参考材料。其实这也不是什么新点子，早在七十年代新加坡政府就已经对华语做过某方面的规范化，他们包括：

1. "华文街名统一翻译委员会"为新加坡街名所做的街名标准
2. "政府部门及法定机构华文名称统一委员会"为提供新加坡政府部门及法定机构华文名称的规范依据；
3. "华文译名统一委员会"编定的华文的电脑词汇等。

另外，有个设立于1990的自愿性组织"新加坡华文传媒译名委员会"在网上（http://chineseterms.zaobao.com.sg/chineseterms.html）提供统一的华文译名，包括新加坡政府部门职衔、公司机构、人名、地名、建筑物及住宅区名、电脑名词及财经名词等。可惜小贩的食品名称没出现在他们目前的名单里。

2. 招牌名称中常用字的阐释

笔者统计了一下，发现招牌属名中共用了409个单字。从笔者能顺利以标准的中文输入法以电脑打这些字，说明这些单字都是规范字。笔者看了一遍，95%以上的单字是可以在"现代华语常用字表（2,500字）"中找到。这说明了小贩招牌的用字一般，少用不常用的汉字，符合招牌的基本取名原则，那就是要让人易懂、易记和留下好印象。

表九：招牌名称中的常用字

A	阿、安
B	百、柏、白、佰、伴、邦、宝、保、包、北、笨、本、碧、边、便、不
C	财、彩、餐、草、长、昌、常、超、潮、朝、陳、辰、成、城、立、吃、春、叢、翠、村、存
D	達、大、代、带、当、唐、道、刀、得、錞、德、弟、地、第、鼎、锭、东、多
E	鳄、恩、二
F	发、方、坊、飛、肥、丰、峰、凤、馮、逢、冯、风、福、富、夫、副
G	高、閣、貢、功、姑、广、光、桂、（金贵）、果
H	哈、海、汉、好、豪、号、合、和、賀、禾、喝、亨、鸿、鴻、红、虹、洪、胡、鑊、湖、华、花、黄、皇、惠、惠、火
J	吉、紀、济、季、姬、记、家、佳、加、楗、建、剪、健、江、浆、娇、街、界、姐、金、錦、進、敬、津、晶、经、靓、精、景、九、居、君、军
K	開、凯、看、康、哥、可、客、口、酷、快、坤、锟
L	來、兰、老、佬、乐、冷、利、李、丽、灑、梨、联、莲、連、凉、良、樑、梁、辽、林、灵、刘、釗、龙、隆、陸、路、禄、伦、骆、罗、绿
M	妈、麦、满、猫、美、妹、蒙、綿、民、明、名
N	纳、娜、南、难、泥、年、宁、儂、女
O	鸥
P	潘、培、鹏、朋、品、平、幸、甫、普
Q	啓、七、强、庆、青、清、卿、琼、秋、泉、全、权、群。
R	然、热、人、日、榮、荣、容、如、汝、瑞、润。
S	三、嫂、森、上、汕、山、沈、宋、蛇、盛、生、昇、胜、时、十、世、适、守、食、手、寿、双、爽、水、顺、頭、顺、思、四、崧、松、素。
T	泰、台、糖、汤、堂、天、甜、添、桐、头、同、通、豆。
W	旺、偉、王、望、味、文、威、翁、吴。
X	禧、喜、西、禧、显、希、夏、囍、显、先、仙、香、祥、葵、相、小、協、乡、笑、新、欣、心、馨、鑫、星、许、秀、星、兴、兄、雄、璇、雪。
Y	亚、養、炎、艳、燕、肴、叶、页、易、夜、意、五、一、英、怡、億、益、义、尹、壹、依、永、酉、勇、友、由、有、宇、右、鱼、裕、玉、雨、衣、源、园、枣、悦、原、元、曾、月、运、云。
Z	诏、哲、斋、珍、真、知、贞、汁、志、之、中、忠、众、竹、周、洲、宙、珠、莊、庄、子、仔、祖、作。

　　在这409个单字中，出现频率最多的字有以下几个（取出现20次以上）。这些招牌的用字到底反映了小贩这社会层面的什么文化与心理现象？特别是小贩们怎样的心理愿望与理想。

表十：小贩招牌属名的高频字统计

NO	单字	出现次数	实例
1	记	163	昌記、陳記、昌記、春記、成记、道记、恩記、福順錦記、合記、黃順記、家樂粥記、林忠記、南記、強福記、甜果記、文通記、新合記等。
2	兴	60	興興、永興、興利、興隆、旺興、順興、榮興、群興、明興、美興、聯興、金全興、進興、華興、鴻興、合興、合成興、德興、成興等。
3	发	41	長發、財發、存發、東風發、廣發、連發、來發、金發、勤發、慶發、如發、瑞發、喜發、雄發、忠邦發、添發、明發等。
4	成	34	成發、成立、聯成、全成、榮成、生成、協成、明成、樑成、金隆成、大成、春成、成立等。
5	金	32	金燕、金華、金源、金鳳、金成号、金金、金隆成、金全興、金華源、金玉滿堂、金唐等。
6	顺	32	順利、順興、順發、順利、順順、華順、福順、天順等。
7	天	32	天來、天源、天水、天天利、天天來、天華、天成、天然、天天、天潮等。
8	新	30	新新、新马、新鮮、新世紀、新禧、新世界、新快乐、新东方、新洲、日新等。
9	华	28	永華、華园、中華、榮華、瓊華、蒙華、蓮華、精華、金華、華丰、大華等。
10	利	26	万利、威利、吉利、鴻利、合利、德利、達利等。
11	福	25	旺得福、福利、福海、福珍、福龙、福兴、福禄寿、福來、福順、福成、大家福等。
12	香	25	香香、香城、香味、香惠、永香、香兰、适香、味香、普香等。
13	美	20	美美、美香、美金香、美人鱼、美峰、美兴、日美、晶美、丰庆美等。

小贩们在经营自己的生意，笔者想心里一定有种想法，而这种想法也会在不知不觉中，或自然而然地从他们为自己所取的招牌名称中放射出来。

"记"做为在小贩的招牌中的高频字，有"标志"、"符号"的意思，就是以方言（Kee）来理解，也是招牌的意思。小贩的招牌属名一般是由两个或以上的单字组成，就成了"X记"的形式。有趣的是其他11个高频字都出现在"X记"这一形式中的例子也不少，例如发记、成记、金记、顺记、天记、新记、华记、利记、福记、香记和美记等。

由"记"和两个或以上的单字组成的属名则较少，例子由黄顺记、林忠记、强福记、甜果记、文通记、新合记、长屋林记、乐家粥记、显坤道记、雪花飞昌记等。"X记"的属名由于受到"记"的"框"所限制，所以较难在招牌上有新意，是一种较为刻板的形式。

"兴"和接下来的十一个高频字"发"、"成"、"金"、"顺"、"天"、"新"、"花"、"利"、"福"、"香"和"美"字，都是充满了正面色彩、表述了乐观心理活动的字汇。这十二个高频字在招牌中也有相互配搭的现象，例如：顺兴、美兴、华兴、成兴、 金发、金华、金成、天华、天成、金华、大华、福利、福兴、福顺、福成、美香、美金香等。

我们若细看第二组高频字（出现10至19次者），也发现它们同样具有正面积极的含义，它们是合（19）、味（17）、源（16）、园（15）、海（14）、家（14）、来（14）、林（14）、东（13）、乐（13）、明（13）、旺（13）、珍（13）、老（11）、日（11）、鲜（11）、城（10）。这两组高频字之间相互配搭的例子更是频繁,例如：合成兴、合乐、合利、合兴、福来、福海、福城、明发、明成、明兴、、日新、香城、香味、源兴、源发、新鲜等。

小贩的招牌用字反映了他们这社会阶层的朴实面。做为高度现代化社会里的小市民，他们默默耕耘，过着一天又一天的平凡生活。他们的纯真、率直全写在招牌上。以探讨小贩心理想法与愿望的角度去理解，我们可将以上提到的十二高频字归类成以下两大类：

（1）含吉利意向的字：兴、发、成、金、顺、利、福、天。这组高频字反映了华人小贩们祈求吉利的心愿。这些高频字在我们的日常生活种组成了许许多多的民俗文化的词语，在华人的欢庆、生日、新年等场合中派上用场。如生意"兴"旺、发财、工作"成"功、事业"顺利"、"金"玉满堂等，或者就直接来句"祝您幸福"。在民间人们都常说吉利话，办要事会讨个吉祥的日子，送别、道喜都免不了来几句吉利祝语。因此小贩们用与这些吉利语挂钩的高频字做招牌，一方面反映了他们自身浓浓的民俗风，也达到了招牌让人易懂、易记的效果。

"天"在这组高频字中是带有民俗信仰的字。"天"在华人传统中是至高无上的、神圣的。老百姓爱说"天官赐福"，在人们的潜意识中"天"是主宰自然界合人类世界的神圣力量，以"天"结合的摊名如"天来"、"天成"、天顺"等，暗示了取名者对"天神"吉利的祈求。

（2）含优美、乐观意向的字：新、华、香、美。俗语说"爱美之心，人皆有之"，谁不对美好的事与物有所追求。"新"和旧的、原来的相比，有本质上变得更好的意思。"香"对贩卖食物的小贩更为重要。在华人的饮食文化中最讲究的就是色、香、味俱全，这样的讲法也脱离不了一个"美"字。"香"味给人以美而舒服的感觉，受人欢迎，我们不也将受人欢迎、受重视的人和物以"吃香"来形容吗？说"这人手艺高超，到哪里都吃香"，也说"这产品一上市就很吃香"。我们甚至将人睡得很安稳说成"睡得很香"。同样的例子还有"香吻"等。

"华"就如小贩招牌中的"榮华"、"蒙华"、"精华"等都有包含美的含义。"华"在这里还有华人、华族的深层意义。在本地，大家都习惯性地将自己称为"华"人，而不像中港台称"中国人"。依同理，大家也说"华"语，而不称之为"中国话"、"国语"或"普通话"。根据《新世纪全球华语词典》[9]的讲法，大概始于五十年代，

9　李宇明，《新世纪全球华语词典》，北京，商务印书馆，2010，页378。

为了和所在国其他民族做区别，东南亚一些国家，包括新加坡，对自己国内华人所属民族做统一的称谓"华族"。

3. 招牌名称中之通名的阐释

"通名"在小贩招牌名称中出现最频繁的有六个：室、家、小厨、店、屋和摊。由于小贩是集中在一个建筑屋檐下，每个小贩的摊位是以水泥墙隔开的。一般上每个小贩是在一个面积大概是在15平方米的小范围中准备和贩卖食物的。所以以"室"来称呼是蛮贴切的。

在笔者统计的41个"室"中，"茶室"占了35个，其他室如"饮冰室"、"咖啡室"等是卖饮料的小贩。"家"有指掌握了某种专门知识或有拥有丰富实践经验而从事某种专业的人。因此，小贩招牌如"豆浆之家"、"面家"的定位明确，给于人一种清新良好的感觉。"小厨"和"家"有异途同归的效果。"小厨"让人联想到"小"厨房，有一种家的温暖、家常菜的感觉。

采用"店"（7例）的如"中峇鲁烧猪专卖店"、"时鲜饭店"，和小贩中心的附近邻里小商店成一线。至于只出现一次的"行"（"老灵水粿专行"），却跟"专卖店"有同样的影射作用。"摊"是的早期在马路边贩卖的小贩。随意移动，沿途叫卖是当时小贩摊的特性。这里沿用了"摊"来取名，让人有种怀旧的情怀，怀恋起旧日的"古早味"（闽南话），充满着浓厚的乡土气息。

"屋"如"甜品屋"和"坊"、"园"、"站"、"档"、"厅"、"轩"、"馆"、"阁"等，都是指单个的营业单位。社（"兴隆浆社"）和博物馆（"咖啡博物馆"）各出现过一次，这两个通名似乎取得有点怪诞，不知有否发挥一点广告效果？

五　新加坡熟食小贩招牌华语名称之英译分析

前面说过，在讲华语运动、学校和传媒的大力推动下，在家使用方言的比例逐年下降。然而有趣的是，从小贩中心的招牌上我们却发现大量使用方言拼音的英文名字。就以西海岸的小贩中心为例，笔者发现49个有英文名称的摊贩中，40个摊贩选择以方言翻译英文名称，是9摊以汉语拼音为英文名称的四倍。在这些方言名称中，笔者发现有以下三类：

1. 以方言为属名，再配搭食品英文名称的招牌，例如合成兴素食译为 Hup Seng Heng Vegetarian。这一类的招牌保持方言属名，再配搭英文食品名称。这样的设计在小贩中极为普遍。其他的例子有：

- 荣记鸡饭（Yong Kee Chicken Rice）；
- 顺利鱼圆面（Soon Lee Fishball Noddle）；
- 兴兴起骨鸭饭（Heng Heng Boneless Duck Rice）；
- 如切金珠传统粽子（Joo Chiat Traditional Rice Dumplings）；
- 利润驰名鸡饭（Lee Loon Cooked Food）等等。

其实对发展旅游业而言，在招牌的英文名称中选择英文的食品名称是较为实际的做法，因为外地访客很难读懂以方言翻译的英文招牌。

这里顺便提一提一个有趣的现象，不少小贩将"茶室"的招牌翻译为"Coffee shop"（咖啡店），这也许是因为"茶室"一般上都贩卖茶水和咖啡饮料，所以才在招牌中结合了华语的"茶室"和英文的"咖啡店"。

2. 小贩名称全以方言为名称的英文名称，例如合源客家酿豆腐译为 Hup Yuan Yong Tau Fu（客家话）（在这类招牌中，摊贩的正名和所贩卖的食品都用了方言来翻译为招牌，这种现象在全岛的小贩中心极为普遍，例如：

- 义兴粿汁（Ngee Henng Kuay Chap）；
- 福南荣记河粉（Funan Weng's Hor Fun）；
- 发记肉骨茶（Huat Kee Bak Kut Teh）；
- 福来卤面（Hock Lye Lor Mee）；
- 勤发仙草水（Kang Fatt Sien Chou）等等。

在这些方言的食品名称中，由于有好些是本地极受欢迎的美食，故虽然摊贩采用了方言翻译的英文名称，却也约定俗成地广为大家所接受。这些美食有上面提到的肉骨茶（Bak Kut Teh）；炒粿条（Char Kway Teow）；干面（Ta Mee Pok）、粿条面（Kway Teow Mee）；云吞面(Wanton Mee)；叉烧（Char Siew）；酿豆腐（Yong Tau Foo）、卤面（Lor Mee）、粿汁（Kuay Chap）、薄饼（Popiah）等。

其中炒粿条（Char Kway Teow）近来有摊贩采用 Fried Kway Teow，也就是说以英文和方言参杂使用，成为本地语言乱象的另一现象。同样的例子也发生在"菜头粿"这道美食上，以往的英译为 Chye Thow Kway，近来采用"Fired Carrot Cake"译法的名称较多起来。炒米粉（Fried Mee Hoon），不叫 Fried Mi Fen 是另一实例。

3. 小贩名称以方言和外族食品名称结合者，例如加东叻沙（Katong Laksa）、合利椰浆饭（Hup Lee Nasi Lema）等。

以往 Nasi Lema 这道极受本地食客欢迎的马来美食的中文名字都被翻译得乱七八糟，什么"拉市乐马"、"拉西罗玛"等。近年来，多数摊贩已经开始采用"统一"的称法"椰浆饭"。

在搜集资料的过程中，笔者曾发现有位精明的摊贩将椰浆饭进一步改为椰香饭，这让笔者想到多年前"肯德基"将他们的英文名称从"Kentucky Fried Chicken"改为"KFC"，为的就是要将"Fried"（油炸）这不健康的字眼从招牌中切除掉。这里将"浆（椰浆，一种含高饱和脂肪对身体不好的配料）拿掉，"椰浆饭"经这么一改成了"椰香饭"，和"KFC"有异曲同工之妙。

要改变一种语言的使用习惯是顶耗时的，甚至是不可能的。食品的名称就像地名，有文化和人文情感溶于其中，所以像路名如"中峇鲁"依旧会是"Tiong Bahru"，"加东"依旧会是"Katong"。新加坡人讲"Chay Kway Teow"（炒粿条）、"Bak Kut Teh"（肉骨茶）或"Wanton Mee"总会感到比汉语拼音的"Chao Guo Tiao"、"Rou Gu Cha"或"Yun Tun Mian"来的亲切，就像上海人说"ala"比"我们"倍感亲切一样。

六 新加坡居民对熟食小贩招牌名称用语、用字的态度

(一)问卷调查的结果

为了一步了解人们对熟食小贩招牌名称用语、用字的态度，笔者做了一次问卷调查。笔者共收到了91个问卷回函，其结果如下：

表十一：熟食中心语言使用习惯调查结果

年龄		50以上	30-49	29以下	总数	%
家用语	华语	34	18	15	67	73.6%
	方言	10	2	0	12	13.2%
	英语	2	4	6	12	13.2%
	总数	46	24	21	91	100.0%
小贩中心用语	华语	36	22	21	79	86.8%
	方言	10	2	0	12	13.2%
	英语	0	0	0	0	0.0%
	总数	46	24	21	91	100.0%
食品名称	华语	84	64	27	175	38.5%
	方言	144	56	78	278	61.1%
	英语	2	0	0	2	0.4%
	总数	230	120	105	455	100.0%
英文招牌	用汉语拼音	12	8	9	29	31.9%
	用方言翻译	22	12	6	40	44.0%
	只用英语	12	4	6	22	24.2%
	总数	46	24	21	91	100.0%

(二)问卷调查结果分析

笔者对问卷所收集到的数据做了一下结论。

1. 人们对繁简字招牌的反应

在被问及"您读懂熟食中心的华文招牌吗"，14位（15%）表示"不读"，其余的77位（85%）表示读懂。这说明目前的小贩招

牌虽然有大量（60%）的繁体字，并没有影响人们理解招牌的能力。这说明了人们读懂繁体字的中文招牌，笔者想或许跟几个原因有关：一、虽然招牌中使用了繁体字，但因这些招牌所用的繁体字数量毕竟不多，人们容易学习认识；二、可能食客对小贩所买的食品已可从实品看出；三、也可能从招牌上的英文或补足图片来理解。

2. 方言与方言拼音在熟食中心的使用分析

从问卷上我们看到在家使用华语的有73.6%，使用方言和英语的各为13.2%。相比之下，在熟食中心使用华语的有86.8%，使用方言的有13.2%，使用英语的却是0%。

然而当他们在讲到食品名称时，则有61.1%会使用方言，38.5%使用华语，使用英语者却只有0.4%。

当人们在讲到有马来名称的食品如nasi lema时，89位（97.8%）选择使用马来名称而弃"椰浆饭"、"椰香饭"不用（只有2位表明会用"椰浆饭"）。

总结以上数据，这说明虽然人们在家和在熟食中心讲华语有极高的百分比（73.6%和86.8%），然而在提到食品名称时，61.1%的人会使用方言名称。同时有44%的人们喜欢看到以方言翻译的英文招牌。建议以汉语拼音的英文招牌则有31.9%，建议以全英文翻译食品名称的招牌有24.2%。

3. 现场调查的结果

笔者在"熟食中心"现场观察，发现69.6%的食客以华语和小贩交谈，这数据比问卷的86.8%低了17.2%。相反的，以方言交谈的有26.1%，比问卷的13.2%高了一倍。使用英文对话的则是4.3%对0.4%（指现场观察相对问卷）。笔者想没有必要去追究场观察和问卷数据的差额原因，从两组调查所得到的数据说明了华语是熟食中心的主要使用语言，而也有13至26%的人会使用方言。在熟食中心使用英语的却是极少数。

七　结论

（一）过去和今天的比较

因为早期的小贩没有招牌，笔者就以四十年代各行各业商家的名称来做对比，在《头路——新加坡福建人的行业》一书中[10]，收录了82家四十年代的华人商家店名，笔者发现当时的招牌的几个高频字，也出现在这回小贩招牌的高频字中，这包括了成、金、顺、美、发、华等字，其他两个高频字"源"和"和"也同样出现在小贩的招牌中（"源"在小贩招牌中出现16次，而"和"字出现7次）。

这现象说明早期华人移民从中国飘洋过海到南洋来，无论以何种方式谋生，都带着一样简单和纯朴的愿望，都希望能讨个安定顺利、和谐的生活。

过去小贩多是流动的，没有名称，若要比较和刚成立小贩中心时做比较，有一个很明显的不同是现在的小贩已开始在招牌中使用汉语拼音的英文名字。以下是小贩在英文招牌中使用汉语拼音的三种情况：

1. 英文招牌中以汉语拼音属名加英文食品名称：

- 源发瓦煲饭（Yuan Fa Ckaypot Rice）
- 利记熟食（Li Ji Cooked Food）
- 惠民好凉茶（Hui Min Herbal Tea）
- 普香素食（Pu Xiang Vegetarian）
- 金华鱼丸面（Jin Hua Fishball Noodle）
- 老巴刹螃蟹面（Lao Ba Sa Crab Mixed Noodle）

2. 英文招牌以全汉语拼音加方言翻译的英文食品名称：

- 秀记江鱼酿豆腐（Xiu Ji Ikan Bilis Yong Tau Fu）
- 新喜水粿（Xin Xi Chwee Kueh）

---

[10] 《头路——新加坡福建人的行业》，新加坡，新加坡福建会馆，2008，页108于241。

- 楗柏水粿 (Jian Bo Shui Kueh)
- 秋莲面粉粿 (Qiu Lian Mee Hoon Kuay)
- 美香卤面 (Mei Xiang Lor Mee)
- 草蛇酿豆腐 (Cao She Yong Tao Fu)
- 福禄寿酿豆腐 (Fu Lu Shou Nang Dou Fu)
- 海星粿汁 (Hai Xing Kway Chap)

3. 英文以全汉语拼音做招牌：

- 天津冯记 (Tian Jin Feng Ji)
- 大众好凉茶 (Da Zhong hao Liang Cha)
- 辽宁美食 (Liao Ning Mei Shi)
- 晶美小食 (Jing Mei Xiao Shi)
- 海发粿汁 (Hai Fa Guo Zhi)
- 思林熟食 (Si Lin Shu Shi)
- 好友小食 (Hao You Xiao Shi)
- 鸿利美味小吃 (Hong Li Mei Xiao Chi)
- 翠园红山中 (Cui Yuan Hong Shan Zhong)
- 九江烧腊面 (Jiu Jiang Sha La Mian)
- 五香虾饼 (Wu Xiang Xia Bing)

　　我们在这里必须谈到英文招牌，才能看到华文华语在实际生活中所呈现的复杂性，因为当我们谈到英文译名时，方言的问题才会凸显出来。可见，经过这样多年政府的大力推动，讲华语的人数是增加了，然而讲到食品名称时，人们还是较习惯用方言名称。

　　随着新一代新加坡年轻人在以英文为主流的教育下成长，一些原来的方言名称或许会被套入英文词汇，例如上面提到的 Char Kuay Tiao（炒粿条）会逐渐被 Fried Kuay Tiao 取代，Wanton Mee（云吞面）会被 Wanton Noodle 取代。至于新加坡的新一代是否会用完整的华文华语，这可是没有确定答案的问题。毕竟学生在现教育体系中看到的是英文至上的现实，要求这一辈的年轻人在骨子里将华文摆在一个和英文同样的位置上，要克服的心理阻力是不小的。

同时因为各个语言，包括华语、方言和英语都有它们自己的独特性，加上种种的社会和经济原因，要做到完全统一、完全规范是不太有可能的。例如一直以来，新加坡"牛车水"都被成为"China Town"（中国城），新加坡本来就是一个华人社会，怎么还会有个这样一个"洋化"，并与实际有出入的名称呢？但回头一想，若将"牛车水"称为"Cow-Cart-Water），那岂不是教"老外"看了一头雾水，不知所云。现实是一讲"China Town"，对西方人而言，马上就倍感好奇、有文化惊叹感（Cultural shock）。新加坡旅游局打起广告来也事半功倍，这似乎很符合这个样样经济挂帅的社会法则。

再举另一个例子，新加坡西部有个叫"金文泰"住宅区，镇中心有间购物商场，业主给商场取了"金满地"的名称，而放弃人们已经熟悉的"金文泰"不用。其实这看来似乎很俗的"金满地"，以方言发音刚巧和英文的 Clementi 的发音很接近。虽说方言已是人们少用的语言了，但一讲到"金满地"，似乎就在讲方言，有一种无法言喻的亲切感。

（二）对策与建议

小贩的招牌用语用字在新加坡这样一个复杂的语言的环境中，也就难免会有自己的特色。这些特色包括了以下几点：

1. 招牌名称中百分之六十用了繁体字，这反映了新加坡社会民间使用繁简字都用的现象。人们普遍上也接受"用繁识简"和"识繁用简"的局面。小贩招牌使用繁体字有上面提到的年龄因素、规范字、错用等问题外，在整个社会层面上，因为华文不是主流语言，所以在推广简体字的应用上也受到一定的限制，也让传统的繁体字有继续生存的空间。

2. 招牌中开始出现汉语拼音的英文招牌；这显然有益目前教育中的学生，因为他们是在"少写汉字"的"新"教学环境中学习的。然而只懂汉语拼音而不识汉字，会不会成为"汉字盲"？就曾经友人投书《联合早报》，说有小四学生将"莱佛士"念成"菜佛士"，这肯定不是我们所愿意看到的结果。

3.　目前有一些不规范的词汇还是在流行，当然语言的发展会随着环境、文化的变迁而改变，新的词汇将会出现，取代旧的词汇，举些例子，现在小贩都开始用"椰浆饭"，而不会再称之为"拉西罗玛"（Nasi Lemak）；同样的，我们现在会说"油条"，而较少使用"You Cha Kuek"（油炸粿）。

　　语言是活的，每天都有新的发展。例如我们这里谈到的"熟食中心"一词，它最早是从英文 Hawker Centre 翻译为"小贩中心"（其实正确的翻译是"流动小贩中心"），在九十年代末期改为"熟食中心"（Food Centre）。不久之前，笔者在市区边上的一个"熟食中心"，发现经过翻新后，该"中心"已改名为为"美食中心"，虽然其英文名称依旧是 Food Centere。这一方面反映了语言随着时间的变化而改变，也说明了汉字的"可塑性"。

　　综上所论，析论小贩招牌的名称的结果，最急迫和最有意义的工作是在将非规范的词汇做全面的比较和分析后，编辑成规范词表并推广之。这样经过了一段时间，目前这种词汇上的一些乱象就能得于改进。

【附注】

　　本文节选自作者中国语言文学硕士学位毕业论文（2011年）；论文导师为北京师范大学李国英教授。

参考文献

（一）专书论著

1.　陈原，《社会语言学》，北京，商务印书馆，2000。

2.　崔东红，《新加坡的社会语言研究》，上海，复旦大学博士学位论文，2008。

3.　戴庆厦，《社会语言学》，北京，商务印书馆，2007。

4.　福建会馆编委会，《头路——新加坡福建人的行业》，新加坡，新加坡福建会馆，2008。

5. 梁汉基，《新加坡公寓住宅华文命名的语言特色与文化特色》，新加坡，北京师范大学与新跃大学学士论文，2008。

6. 林万菁，《语文研究论集》，新加坡，泛太平洋出版私人有限公司，2002。

7. 罗健明，《新加坡华人姓氏拼写研究》，新加坡，北京师范大学与新跃大学硕士论文，2008。

8. 任明，北京师范大学汉语文化学院编《语言学与应用语言学研究》，北京，中国社会科学出版社，2005。

9. 谭慧敏，《汉语文走向世界》，新加坡，南洋理工大学中华语言文化中心，2006。

10. 吴俊刚，《国会议员手记——你所不知道的故事》，新加坡，商务印书馆，2003年。

11. 吴元华，《华语文在新加坡的现状与前景》，新加坡，创意圈出版社，2004。

12. 吴元华，《新加坡公共政策范例：实务的决策——新加坡政府华语文政策研究》，北京，当代世界出版社，2008。

13. 吴元华，《华语文在新加坡的现状与前景》，新加坡，创意圈出版社，2004。

14. 吴英成，《汉语国际传播——新加坡视角》，北京，商务印书馆，2010。

15. 王立，《城市语言生活与语言变异研究》，北京，中国社会科学出版社，2009。

16. 王润华、杨松年主编，《新马汉学研究——国大马大中文系研究状况探讨》，新加坡，新加坡国立大学中文系，2001。

17. 徐大明，《社会语言学研究》，上海，上海人民出版社，2007。

18. 徐通锵，《语言学是什么》，北京，北京大学出版社，2007。

19. 殷俊，《扬州店名的社会语言学考察》，扬州，扬州大学学位论文，2009。

（二）网络资料

1. National Environment Agency. Singapore, 新加坡国家环境局，http://app2.nea.gov.sg/topics_hawker.aspx。

2. Singapore Statistics, 新加坡统计局，http://www.singstat.gov.sg/pubn。

新加坡华文报章贺词贺语研究

吴玉英

一　导言

(一)本论文写作的缘起和目的

　　语言是社会文化的载体。它伴随着人类社会文化的历史进程而不断发展、逐步的演变。贺词贺语是用来向他人表示祝贺，祈求吉祥的定型词组或短语。这种特殊的民俗文化语言形式，其表达形式和内容更是与社会的发展和民俗文化的嬗变紧密相关，因此饱含着丰富的社会文化意义。

　　本论文是基于笔者对新加坡华文报章上以日常生活应用文文体出现的贺词贺语产生浓厚兴趣，而对它进行探索性的研究。希望通过分析、综合、归纳、比较等科学的研究方法，探讨过去八十年间新加坡华文报章上贺词贺语的发展与演变概况，通过贺词贺语变化这个小小的窗口，来窥探新加坡华人社会、文化与传统价值观的渐变。

(二)资料来源

　　1. 本论文的贺词贺语原始资料主要搜集自新加坡的报刊，包括战前新加坡出版的和行销最久的中文日报——《叻报》、《新国民日报》、《南洋商报》、《星洲日报》、《联合早报》等报刊：

　　　　(1)《叻报》（1887年至1932年）

　　　　(2)《新国民日报》（1919年至1940年）

　　　　(3)《南洋商报》（1923年至1941年，1945年至1983年）

(4)《星洲日报》（1929年至1941年，1945年至1983年）

(5)《联合早报》（1983年3月16日至现在）

历年的华文报章，积年累月，也汗牛充栋，无法窥其全豹。采撷资料时，原则上选取的报章的年份相隔四、五年；但由于战前的贺词贺语相对的富有特色，因此几乎搜集每个年份的报章资料；也由于贺词贺语具有反映时代的特色，因此特别着重搜集有重大历史事件发生的年份的报章资料；也考虑到不同类别的贺词贺语也许出现的月份不同，因此搜集报章资料时尽量搜集不同的月份的报章资料。共得贺词贺语大约2700多条。

在整理时，也碰到对大量的贺词贺语资料如何进行分类、筛选及萃取的困难。解决的方法是选取最富典型性的贺词贺语资料作论证的例子。

2. 大量参考相关的理论书籍：民俗文化语言学和新加坡华人社会历史、文化、教育等书籍；以及有关方面的工具书；也参考相关选题的论文。

（三）研究方法

本论文的研究方法包括：

1. 分类与归纳法：包括把搜集的资料按年代、内容分类，并归纳出贺词贺语的文化特征、结构形式、修辞手段，力求总结出贺词贺语的发展、功能以及语言形式的基本规律。

2. 对比法：以纵向对比探讨贺词贺语发展的动态。

3. 分析法：从文化的角度来分析贺词贺语的文化内蕴，以语言学的角度来分析贺词贺语的语言表现形式。

4. 注解法：由于贺词贺语是一种特殊的民俗文化的文体，不乏用典和引用熟语，需要注解才可以让读者明白其中的含义，因此本文不惮其烦，尽量一一注明典故的出处和含义。

(四) 有关贺词贺语的常用术语

为了先让读者明白贺词贺语常用术语的意思, 易于阅读, 笔者把本文中出现的一些贺词贺语常用术语集中注解于此。

1. 嵌字格: 是把人名、地名、干支、事物等等, 分别嵌到上下联中某些位置上去。由于嵌的位置不同, 又可分成十七种。[1]

2. 鹤顶格: 又名凤顶, 虎头或顶头格。是将需嵌的字, 分别嵌在上下联的第一个字, 后来发展为可以在联首嵌进双音词或多音词, 如:

王好货不论金银铜铁锡

寅属虎无问鸡犬马牛羊

联首嵌贪官王寅两字。揭露他有物必贪, 贪得无厌;

虎岩无虎呼虎成名赵公元帅

塔山由塔托塔为神李靖天王

上联嵌 "虎岩", 下联嵌 "塔山", 是双音词的。[2]

3. 鸢肩格: 又名鹿颈、鸳肩。将需嵌的字, 分别嵌在上下联的第三字。[3]

4. 蜂腰格: 将需嵌的字, 分别嵌在上下联的中腰 (按七言联, 第四字适在中腰, 其余可以此类推)。后来, 对联增长, 所嵌的也不只一个字了, 所以只要嵌在中腰不管是单音词或双音词, 仍属蜂腰。[4]

5. 鹤膝格: 将需嵌的字, 分别嵌在上下联的第五个字。[5]

---

[1] 见杨苍舒、汪树福著,《对联修辞学》, 北京开明出版社, 1991年, 页204。

[2] 同前注, 页204–205。

[3] 同注1, 页205。

[4] 同注1, 页205–206。

[5] 同注1, 页206。

6. 雁足格：也称燕足、雁尾。将需嵌的字，分别嵌在上下联的末一个字。后来，联增长了，双音词、多音词分嵌在联尾的，也属雁足。[6]

7. 双钩格：需嵌的有两个双音词，两个双音词拆成四个字。分别嵌于上下联的首尾。[7]

8. 碎锦格：将所嵌的人名或地名分散嵌于联中而不拘一定位置者，叫碎锦格（即"散嵌"）。[8]

9. 龙门对：龙门对是指每边联文在两行乃至两行以上须写成"门"字形的对联。这种对联，应上联从右向左写，下联从左向右写。[9]

10. 横批式"横行"写法：对联横批，承古代碑题与匾额之类而来，书写上有所发展。古人的书写习惯，不仅直行是从右向左写，连"横行"也是从右向左写。所谓"横行"，严格地说，古代是不存在的。由于古代碑题与匾额之类，一则字少，二则为了突出，一行只写一个字，一字字排下去，看起来就像是"横行"了。对联的横批也是如此。[10]

二　贺词贺语的内容分类

按照不同的标准，可以对贺词贺语做不同的分类。贺词贺语随着社会生活的改变，其应用的社交场合也不断的扩大。本论文尝试从贺词贺语的使用范围这个角度给贺词贺语进行分类，可分为以下七大类：婚嫁、寿诞、荣膺、开业与周年纪念（包括行业与团体）、乔迁、节日和双喜与三喜。

这七大类里面再细分的小类，也只能是相对而言。因为对某一则具体的贺词贺语来说，它的使用范围不可能是绝对的，故贺词贺语的

---

[6] 同注1，页206。

[7] 同注1，页208。

[8] 见余德泉著《对联通》，湖南大学出版社，1998年，页175。

[9] 同前注，页228。

[10] 同注8，页234。

分类也不可能绝对化。比如："琴瑟和鸣"、"诗咏河洲"，可用在祝贺男女双方、个别祝贺男方娶妻或女方出阁；"锦绣前程"用来祝贺获得大学学位，也用以祝贺行业的开张之庆；"松柏长春"见于行业的开幕志庆，也见于荣寿志喜；有些庆贺乔迁的贺词贺语也结合行业的性质来讲，实际上无异于行业的贺词贺语。因此，在归纳类别时力求能做到更科学、更客观。

(一)祝贺新婚、婚姻周年纪念

此类贺词贺语，其主要内容表示对新婚夫妇以及庆祝婚姻周年纪念的伉俪的祝愿、期待以及夸奖等。

贺婚嫁的多为祝贺男女双方；少数为个别祝贺男方娶妻或女方出阁，男婚女嫁各有其相当之贺词贺语，不能乱诌。

1. 祝贺男女双方，如：

四字格短语：

　　钟鼓乐之[11]、如宾如友[12]

单句贺语：

　　造端乎夫妇[13]

祝贺联句：

　　玉韵金声歌盛典
　　珠联璧合美红缘[14]

祝贺诗：

　　猷谋大展千年业
　　楠树连枝万载春

---

[11] 见《南洋商报》，1970年3月7日，第16版。
[12] 见《叻报》，1927年12月4日，第7版。
[13] 见《星洲日报》，1933年10月5日，第4版。
[14] 见《星洲日报》，1949年12月31日，第4版。见谷向阳《中国楹联大典》，吉林教育出版社，1994年，页62。

金谷酒香诗亦醉
英花媚丽香更醇[15]

2. 祝贺男方娶妻，如：

四字格短语：

君子造端[16]、蓝桥遇艳[17]

祝贺诗：

许缔丝萝锦帐春
勇登蜀道此宵频
侯门似海藏金屋
君子宜家偶玉人
新月何如眉样秀
婚姻合让客中珍
有情莫遗韶华老
喜赏娇花当及辰[18]

3. 祝贺女方出阁的，如：

四字格短语：

之子于归[19]、快得乘龙[20]、善相夫子[21]

祝贺联句：

名流喜得名门婿
才女欣逢才子家[22]

---

[15] 见《星洲日报》，1970年12月20日，第15版。
[16] 见《南洋商报》，1936年11月29日，第8版。
[17] 见《南洋商报》，1936年11月28日，第23版。
[18] 见《南洋商报》，1930年5月5日，第7版。
[19] 见《南洋商报》，1959年6月21日，第11版。
[20] 见《星洲日报》，1935年1月25日，晚版第2张第5版。
[21] 见《星洲日报》，1937年7月4日，早版第4张第16版。
[22] 见《南洋商报》，1963年10月4日，第14版。

出于华人的传统观念，人们总喜欢祝愿人"多福多寿多子孙"，因此在贺婚嫁时也寄语"瓜瓞绵绵"、"早日添丁"的希望。如：

四字格短语：

　　熊占入梦[23]、蓝田种玉[24]

祝贺联句：

　　看此日桃花灼灼
　　祝他年瓜瓞绵绵[25]

　　新年新婚
　　来年生孙[26]

祝贺诗：

　　萃会蓝桥路
　　琛题红叶诗
　　克谐伉俪福
　　明岁举麟儿[27]

祝贺金禧或银禧的婚姻周年纪念贺词贺语，主要赞美恩爱夫妻长相厮守之情。如：

　　相亲相爱[28]

(二)祝福寿诞、弥月

这类贺词贺语是为庆祝婴孩诞生和年老的长辈祝贺寿辰的贺词贺语。

---

[23]　见《南洋商报》，1929年4月26日，第4版。
[24]　见《星洲日报》，1935年1月20日，晚版第3张第12版。
[25]　见《南洋商报》，1946年11月17日，第2版。
[26]　见《新国民日报》，1933年1月7日，第7版。
[27]　见《叻报》，1926年12月4日，第7版。
[28]　见《联合早报》，1992年5月17日，第27版。

传宗接代是华人的传统观念，因此在婴儿弥月时常见的祝贺词语。如：

四字格短语：

喜获麟儿[29]、明德之后[30]、国家大器[31]

单句贺语：

英才应运而生。[32]

祝贺联句：

兰孙苗秀
瓜瓞绵长[33]

祝寿用语，或向长者祝贺长寿，或称颂寿者的功劳业绩。依据不同的对象而言，可分为夫妻双寿、男寿和女寿。就双寿命意的用语、单祝男寿的用语或采集寿母典故的女寿用语，都有其引用典故的出处与含义，皆不得相混通用。

1. 夫妻双寿的，如：

极婺齐辉[34]、共享遐龄[35]、椿萱并茂[36]

2. 男寿的，如：

四字格短语：

甲子重新[37]、嵩山不老[38]、周甲添筹[39]

---

[29] 见《南洋商报》，1937年5月28日，第17版。
[30] 见《星洲日报》，1929年8月10日，第2张第6版。
[31] 见《星洲日报》，1950年1月1日，第24版。
[32] 见《星洲日报》，1937年5月28日，第2张第6版。
[33] 见《南洋商报》，1971年8月3日，第6版。
[34] 见《南洋商报》，1937年8月4日，第16版。
[35] 见《南洋商报》，1937年7月31日，第4版。
[36] 见《南洋商报》，1937年8月3日，第4版。
[37] 见《南洋商报》，1937年8月15日，第6版。
[38] 见《南洋商报》，1936年11月3日，第8版。
[39] 见《新国民日报》，1924年1月7日，第6版。

单句贺语：

泰岱不让高[40]

祝贺联句：

瑞气霭门庭杖乡器重君艳福
和璧光间里期颐寿添我称觞[41]

3. 女寿的，如：

四字格短语：

朱帨凝祥[42]、婺星焕彩[43]、淑德遐龄[44]、福门寿母[45]

祝贺词：

琼花春咏
萱庭永茂
九如献颂
人中之瑞[46]

祝贺诗：

阀阅声名播梓桑
近看宝婺吐辉光
蟠桃春酒霞同艳
绿鬓萱花晚更香[47]

除此之外，有些祝寿的贺词贺语喜欢把寿者的年龄结合起来讲。
如：

[40] 见《新国民日报》，1938年7月12日，第7版。
[41] 见《南洋商报》，1936年11月3日，第8版。
[42] 见《南洋商报》，1937年5月28日，第17版。
[43] 见《新国民日报》，1934年1月12日，第7版。
[44] 见《新国民日报》，1937年7月15日，第8版。
[45] 见《南洋商报》，1975年9月8日，第7版。
[46] 见《南洋商报》，1937年5月28日，第17版。
[47] 见《星洲日报》，1935年1月8日，早版第12版。

四字格短语：

萱寿八千[48]、八旬伊始[49]

祝贺联句：

六秩星霜祝寿重斟花甲酒
廿年琴瑟和鸣共颂介眉诗[50]

儿齿童颜六秩三
以前方为少女
松身鹤性二旬一
添后即届期颐[51]

(三)祝贺荣誉、升迁、升学

这类贺词贺语主要是祝贺亲友同乡、校友同事、社团会员、行业合作伙伴等，或荣膺勋章、荣衔，或荣获学位、奖学金继续升学，或晋升职务的贺词贺语。内容紧扣受祝者的处世为人、生平事迹、丰功伟绩，针对性极强。用语饱含对受祝者的景仰之意、崇敬之情以及祝贺者感到沾光之喜的荣幸。

1. 祝贺荣膺勋衔

主要是祝贺荣膺封赐，如：英女皇颁赐 OBE 文官荣衔、中国福建省或广东省等的参议、马来西亚各州太平局绅或民选立法议员以及新加坡共和国总统颁赐公共服务星章等。

如：

---

[48]　见《联合早报》，1991年4月2日，第22版。
[49]　见《联合早报》，1991年4月2日，第23版。
[50]　见《新国民日报》，1934年2月1日，第5版。
[51]　见《南洋商报》，1925年12月2日，第17版。

四字格短语：

谋猷孔嘉[52]、瑞世琼瑶[53]、代议政治[54]、乡梓之光[55]

单句贺语：

非以役民乃役于民[56]

祝贺联句：

国计民生策筹柔佛
德隆望重名播曲江[57]

2. 祝贺荣获学位、奖学金

在过去教育不太普及、生活不富裕的年代里，有机会受高等教育的人为数不多，而能获取奖学金继续升学或到海外留学的更是凤毛麟角。主要是祝贺诸如荣获新加坡大学颁授的荣誉博士学位、荣获哥伦坡计划奖学金、我国国防部奖学金等国内外大学颁授的学位，以及颁发的奖学金。如：

四字格短语：

锦绣前程[58]

祝贺联句：

文图冠百代
希望垂千秋[59]

[52]　见《星洲日报》，1937年6月22日，早版第6张第20版。
[53]　见《星洲日报》，1967年2月11日，第9版。
[54]　见《南洋商报》，1959年6月15日，第15版。
[55]　见《星洲日报》，1963年9月3日，第10版。
[56]　见《星洲日报》，1959年6月25日，第10版。
[57]　见《南洋商报》，1940年10月22日，第17版。
[58]　见《南洋商报》，1975年9月6日，第25版。
[59]　见《南洋商报》，1975年9月6日，第15版。

3. 祝贺晋升职位

主要是祝贺诸如荣任某公司董事或经理、名誉会长、同济医院首席医师等。如：

四字格短语：

医界圣手[60]

祝贺联句：

绾毂经济
才侔桓宽[61]

祝贺诗：

和平处世
诚正立身
义方教子
刻木追亲
齐家思古
剑叶维新
心存爱国
志切睦邻[62]

(四) 庆贺开业、扩张营业、周年纪念（包括行业与团体）

祝贺亲友同乡、社团会员、行业合作伙伴，社团组织等开业、扩张营业和周年纪念的贺词贺语。有的是单独祝贺开张，有的是扩张营业暨新分店开张的祝贺，也有的是庆贺公司的周年纪念暨扩张营业等等。通用的祝贺用语如：高朋满座、骏业宏发、鹏程万里等。

但这类贺词贺语更多的是内蕴丰富，能具体地体现出每一行业自身的特点，同时，贺词贺语所产生的广告作用也是不可小视的。如：

---

[60]　见《星洲日报》，1946年9月3日，第3版。

[61]　见《星洲日报》，1963年8月24日，第2版。

[62]　见《叻报》，1931年7月8日，第6版。

祝贺美发美容院开幕：

　　化媸为妍[63]

祝贺印务公司开幕：

　　文化机关
　　前途孟晋[64]

祝贺时钟行开幕：

　　尺璧非宝
　　寸阴是贵[65]

祝贺育婴留产所开幕：

　　惠施赤子
　　仪范可嘉[66]

祝贺药房开业：

　　林林医社环星岛
　　氏术独奇资格老
　　药到春回百病消
　　房居首善声名好[67]

（五）庆贺乔迁之喜

　　主要是祝贺工商界各行业的公司、商店的迁移。相对于其他的贺词贺语，其用语比较贫乏。如：

---

[63]　见《星洲日报》，1965年8月8日，第12版。

[64]　见《南洋商报》，1927年7月22日，第16版。

[65]　见《南洋商报》，1930年4月5日，第10版。

[66]　见《南洋商报》，1949年10月23日，第8版。

[67]　见《南洋商报》，1946年1月5日，第4版。

四字格短语：

易地为良[68]、凤振高冈[69]

祝贺联句：

燕贺新居美轮美奂
莺迁大厦润屋润身[70]

除此之外，这类用语很多没有表达乔迁之意，却喜欢结合受祝者的行业性质来讲，因此无异于行业用语。如：

祝贺锡矿公司乔迁：

遍地黄金[71]

祝贺电发院乔迁：

南国发型推第一
丽人电技此无双[72]

祝贺眼镜公司乔迁：

大放光明[73]

祝贺亲友迁入新居的则不多见。如：

新进新屋
新福无穷[74]

(六) 祝贺节日

主要是商家在迎新年送旧岁和国庆日时恭贺各界的贺词贺语，以示庆祝、纪念，培增节日的欢乐、热烈、隆重气氛。

[68]　见《南洋商报》，1946年1月5日，第4版。
[69]　见《南洋商报》，1967年10月8日，第9版。
[70]　见《南洋商报》，1938年2月16日，第16版。
[71]　见《南洋商报》，1936年11月20日，第17版。
[72]　见《星洲日报》，1963年8月24日，第2版。
[73]　见《联合早报》，1985年1月19日，第35版。
[74]　见《新国民日报》，1929年3月30日，第7版。

　　新年祝贺是华人新年备受欢迎的庆祝方式之一。恭贺新年的贺词贺语内容，都充分表达了人们辞旧迎新的愉悦心情和继往开来的进取精神，以及人们追求幸福美好生活的良好心愿。如：

> 新年快乐
> 四海欢腾[75]
>
> 恭叩
> 新禧并祝
> 侨胞进步[76]

　　由于华人传统文化有十二属相，每年一种属相，有的贺词贺语紧扣当年的属相来撰写，如下面几则贺词贺语，结合属相以寄意抒怀、希望一年吉祥如意。其用语轻松欢快，喜气洋溢，颇能为春节增添欢乐气氛。如：

> 迎新岁
> 祥龙贺喜
> 庆丰年
> 千禧万福[77]
>
> 金鸡报喜迎新春
> 吉年如意接百福[78]
>
> 金猴献瑞迎春喜
> 银花燄（焰）吐接万福[79]
>
> 春到绿连绵
> 万众迎兔年

[75]　见《南洋商报》，1981年1月1日，第50版。
[76]　见《新国民日报》，1925年12月31日，第1版。
[77]　见《联合早报》，2000年2月3日，《现代》第1版。
[78]　见《联合早报》，2005年2月8日，第18版。
[79]　见《南洋商报》，1992年2月4日，第28版。

> 贺岁声声颂
> 恭喜庆团圆[80]

　　再者，华人的风俗，喜欢在一年之始祈求财富好运，因而春节期间人们喜欢内容吉利求财祈运等通俗的用语。如：

> 财源滚滚　富贵满堂
> 吉祥如意　好运连连[81]

　　因此恭贺新年的贺词贺语内容可说是雅俗并存。

　　建国以及国庆日，庆贺的内容大多是为求风调雨顺、国泰民安、物阜民丰。其用语庄重严肃，带出浓厚的国家意识。受祝贺的有马来亚联合邦成立、早期的中华民国国庆、马来亚联合邦独立周年纪念、新加坡共和国国庆等。如：

　　四字格短语：

> 本固邦宁[82]、国庆纪念[83]

　　祝贺联句：

> 国花盛开　花魁吐艳
> 国运昌隆　繁荣进步[84]
>
> 普天同庆　万众腾欢
> 国运兴隆　物埠民康[85]

（七）祝贺双喜、三喜

　　一则贺词贺语同时祝贺两、三件喜庆之事，用语洋溢着多重喜事的欢乐气氛。它有时跨越两、三种不同的使用范围，与其他贺词贺语有交叉之处。如：

---

[80]　见《联合早报》，1987年1月27日，第7版。
[81]　见《联合早报》，2005年2月8日，第5版。
[82]　见《星洲日报》，1966年8月9日，第24版。
[83]　见《星洲日报》，1949年10月10日，第8版。
[84]　见《联合早报》，1984年8月9日，第26版。
[85]　见《星洲日报》，1963年9月16日，第10版。

庆祝金禧或银禧的夫妇由于也达到祝寿的阶段，因此这类贺词贺语一般也同时祝贺双寿。如：

祝贺银禧暨六旬双寿的：

天上周开花甲子
人间乐得两神仙
银婚双寿真堪庆
蓝玉振振布眼前[86]

祝贺金禧暨七秩双寿的：

南极星辉庆大德
华堂彩焕祝齐眉[87]

祝贺某人三位令郎同时结婚之喜。如：

三星在户　百辆盈庭
埙篪合奏　鸾凤和鸣[88]

祝贺乔迁暨荣任董事经理：

普及民生辅邦国振兴工商业
中流砥柱献新猷策励金融界[89]

祝贺荣寿暨别墅落成：

大厦冠炎岛
高寿比南山[90]

---

[86] 祝贺沈鸿柏先生暨德配黄太夫人六旬双寿四旬银禧盛典，见《南洋商报》，1934年2月1日，第4版。

[87] 祝贺郭可培先生J.P.暨尊夫人杨秀贞女士七秩双寿并祝金婚志喜，见《南洋商报》，1970年3月6日，第20版。

[88] 见《南洋商报》，1973年10月30日，第7版。

[89] 见《星洲日报》，1965年7月7日，第13版。

[90] 见《星洲日报》，1929年7月23日，第2张第6版。

祝贺荣寿暨结婚：

> 宝婺长辉
> 关雎永喜[91]

祝贺某人的儿子与女儿同时结婚：

> 双喜临头，阖家要陶
> 醉于「欢乐园」中了！[92]

两则祝贺马来西亚成立暨李光耀总理诞辰的祝贺联句：

> 国运兴隆
> 光耀南邦[93]
>
> 欣逢双庆
> 万民腾欢[94]

综合起来观察，可以看到贺词贺语是深入到人们生活的每一个角落，触及到社会的每一个层面，同时随着社会生活的改变，贺词贺语应用的社交场合也不断的扩大，因此它和华人的生活、社会活动紧密联系在一起。婚娶祝寿，荣膺褒扬，行业赠言，节庆互候，这些贺词贺语本身的职能不仅促使贺词贺语在人际交往中起着沟通思想、交流情感的桥梁作用，并为生活锦上添花，增添不少情趣。

三　贺词贺语的文化特色

贺词贺语作为一种民俗文化语言，与社会生活紧密相关，其内容也就因势而定。因此贺词贺语不但发挥贺喜祈愿的功能，也根据不同对象体现出鲜明突出的个性和行业精神，更因不同的时代背景反映出浓厚的时代气息，同时还涵融了让人感到温暖和愉快的喜悦、褒扬、

---

[91]　见《南洋商报》，1970年3月5日，第16版。

[92]　见《新国民日报》，1924年9月4日，第6版。

[93]　见《南洋商报》，1963年9月16日，第17版。

[94]　见《星洲日报》，1963年9月16日，第7版。

鼓励等的感情色彩，以及浓厚的宗教色彩。本论文就基于这几方面来概述贺词贺语的文化特色，主要有以下七方面：

（一）喜庆色彩

不管哪类贺词贺语，其最基本的功能，都是为贺喜祝庆而作的，目的就是要把喜洋洋的气氛给烘托出来，因此，用语也就充满喜庆愉悦的色彩。如：

祝贺婚姻：

皆大欢喜[95]

新组家庭　婚姻文明
志庆联生　喜气双呈[96]

祝贺双喜、三喜：

喜庆盈门[97]、双喜临门[98]

祝贺弥月：

汤饼之喜[99]

乔迁之喜：

喜创基业达万亿
本作经营获利丰[100]

祝贺节日：

千禧祥龙喜相逢
文华欢庆乐融融[101]

---

[95] 见《星洲日报》，1938年1月22日，午版第2版。

[96] 见《星洲日报》，1929年1月22日，第2张第6版。

[97] 见《星洲日报》，1963年8月18日，第3版。

[98] 见《南洋商报》，1970年3月5日，第16版。

[99] 见《星洲日报》，1950年1月14日，第4版。

[100] 见《联合早报》，2000年3月24日，第37版。

[101] 见《联合早报》，2000年2月4日，春到河畔迎新年特辑第3版。

（二）祈福求吉

贺词贺语除了最基本的贺喜祝庆功能之外，主要的功能是祈福求吉，例如祝福婚姻美满、健康长寿、事业兴隆、财源茂盛、生活安顺等就是贺词贺语所要表达的核心内容。因此，其用语具有祈愿性的语义特征。如：

　　祝贺婚姻：

　　　　庆衍延年[102]

　　　　有情人终成眷属[103]

　　　　百年偕老
　　　　五世其昌[104]

　　祝贺荣寿：

　　　　福寿康宁[105]、九如之颂[106]

　　祝贺荣膺：

　　　　华侨福泽[107]

　　祝贺行业与团体：

　　　　鸿运当头[108]、利市三倍[109]

　　祝贺元旦：

　　　　新年快乐
　　　　大利连年[110]

---

[102]　见《新国民日报》，1930年8月15日，第7版。
[103]　见《南洋商报》，1923年10月22日，第11版。
[104]　见《星洲日报》，1967年1月22日，第18版。
[105]　见《南洋商报》，1937年7月30日，第4版。
[106]　见《星洲日报》，1970年2月8日，第22版。
[107]　见《南洋商报》，1937年5月28日，第17版。
[108]　见《星洲日报》，1950年1月17日，第4版。
[109]　见《南洋商报》，1970年2月15日，第7版。
[110]　见《南洋商报》，1981年1月1日，第36版。

祝贺国庆：

　　　国泰民安
　　　年年丰收[111]

（三）个性特征

　　遣词用字个性化的贺词贺语不仅能侧面看出祝贺者的学识修养，即"文如其人"，还具体表现受祝者的诸般特色，即"能传其神"。很多贺词贺语侧重于表达对受祝者的事迹、人品和学问等作褒扬、赞美和品评。因此其用语多属于褒美之词，饱含对受祝者的崇敬之情意，同时表达了祝贺者与受祝者的感情和态度。如：

这则祝贺郑彦珍学士和张素文女士结婚志喜的祝贺联句：

　　　彦圣珍藏梦里笔
　　　素娥文采意中花[112]

又如这首祝贺林独步先生和蔡莲枝女士结婚志喜的祝贺诗：

　　　玉台新咏合欢杯
　　　艳福曾修几世来
　　　同一高风林处士
　　　妻莲景色胜妻梅[113]

还有祝贺双寿暨银喜的祝贺诗：

　　　谦谦君子
　　　功在党国
　　　花甲齐眉
　　　长延福禄[114]

---

[111] 见《南洋商报》，1967年8月9日，特刊第3版。
[112] 见《南洋商报》，1925年9月29日，第3版。
[113] 见《南洋商报》，1931年9月26日，第4版。
[114] 祝贺沈鸿柏先生暨德配黄太夫人六旬双寿并银禧嘉礼，见《新国民日报》，1934年2月1日，第5版。

祝贺荣膺：

图一[115]

英明豁达
器宇轩昂[116]

仁怀素养
医社重光[117]

祝贺行业与团体：

觉世牖民[118]

祝贺荣寿：

惟仁者寿[119]

---

[115] 见《南洋商报》，1941年9月22日，第5张第20版。

[116] 见《南洋商报》，1936年11月13日，第17版。

[117] 见《星洲日报》，1946年9月18日，第2版。

[118] 见《星洲日报》，1959年6月6日，第7版。

[119] 见《星洲日报》，1937年8月4日，晚版第1张第7版。

有些贺词贺语内容紧扣且直接表现了受祝者的身份或事业，仅上下两句联句，受祝者为何许人，便一目了然。如：

祝贺婚姻：

堂上权开运动会
帐中暂作体操场[120]

今天大运动家讨老婆
明年小体育家叫阿爸[121]

下面两则祝贺马来西亚总理东姑阿都拉曼六七华诞之喜的贺词贺语，仅仅四个字的用语，便让人知道寿者是一位与全国人民有关的国家领袖：

普天同庆[122]、举国同欢[123]

（四）时代气息

贺词贺语虽是因人因事而作，但都是临时应景之作，因此贴近社会生活的贺词贺语，除了不变的基本作用外，还具有浓厚的时代气息。不同时代的政治环境、社会生活、思想文化、时习风尚等等的变化，以及时光的流转，都在贺词贺语中得到充分的反映，可谓"文含时风"，体现了中华文化中的"文以载道"的教化传统。

1. 对祖籍认同感与民族意识

新加坡早期的华人都是从华南移民来的，当时正处殖民地时代，因此国家意识都认同于祖籍地——中国，这种心态一直持续到战后初期。这些都浓缩在贺词贺语里。如：

---

[120] 见《南洋商报》，1926年4月15日，第13版。
[121] 见《南洋商报》，1933年5月17日，第6版。
[122] 见《星洲日报》，1970年2月8日，第22版。
[123] 见《星洲日报》，1970年2月8日，第22版。

祝贺元旦：

庆祝民国万岁[124]

弥月之庆：

新中国的主人翁[125]

祝贺行业与团体：

强我中华[126]

祝贺荣膺：

光我华胄[127]

又如祝贺陈嘉庚先生儿子和曾江水先生女儿的婚姻志喜，正是中华民国国庆即将来临之际，贺词贺语中就表现了欣逢中华民国国庆的喜悦之情：

国庆同欣祝
家成乐满堂[128]

还有好些贺词贺语具有强烈的民族意识：

祝贺婚姻：

筹强种策[129]

合股制造强种儿[130]

因而当中国处于抗日时期，贺词贺语中足见民气，反映了祝贺者为国家命运担忧，并借他人酒杯，浇自己块垒，也提醒人们在喜庆时毋忘国难，抵制日货，时代特点非常鲜明。如：

---

[124] 见《新国民日报》，1925年1月1日，元旦增刊。

[125] 见《星洲日报》，1946年11月28日，第6版。

[126] 见《新国民日报》，1937年9月3日，第12版。

[127] 见《南洋商报》，1941年9月23日，第4版。

[128] 见《南洋商报》，1929年10月8日，第6版。

[129] 见《南洋商报》，1923年10月22日，第11版。

[130] 见《南洋商报》，1925年10月5日，第4版。

祝贺婚姻：

　　结婚勿忘救国[131]

　　为国家造英儿
　　作长期之抗战[132]

祝贺行业与团体：

　　提倡国货[133]

　　体育为强民基础
　　团结系救国坦途[134]

　　精研教育联师谊
　　善诱英材振国魂[135]

祝贺元旦：

　　庆祝民国十六年元旦

　　北伐成功日
　　为郎折蛮腰[136]

2. 侨胞意识与宗亲同乡的社团精神

　　早期的华侨始终都抱有本身是居留地的过客心态，因此贺词贺语体现了浓烈的侨民意识。如：

　　祝贺婚姻：

　　洞房花烛乐无涯
　　海外桃源成室家

131　见《南洋商报》，1938年1月18日，第5版。

132　见《南洋商报》，1938年2月15日，第12版。

133　见《南洋商报》，1937年7月5日，第24版。

134　见《星洲日报》，1934年5月18日，第2张第5版。

135　见《星洲日报》，1929年10月8日，第7版。

136　见《叻报》，1927年12月29日，第17版。

尽到高风林处士
妻娇原本是梅花[137]

祝贺行业与团体：

商报出世　吾侨实业界底明星　教育界底指南针
从此洛阳纸贵　侨众迷梦一齐醒　是吾国底光明[138]

祝贺荣膺：

南岛蜚声[139]

为华侨保障
作国家栋梁[140]

祝贺元旦：

深愿
全体侨胞振奋觉悟！[141]

　　同时因客居他乡，南来的华人移民都组织血缘、地缘和行会组织等社团，秉着联络乡谊，互助互惠的宗旨，过着社群的生活。因此贺词贺语也体现了宗亲同乡的社团精神。如：

祝贺行业与团体：

辅助工商同侨
增强经济力量[142]

祝贺荣膺：

匡赞乡邦[143]

---

[137]　见《南洋商报》，1930年4月19日，第4版。
[138]　见《南洋商报》，1923年9月22日，第2版。
[139]　见《南洋商报》，1941年9月23日，第4版。
[140]　见《星洲日报》，1940年5月8日，早版第12版。
[141]　见《南洋商报》，1932年1月6日，第3版。
[142]　见《星洲日报》，1929年9月3日，第7版。
[143]　见《星洲日报》，1946年9月28日，第2版。

3. 有些贺词贺语富有殖民地色彩，一语道出当时新加坡正处于英国统治的殖民地时代。如：

祝贺婚姻：

携手偕游殖民畔
同心恋爱绣帷中[144]

祝贺英皇伊丽莎白二世加冕大典

May Her Majesty's Reign
Bring Peace & Prosperity To The Commonwealth[145]

4. 新潮的意识

五四运动新文化运动的余波波及新加坡时，贺词贺语在贺喜祝庆的基本作用之外，还借题发挥，体现了五四运动提倡的新潮的意识，用语表达了自由、平等、文明等新的爱情观、家庭观以及社会观。如：

祝贺婚姻：

爱情神圣[146]

组织新家庭
创造新世界[147]

携手初行平等礼
同心合唱自由歌[148]

5. 祝贺元旦的贺词贺语还道出了斗转星移，时光流转，进入了世纪之交的时代。如：

---

[144] 见《南洋商报》，1928年3月10日，第3版。
[145] 见《南洋商报》，1953年6月2日，第8版。
[146] 见《南洋商报》，1923年9月20日，第6版。
[147] 见《星洲日报》，1929年10月8日，晚版第4版。
[148] 见《南洋商报》，1924年5月17日，第15版。

2000年1月1日知新馆恭祝：

> 开创新纪元
> 欢庆千禧年[149]

2000年1月1日新加坡当商工会全体会员同鞠躬：

> 祝贺
> 新加坡共和国
> 全国同胞千禧快乐
> 身体健康[150]

（五）人生励志

贺词贺语中也用了好些铭心励志的词语以励人，欢乐的气氛中让人深感鼓舞之情意。如：

祝贺婚姻：

> 祝你俩走入光明灿烂的前途。[151]

> 互助到底
> 制造英才[152]

祝贺行业与团体：

> 再接再厉[153]

> 垂成恃毅力[154]

> 以团结求进步[155]

---

[149]　见《联合早报》，2000年1月1日，第20版。
[150]　见《联合早报》，2000年1月1日，第20版。
[151]　见《新国民日报》，1930年8月22日，第7版。
[152]　见《南洋商报》，1930年3月8日，第7版。
[153]　见《南洋商报》，1959年6月21日，第11版。
[154]　见《南洋商报》，1936年11月20日，第23版。
[155]　见《南洋商报》，1938年1月31日，第16版。

（六）行业精神

祝贺行业的贺词贺语都贴切地体现出当时每一行业自身的特点，针对性很强，同时足以显示行业的活力。如：

祝贺铜乐社开幕：

响彻行云[156]

祝贺汽水厂开幕：

汽香水甜[157]

祝贺酒厅创业六周年：

太白遗风[158]

祝贺幼稚园落成暨始业：

幼儿乐园[159]

祝贺安老院落成：

及人之老[160]

祝贺银行创立四周年纪念：

集散资金
指挥如意[161]

祝贺裁剪学院开幕：

光辉时装

别树一裁[162]

[156]　见《南洋商报》，1946年1月5日，第4版。

[157]　见《星洲日报》，1949年12月31日，第4版。

[158]　见《星洲日报》，1980年5月6日，第17版。

[159]　见《星洲日报》，1967年1月17日，第12版。

[160]　见《新国民日报》，1938年5月19日，第4版。

[161]　见《星洲日报》，1963年9月21日，第16版。

[162]　见《南洋商报》，1981年1月1日，第23版。

上举例子，贴切而形象地勾画出行业的特性，通俗随意中渗透着诱人的魅力。

（七）宗教色彩

贺词贺语中也出现一些带有宗教色彩的用语，不仅体现了受祝者的宗教信仰，也反映了本地华人社会"有容乃大"的文化精神，以致多种宗教共存的文化特征。

祝贺佛教徒：

大展佛门[163]

祝贺道教徒：

王枢玉玺咸真意
道教慈悲度众生[164]

祝贺基督教徒：

蕃殖上帝国的子民[165]

愿
上帝赏赐你俩精神
永远得着愉快[166]

四　贺词贺语的语言结构形式

贺词贺语虽是为了一办即过的喜事而作的，都带有临时应景的性质，但它的结构形式以多种多样的语言形式、文学形式来表现。因此这些贺词贺语与诗词曲赋等文学作品一样具有文学和美学价值，而其应用性，又是其他文学形式所无法比拟和企及的。

---

[163]　见《南洋商报》，1938年3月31日，第3版。

[164]　见《星洲日报》，1965年7月25日，第7版。

[165]　见《新国民日报》，1935年1月31日，第3版。

[166]　见《南洋商报》，1936年12月23日，第18版。

不管什么语言结构形式的贺词贺语，当中有些是抄自联书、熟语书籍中的现成贺词贺语；有些是祝贺者自己撰写的贺词贺语。

（一）单音节词

只用一个单音节词来祝贺受贺者，有如标志，一目了然。然而此类贺语难得一见。如：

寿[167]、囍[168]

（二）双音节词

用一个双音节词来祝贺受祝者。这类贺词贺语多为祝贺者自己撰写的，用语简练概括，言简意赅，但也不多见。如：

佳偶[169]、双璧！[170]、努力[171]、幸福[172]、互助[173]、爱神[174]

（三）四字格短语

用一个四字格结构的短语来祝贺受贺者。这类贺词贺语出现频率最高，主要引用自成语、横批、贺幛、惯用语中的固定词组，以及颠倒这些固定词组的语序所造的短语；也有好些是随意自撰的短语，因此这类贺词贺语显得变化多端。其用语简隽，或寓意深长，或通俗口语，微妙地道出祝贺的情意。如：

---

[167]　见《叻报》，1929年5月23日，第3版。

[168]　见《星洲日报》，1959年6月15日，第7版。

[169]　见《南洋商报》，1928年3月14日，第4版。

[170]　见《南洋商报》，1929年11月29日，第6版。

[171]　见《南洋商报》，1933年5月19日，第8版。

[172]　见《南洋商报》，1933年3月4日，第6版。

[173]　见《南洋商报》，1929年3月27日，第10版。

[174]　见《新国民日报》，1924年9月3日，第6版。

祝贺婚姻：

　　愿言配德[175]、璇闱增庆[176]、兰房春暖[177]、香闺艳侣[178]

祝贺荣寿：

　　颂祝遐龄[179]、阆苑长春[180]

祝贺行业与团体：

　　饱德兴歌[181]、五羊风味[182]、人民金库[183]

祝贺荣膺：

　　德披寰宇[184]、兆民咸赖[185]、代议政治[186]

(四)单句贺语

　　用一个单句来祝贺受贺者。这类贺词贺语直率坦言祝贺之意，给人一种亲切感。如：

祝贺婚姻：

　　共建百年大业[187]

　　得着的伴侣是人生无量的大幸福[188]

---

[175]　见《南洋商报》，1925年12月5日，第3版。
[176]　见《南洋商报》，1925年10月19日，第5版。
[177]　见《南洋商报》，1936年11月29日，第13版。
[178]　见《南洋商报》，1936年11月29日，第11版。
[179]　见《新国民日报》，1920年7月15日，第2版。
[180]　见《星洲日报》，1929年8月16日，第2张第16版。
[181]　见《星洲日报》，1938年2月7日，早版第20版。
[182]　见《南洋商报》，1963年9月15日，第14版。
[183]　见《星洲日报》，1963年9月21日，第16版。
[184]　见《星洲日报》，1937年6月18日，早版第4张第16版。
[185]　见《星洲日报》，1938年1月22日，晚版第3版。
[186]　见《南洋商报》，1959年6月15日，第15版。
[187]　见《南洋商报》，1932年1月12日，第6版。
[188]　见《南洋商报》，1936年11月24日，第19版。

勾销一笔相思账[189]

祝你俩在爱神的庇荫下！[190]

锦心诗咏碧梧枝[191]

祝贺行业与团体：

黄金随着时间增值[192]

廿万侨众导师[193]

理发手艺一流[194]

祝贺荣膺：

培育国家栋梁[195]

正确的选择[196]

（五）祝贺联句

祝贺联句以一幅对联来祝贺受贺者。虽只有两联，但自有其创作规律。这包括讲究上下两联字数要相等；一联中，有两句或两句以上的祝贺联句，其句数须相同；词语要对仗工整，即上下联相同位置的词，词性要一致；字音要平仄协调。但也有一些只为附庸风雅，不拘规律，不事雕琢的祝贺联句。一般以五言、七言、九言较为常见。祝贺联句，优美精巧，音调铿锵，语自蕴藉，含义深远，能够灵活将祝贺意愿表达出来，既有趣味性，又有艺术性。如：

---

[189]　见《南洋商报》，1938年1月20日，第3版。

[190]　见《新国民日报》，1924年9月5日，第6版。

[191]　见《南洋商报》，1925年12月3日，第14版。

[192]　见《南洋商报》，1981年1月1日，第24版。

[193]　见《新国民日报》，1930年7月15日，第2版。

[194]　见《南洋商报》，1983年5月1日，第24版。

[195]　见《联合早报》，1993年8月27日，第30版。

[196]　见《南洋商报》，1981年1月1日，第23版。

祝贺婚姻：

两性相投此日结成良伴侣
同声庆贺明年先抱小哥儿[197]

锦被覆鸳鸯联珠合璧
文词谱鸾凤嘉礼天成[198]

绍继箕裘，荣光灿烂。
瑞呈家室，英气纵横。[199]

祝贺荣寿：

极星焕彩
福寿无疆[200]

诗歌维嶽（岳）
书衍箕畴[201]

祝贺行业与团体：

人生七十古来稀
早报八旬才开始[202]

丽影嘉宾飞觞醉月
华筵美酒把盏言欢[203]

祝贺荣膺：

深谋远虑　克奏事工　殿下亦赏
静思明辨　大展宏业　同人共钦[204]

---

[197]　见《南洋商报》，1936年11月13日，第17版。

[198]　见《南洋商报》，1983年3月12日，第34版。

[199]　见《星洲日报》，1967年1月29日，第12版。

[200]　见《星洲日报》，1970年2月8日，第22版。

[201]　见《南洋商报》，1923年12月29日，第3版。

[202]　见《联合早报》，2003年9月6日，第41版。

[203]　见《星洲日报》，1963年9月14日，第19版。

[204]　见《新国民日报》，1923年12月20日，第6版。

乔迁之喜：

> 莺迁乔木
> 鹏抟九霄[205]

祝贺双喜：

> 华堂晋匾家声振
> 海屋添筹节逢春[206]

（六）祝贺诗词

应用旧体诗（绝句和律诗）、词和新诗撰写的贺语，形式上各有不同，或讲究格律、对仗，或根据词牌而作，或不拘格律与形式；用语上也各异，有文言、半文半白和白话。

1. 旧体诗创作的贺语，如：

祝贺婚姻：

> 博雅温文孰与俦
> 爱河情海正悠悠
> 玉台此日添新咏
> 琴瑟和鸣乐唱酬[207]

祝贺荣寿：

> 五福先纯嘏　千秋颂母义
> 相君敷化雨　教子显清时
> 萱草侔芝草　瑶池映凤池
> 自惭兰谱末　愿献紫霞卮[208]

---

[205] 见《南洋商报》，1945年12月1日，第3版。
[206] 见《星洲日报》，1952年2月8日，第7版。
[207] 见《南洋商报》，1929年10月8日，第6版。
[208] 见《南洋商报》，1937年5月28日，第4版。

2. 词创作的贺语,如:

祝贺婚姻:

——调寄梦江南——

香衾暖,准拟作鸳鸯,绮丽暗涌鹦鹉语,

温存新作鸾凤交,花妥学莺梢,[209]

花开并蒂连枝 系红丝

从此关雎高咏 颂齐眉

同心语 轻轻诉 庆佳期

今夕春深罗帐 香纷靡

右调相见欢[210]

3. 新诗创作的贺语,如:

祝贺婚姻:

美的人生路上,

芬郁的定情花下。

姗姗地

来了一双绰约的俪影

同声唱着:

爱之温馨……[211]

她;你——,

她是情苗

你是爱叶。

在这一团春意之中,

用着热烈的心意,

灌溉至于开花。[212]

---

[209] 见《南洋商报》,1928年4月3日,第9版。

[210] 见《南洋商报》,1925年10月24日,第3版。

[211] 见《南洋商报》,1925年11月14日,第16版。

[212] 见《新国民日报》,1923年12月28日,第6版。

五　贺词贺语的修辞手段

贺词贺语中运用了好多种修辞手段，增强语言的表现力，使贺词贺语的语言形式变得恰切完美，具有整齐美、匀称美、节奏美、音律美等审美特征，给人以深刻的印象和艺术的美感；同时提高语言的表达效果，如准确、生动、鲜明、幽默、委婉、含蓄等；并且在适应贺词贺语要求的基础上做到形式与内容的完美统一。主要包括了声音的锤炼、意义的锤炼和修辞格的综合运用。

(一)音律的锤炼

贺词贺语中的祝贺诗和祝贺联句也强调音律美。祝贺诗中的律诗和绝句讲究字的四声要平仄相协。所说的平仄协调：首先，平仄在本句中是交替的；其次，平仄在对句中相同位置上的字应当是对立的，即上句某一字是仄声，下句同位的字就要用平声，反之亦然。

对联是从律诗演化出来的，上下联的句式必须相同，平仄必须遵循律句的平仄规则。同时对联严格规定上联末字用仄声，下联末字用平声，后人称这种规则为仄起平落。[213] 平仄谐和就能使声调多样化，造成了"声调铿锵"。律诗和绝句还要求在句尾押平声韵，这也就构成了声韵的谐和，形成回环的美。如：

岭上梅花发　良辰彩帨悬（xuan）
｜｜－－｜　－－｜｜－

金萱荣晚节　宝婺耀中天（tian）
－－－｜｜　｜｜｜－－

且喜儿孙众　堪夸福寿全（quan）
｜｜－－｜　－－｜｜－

盘匜同晋献　珠履客三千[214]（qian）
－－－｜｜　－｜｜－－

---

[213]　见裴国昌《中国楹联大辞典》，江苏科学技术出版社，1991年，页7。
[214]　见《南洋商报》，1925年12月5日，第11版。

上述这首祝贺荣寿的诗，平仄交替与对立（"—"代表平声，"｜"代表仄。），同时句尾押了平声韵，"悬"、"天"、"全"、"千"押韵，韵母是"üan"和"ian"。

九月菊花黄（huang）
｜ ｜ ｜ — —

为君祝健康（kang）
— — ｜ ｜ —

桑榆多美景
— — — ｜ ｜

德业正光昌[215]（chang）
｜ ｜ ｜ — —

上述这首祝贺男寿的诗，借景抒情，表达了对寿者人品的敬仰，同时要求平仄相协，句尾的"黄"、"康"、"昌"也押了平声韵，韵母是"ang"。

再看这两则祝贺联句，基本上平仄也相协，同时上句仄收，下句平收，达到对联的每句最后一字的平仄必须变化的要求。

百年伉俪双珠合
｜ — ｜ ｜ — ｜

千里姻缘一线牵[216]
— ｜ — — ｜ ｜ —

宝婺星辉共仰天仙人瑞
｜ ｜ — — ｜ ｜ — — — ｜

灵芝竞秀喜看子孝孙贤[217]
— — ｜ ｜ ｜ ｜ ｜ ｜ —

因此，祝贺诗和祝贺联句读起来常有抑扬顿挫的节奏感，复沓回环的旋律美，不仅琅琅上口，从而大大增强语言的表现力。

215 见《叻报》，1925年11月11日，第7版。
216 见《星洲日报》，1946年11月29日，第5版。
217 见《南洋商报》，1937年5月28日，第17版。

（二）叠字格

在诗文和对联中，在修辞上经常应用叠字；对联中的叠字联也与中国古代的《诗经》有不懈之缘，在很大程度上，是受《诗经》中的"叠"字所启发。如《诗经·桃夭》：

桃之夭夭，灼灼其华；
之子于归，宜其室家。[218]

而上述这首诗的诗句也常常被引用来祝贺婚姻，如女方于归之喜：

灼灼其华[219]

因此，和诗词与联句有密切关系的贺词贺语，其修辞手法也常常运用叠字格。（画线部分为叠字）

叠字用在贺词贺语的句首具有重复强调词意的作用。如：

愿你俩努力工作
恒恒产生新国民[220]
双双敬爱
两两同情[221]

而在贺词贺语的句尾用叠字则加强音节的节奏感。如：

爱河鲽鲽[222]

瓜瓞绵绵[223]

佳偶双双[224]

---

[218] 见裴国昌《中国楹联大辞典》，江苏科学技术出版社，1991年，页17。
[219] 见《星洲日报》，1935年1月25日，早版第6张第21版。
[220] 见《星洲日报》，1934年5月22日，早版第2张第5版。
[221] 见《星洲日报》，1929年1月22日，第2张第6版。
[222] 见《南洋商报》，1925年10月3日，第4版。
[223] 见《南洋商报》，1936年11月4日，第17版。
[224] 见《星洲日报》，1967年1月22日，第12版。

全句叠字式的贺词贺语，情意浓厚，诵读起来，更是铿锵悦耳，达到更为理想的艺术效果。如：

　　　　情情美美[225]

　　　　鹣鹣鲽鲽
　　　　欢欢喜喜[226]

又如这则贺词贺语：

　　　　爱爱爱爱[227]

看上去象叠字，实际是四个独立的名词，意在强调浓情爱意。
　　再如这首祝贺联句：

　　　　乐也融融，夫妻情正慰矣。
　　　　心犹梦梦，寤寐问其安乎。[228]

可谓情真意切，曼情柔肠的韵味。
　　还有这首祝贺联句：

　　　　甜甜蜜蜜甜蜜蜜
　　　　蜜蜜甜甜蜜甜甜[229]

从字面上看起来是一些重复字，看似游戏文字，但细细品味一番，其中的"甜蜜之情"令人欣羡不已呢！
　　贺词贺语经过"叠"字的修辞加工，其艺术效果可说是独到的。

（三）用典

运用典故，借以增强贺词贺语的表现力，贺词贺语的内蕴真谛就更加丰富，更能表达无限的情意，而其修辞更呈缤纷。

---

[225]　见《新国民日报》，1934年1月19日，第5版。

[226]　见《新国民日报》，1927年1月12日，第6版。

[227]　见《南洋商报》，1938年1月25日，第16版。

[228]　见《新国民日报》，1923年12月20日，第6版。

[229]　见《南洋商报》，1959年5月17日，第6版。

有的典用的是历史故事。如：

> 雀屏妙选今公子，
> 鸿案清芬古大家。[230]

上联"雀屏妙选"取唐高祖李渊得窦皇后故事，比喻女婿是百里挑一。下联"鸿案"：盛食的有足木盘。援引东汉孟光对梁鸿相敬如宾的故事，赞新娘贤德。[231] 此联一夸新郎，一赞新娘，运典精妙，允为婚联佳作。

> 秦晋之好[232]

"秦晋"：春秋时，秦晋两国世为婚姻，后遂称两姓联姻为秦晋之好。[233]

> 调和鼎鼐
> 味胜易牙[234]

"易牙"：人名，春秋齐桓公幸臣，长调味，善奉迎，传说曾烹其子以进桓公。[235]

有的典用的是名人或典籍中的话语。如：

> 此日咏关雎四句
> 他日歌麟趾三章[236]

---

[230] 见《南洋商报》，1923年9月20日，第6版。见谷向阳《中国楹联大典》，吉林教育出版社，1994年，页81。

[231] 见谷向阳《中国楹联大典》，吉林教育出版社，1994年，页81–82。

[232] 见《新国民日报》，1924年1月11日，第6版。

[233] 见谷向阳《中国楹联大典》，吉林教育出版社，1994年，页69。

[234] 见《星洲日报》，1963年9月14日，第3版。

[235] 见裴国昌《中国楹联大辞典》，江苏科学技术出版社，1991年，页1017。

[236] 见《南洋商报》，1975年9月28日，第14版。

"关雎四句"[237]和"麟趾三章"[238]皆出自《诗经》。

> 开琼筵以坐花，
> 飞羽觞而醉月。[239]

"开琼筵以坐花，飞羽觞而醉月。"[240]语出唐李白《春夜宴桃李园序》。

> 美哉轮焉
> 美哉奂焉[241]

"美哉轮焉　美哉奂焉"[242]见《礼记·檀弓下》。

四字格短语或单句贺语由于字数有限，直接引用自一个典故。如：

> 祝贺婚姻：
>
> 向平愿了[243]

---

[237] 关雎四句：即《诗·周·关雎》"关关雎鸠，在河之洲，窈窕淑女，君子好逑。"见谷向阳《中国楹联大典》，吉林教育出版社，1994年，页64。

[238] 麟趾三章：《诗·周南》篇名《麟之趾》篇，言文王子孙宗族皆化於善，从来不作非礼之举。后因以麟趾三章为颂扬宗室子弟之词。见谷向阳《中国楹联大典》，吉林教育出版社，1994年，页65。

[239] 见《南洋商报》，1959年6月20日，第11版。

[240] 羽觞：古代一种雀形酒杯，头尾两翼皆权，故称羽觞。谓酒杯频传，醉倒在月光之下。形容杯盏交错，开怀畅饮。语出唐李白《春夜宴桃李园序》："开琼筵以坐花，飞羽觞而醉月。"见朱祖延《引用语大辞典》，武汉出版社，2000年，页163。

[241] 见《星洲日报》，1959年6月4日，第14版。

[242] 美哉：多么美啊！轮奂：形容房屋高大多。见《礼记·檀弓下》："晋献文子成室，晋大夫焉。张老曰：'美哉轮焉美哉奂焉！'"轮：言高大。奂：言众多。见谷向阳《中国楹联大典》，吉林教育出版社，1994年，页132。

[243] 见《南洋商报》，1925年9月28日，第11版。
向平愿了：南朝宋范晔《后汉书·逸民》载：隐士向长在子女的婚嫁大事了结后，遂不问家事，出游名山大川，不知所终。后因以泛指完成了子女的终身大事，落得了一身清闲。也把子女的婚事称作"向平之愿"。白居易《间吟赠皇甫郎中亲家翁》诗："最喜两家婚嫁毕，一时抽得向平身。"见向光忠、李性健、刘松筠主编《中华成语大辞典》，吉林文史出版社，1992年，页1400–1401。

祝贺荣寿：

　　三多九如[244]

祝贺荣膺：

　　中流砥柱[245]

祝贺行业与团体：

　　近悦远来[246]、物华天宝[247]

乔迁之喜：

　　莺迁叶吉[248]

---

[244] 见《南洋商报》，1926年7月22日，第3版。
三多：三祝：旧时祝人多寿、多福、多男子，称三祝。
九如：源出"天保九如"，为祝寿之词。《诗·小雅·天保》中连用九个"如"字。"如山如阜、如冈如陵、如川之方至，以莫不增……。如月之恒，如日之升，如南山之寿，不骞不崩，如松柏之茂，无不尔或承。"诗意为祝贺福寿绵延不绝。后常用作祝寿词。见谷向阳《中国楹联大典》，吉林教育出版社，1994年，页83和页85。

[245] 见《南洋商报》，1949年10月9日，第6版。
中流砥柱：喻能顶住危局的坚强力量。砥柱，山名，屹立在三门峡附近的黄河中流。见谷向阳《中国楹联大典》，吉林教育出版社，1994年，页90。

[246] 见《南洋商报》，1934年12月2日，第14版。
近悦远来：近者悦，远者来。上联引自《论语·子路》载孔子语。意谓近居之民，累因政治清明而欢悦，远居之民也都乐于来依附。见谷向阳《中国楹联大典》，吉林教育出版社，1994年，页137。

[247] 见《星洲日报》，1963年8月18日，第16版。
物华：万物的精华。引自唐王勃《滕王阁序》："物华天宝，龙光射牛斗之墟；人杰地灵，徐孺下陈蕃之榻。"
天宝：天然的宝物。见谷向阳《中国楹联大典》，吉林教育出版社，1994年，页128。

[248] 见《南洋商报》，1959年5月11日，第7版。
莺迁：源出《诗·小雅·伐木》："伐木丁丁，鸟鸣嘤嘤。出自幽谷，迁于乔木。"嘤为鸟鸣声。自唐以来，常以嘤鸣出谷之鸟为黄莺，以莺迁为升擢或迁居的颂词。见谷向阳《中国楹联大典》，吉林教育出版社，1994年，页128。

祝贺诗或祝贺联句则因空间的允许，能同时涵融两个或两个以上的典故。如：

> 箫吹引凤
> 桂攀乘龙
> 百年偕老
> 五世其昌[249]

这首祝贺诗就援用了"箫吹引凤"[250]、"桂攀乘龙"[251]、"百年偕老"[252]和"五世其昌"[253]四个典故，寓意深远。

> 机缘一到会蓝桥
> 洞房花烛达永宵
> 君遂义之坦腹愿
> 妾效道韫琴自调[254]

---

[249]　见《南洋商报》，1928年3月22日，第4版。

[250]　箫吹引凤：《列仙传》："萧史善吹箫作凤鸣，秦穆公以女弄玉妻之。作凤楼，教弄玉吹箫，感凤来集。一日随风飞去。"见蔡东藩《中国传统联对作法》，浙江摄影出版社，2000年，页300。

[251]　桂攀：指科举登第，犹言折桂。
　　乘龙：好女婿。俗称：乘龙快婿。此处意为"得婿如龙。"见谷向阳《中国楹联大典》，吉林教育出版社，1994年，页63。

[252]　百年偕老：百年：指岁月的永久。偕：共同，一起。指夫妻永远在一起，共同生活到老。元武汉臣《生金阁》第二折："俺衙内大财大礼，娶将你来，指望百年偕老，你只是不肯随顺，可是为何？"见向光忠、李性健、刘松筠主编《中华成语大辞典》，吉林文史出版社，1992年，页32。

[253]　五世其昌：五世其昌祝颂新婚之词。典故出自《左传》。相传春秋时，陈国公子陈完出奔齐国，大夫懿仲想把女儿嫁给他。请卜人占卜时，有"五世其昌，并于正卿"的话，意思是说五世以后，子孙昌盛，可以与卿并列。后借此吉语以祝婚。见谷向阳《中国楹联大典》，吉林教育出版社，1994年，页62。

[254]　见《南洋商报》，1930年4月21日，第4版。

这首祝贺诗援用了"蓝桥"[255]、"坦腹"[256] 两个典故。

上述贺词贺语，套用具有深厚文化积淀的典故，都留下了古代文化的烙印，让人深深体会到古代文学的精华。

（四）引用熟语

贺词贺语中引用大量人们惯用或熟悉的现成成语、谚语、惯用语等。引用的情况：

一为原句一字不易，语序完全不动的，如：

祝贺婚姻：

燕翼贻谋[257]

千里姻缘一线牵[258]

[255] 蓝桥：蓝桥幸遇；裴铏《传奇》："裴航过蓝桥，遇一老妪，揖之求浆。妪令女云英给之。航欲娶云英，妪曰：'得玉杵、臼、当与此女。'后航果得玉杵臼，遂娶而仙去。"见蔡东藩《中国传统联对作法》，浙江摄影出版社，2000年，页93。

[256] 坦腹：典故。《世说新语·雅量》："郗太傅在京口，遣门生与王丞相（导）书，求女婿……门生归白郗曰：'五家诸郎亦皆可嘉，闻来觅婿，咸自矜持，唯有一郎坦腹卧如不闻。'郗公曰：'正此好！'访之，乃是逸少（羲之），因嫁女与焉。"后称人婿为令坦或东床。见谷向阳《中国楹联大典》，吉林教育出版社，1994年，页81。

[257] 见《南洋商报》，1925年10月3日，第4版。
燕翼：善为子孙谋虑。引自《诗·大雅》："诒厥孙谋，以燕翼子。"即想到为后代人谋福。见谷向阳《中国楹联大典》，吉林教育出版社，1994年，页72。

[258] 见《新国民日报》，1930年7月8日，第6版。
千里姻缘一线牵：传说月下老人用红线系住有姻缘的男女之脚，不论双方相隔多远，终将成为夫妇。典出唐李复言《续玄怪论·订婚店》。见朱祖延《引用语大辞典》，武汉出版社，2000年，页444。

祝贺行业与团体：

集思广益[259]、亿万斯年[260]

祝贺荣膺：

明镜高悬[261]

祝贺建国：

咸与维新[262]

一是在不影响原意的情况下，语序稍有改易。如：

祝贺婚姻：

好合琴瑟[263]、乐事赏心[264]、妇夫好和[265]

---

[259] 见《南洋商报》，1936年10月24日，第19版。
集思广益：广：增广，扩展。益：收益，好处。指集中众人的智慧，可以取得更大更好的效果。也指集中群众的智慧，广泛吸收有益的意见。三国蜀·诸葛亮《教与军师长史参军掾属》："夫参署者，集众思，广忠益也。"见向光忠、李性健、刘松筠主编《中华成语大辞典》，吉林文史出版社，1992年，页583。

[260] 见《星洲日报》，1963年8月26日，第14版。
亿万斯年：亿万言其极多。斯：句中助词，无义。无限长远的年代。一般用作祝贺之辞。《诗·大雅·下武》："于万斯年"。见向光忠、李性健、刘松筠主编《中华成语大辞典》，吉林文史出版社，1992年，页1583。

[261] 见《星洲日报》，1965年7月7日，第14版。
明镜高悬：《西京杂记》卷三："有方镜广四尺，高五尺九寸，……人有疾病在内，则掩心而照之，则知病之所在。"又，"女子有邪心，则胆张心动，秦始皇常以照宫人，胆张心动者则杀之。"后比喻执法者公正严明。见向光忠、李性健、刘松筠主编《中华成语大辞典》，吉林文史出版社，1992年，页821。

[262] 见《南洋商报》，1963年9月16日，第10版。
咸与维新：咸：全，都。维新：革新。意思是一切都要改革更新。《尚书·胤征》："歼厥渠魁，胁从罔治，旧染污俗，咸与维新。"后也泛指各种革命或改革运动。见向光忠、李性健、刘松筠主编《中华成语大辞典》，吉林文史出版社，1992年，页1392。

[263] 见《南洋商报》，1925年10月12日，第4版。

[264] 见《南洋商报》，1926年5月26日，第3版。

[265] 见《星洲日报》，1929年1月16日，第2张第6版。

祝贺行业与团体：

　　新宇堂皇[266]、不醉不归[267]

乔迁之喜：

　　美奂美轮[268]

　　上述贺词贺语引用前人的现成话，在通俗易懂的口语色彩中，简明精确地突出贺语的本质，深入浅出地显示贺词贺语的内蕴，淋漓尽致地表达思想感情，且读来琅琅上口，富有文化的传承性。

（五）对偶

　　律诗讲究对仗，对联尤重对偶，因此贺词贺语中的祝贺诗和祝贺联句运用了对偶的修辞手法。严格的对偶还要求平仄协调。因此对偶的运用，从意义上看，可使内容凝炼集中、有很强的概括力；从形式上看，可使语言匀称工整、节奏鲜明、铿锵悦耳，从而大大增强语言的表现力。（**黑体字表示对偶**）

<blockquote>
黄金绽锦菊花开
天与温郎灿玉台
恩眷早占熊入梦
好逑宜情月为媒
傅家女有孟光德
香阁人夸道韫才
姑付南天傅韵事
合欢同醉紫霞林[269]
</blockquote>

　　这首祝贺婚姻的诗，在颔联和颈联对仗："恩眷"、"好逑"、"早占"、"宜情"，皆为侧连之动词，"入"、"为"、"有"、

266　见《星洲日报》，1967年1月1日，第50版。

267　见《星洲日报》，1973年3月21日，第32版。

268　见《星洲日报》，1965年7月16日，第15版。

269　见《南洋商报》，1925年11月12日，第4版。

"夸"皆为动词，"熊"、"梦"、"月"、"媒"、"女"、"人"、"德"、"才"皆为名词，"傅家"、"香阁"为侧连之名词，"孟光"[270]、"道韫"[271]为人之专名词。以同词、同类之字相对，并各谐平仄，规律谨严。

> 东床坦腹
> 西窗画眉
> 音谐凤卜
> 律肇关雎[272]

　　这首祝贺婚姻的诗，全篇四句引用了四个典故[273]作对仗，而个别来看，"东床"对"西窗"，"坦腹"对"画眉"，"音谐"对"律肇"、"凤卜"对"关雎"、可谓工整允当。

> 丽景庆升平　金杯凝美酒
> 华筵陈珍错　名厨胜郇家[274]

　　这则祝贺丽华大酒家开幕的联句，即上下联句首嵌字对偶，又两句相对，整齐匀称又通俗易懂。

270　孟光：东汉隐士梁鸿之妻，字德曜。夫妻隐居于霸陵山中，以耕织为生。后至吴。鸿为佣工，每食时，光必举案齐眉，以示敬爱。见《后汉书·逸民传·梁鸿》。后作为古代贤妻的典型。见罗竹风主编《汉语大词典》第四册，汉语大词典出版社，1989年，页205–206。

271　道韫：东晋谢安之侄女，聪颖有才辩，以诗著称。见《重编国语辞典》第四册，台湾商务印书馆，1981年，页3102。

272　见《南洋商报》，1926年4月1日，第3版。

273　东床坦腹：见注256，坦腹。
西窗画眉：此处借"张敞画眉"的典故，喻夫妻恩爱之情。见谷向阳《中国楹联大典》，吉林教育出版社，1994年，页65。《汉书》："张敞京兆尹，尝为妻画眉。"见蔡东藩《中国传统联对作》，浙江摄影出版社，2000年，页297。
音谐凤卜：凤卜：甲骨文。上联典出自《左传》庄公二二年："初，懿氏卜妻敬仲。其妻占之曰：吉，是谓凤凰于飞，和鸣锵锵。"后以此喻夫妻和谐。见谷向阳《中国楹联大典》，吉林教育出版社，1994年，页63。
律肇关雎：见注237，关雎四句。

274　见《星洲日报》，1963年9月14日，第3版。

（六）比喻

贺词贺语中也运用了增强语言的表现力，提高语言的表达效果的比喻修辞格。

婚嫁的贺词贺语中常援引鸟类如凤凰、鸳鸯、燕，植物如莲、藕、花，还有月、琴瑟、圭璧、易经八卦中的乾坤二卦等作喻体，比喻男女结成夫妻或夫妻感情和谐，更为具体形象地表达夫妻恩爱之情。有助于人们加深体会。如：

嘉藕日配[275]、燕尔承欢[276]、圭璧联辉[277]、鸳鸯并立[278]

祝贺荣寿和祝贺行业的贺词贺语也喜用山河星辰等代表永恒的喻体，以及具有茂盛特征的植物如：椿、萱草、竹、松作喻体，比喻长寿和高尚节操，以及行业的欣欣向荣。如：

祝贺荣寿：

南山献颂[279]、宝婺星辉[280]、萱草长春[281]、松筠晚翠[282]

祝贺行业与团体：

中流砥柱[283]

竹苞松茂
日升月恒[284]

上述例子，用语贴切、形象化，使贺词贺语的内容更为具体、浅显易懂。

---

[275] 见《南洋商报》，1925年11月26日，第4版。

[276] 见《南洋商报》，1929年9月30日，第6版。

[277] 见《新国民日报》，1931年9月26日，第7版。

[278] 见《南洋商报》，1930年4月21日，第7版。

[279] 见《新国民日报》，1924年1月8日，第3版。

[280] 见《南洋商报》，1936年11月27日，第4版。

[281] 见《南洋商报》，1934年12月11日，第4版。

[282] 见《新国民日报》，1934年12月12日，第2版。

[283] 见《星洲日报》，1959年7月2日，第8版。

[284] 见《星洲日报》，1929年8月22日，第2版。

　　而发挥夸张奇特想象的比喻，不仅让人有耳目一新的感受，也鲜明地表达祝贺者的真挚情谊。如：

祝贺婚姻：

> 愿
> 你俩爱情的热度，
> 像喜马拉雅山那么高！[285]

> 像月亮一般地光明
> 像白玉一般地纯洁
> 像喜马拉雅山一般地庄严
> 像密士失必河一般地长远

> 你俩底爱情[286]

祝贺行业与团体：

> 书如轮转[287]

祝贺荣膺：

> 医界明星[288]

（七）夸张

　　贺词贺语中也不乏有意言过其实的夸张修辞格，不仅深刻地表现出祝贺者的感情态度，也突出受贺对象的本质与特征，还增强语言的生动性，更通过形象渲染启发人们丰富的想象力。如：

祝贺婚姻：

> 愿你俩甜蜜的爱
> 永远在摄氏百度[289]

---

[285]　见《南洋商报》，1925年10月3日，第4版。

[286]　见《新国民日报》，1923年12月28日，第6版。

[287]　见《南洋商报》，1965年8月1日，第19版。

[288]　见《星洲日报》，1946年9月18日，第2版。

[289]　见《南洋商报》，1929年10月8日，第7版。

祝贺荣膺：

医界大国手
文坛飞将军[290]

名扬中外
誉满环球[291]

祝贺行业与团体：

河堵传神[292]

乔迁之喜：

天上云霞服
人间锦绣衣[293]

（八）借代

用密切相关的或典型性的人或事物的专用名称代替本体的借代手法，巧妙地引起人的联想，可以突出受祝者的特征，也使语言生动活泼，富于变化。

如"东床"[294] 被借指女婿；"韩康"[295]、"扁鹊"[296] 被借指医术高明的医师、医生或中药行，"杏林"[297] 也被借指中药行，"陶

---

[290] 见《星洲日报》，1959年7月4日，第7版。

[291] 见《星洲日报》，1938年1月22日，晚版第3版。

[292] 见《南洋商报》，1970年2月1日，第25版。

[293] 祝贺洋服店新迁，见《南洋商报》，1967年10月8日，第21版。

[294] 见注256，坦腹。

[295] 韩康：即韩伯休，东汉灞陵人，字伯修。隐居长安市，卖药口无二价。见蔡东藩《中国传统联对作法》，浙江摄影出版社，2000年，页242。

[296] 扁鹊：战国时名医。原名秦越人，勃海郡郑人，家于卢国，又名卢医。入秦时，秦太医自知医术不如，使人刺杀之。精通内科、妇科、五官科、小儿科等。《史记》有传。见裴国昌《中国楹联大辞典》，江苏科学技术出版社，1991年，页1106。

[297] 杏林：《神仙传》："吴人董奉，隐居庐山。为人治病，不取钱物，病愈者栽杏五株，轻者一株。数十年得十万余株。"见蔡东藩《中国传统联对作法》，浙江摄影出版社，2000年，页242。

朱"[298] 则被借指做生意的人；"宝婺"[299] 被借代为女寿者，"萱庭"常作母亲的代称；[300] "椿庭"常作父亲的代称[301]，"南极星"[302] 则多被借代为男寿者；"期颐"[303] 是百岁上寿的代称，而"杖家"、"杖乡"、杖国"和"杖朝"[304] 则是五十岁、六十岁、七十岁和八十岁的代称；"桑梓"、"梓桑"[305] 作为故乡的代称。

祝贺婚姻：

妙选东床[306]

祝贺行业与团体：

现代韩康[307]

---

[298] 陶朱：《史记》范蠡改名换姓，到陶地，自称朱公。十九年中，三致千金。陶朱士也即指经商。见谷向阳《中国楹联大典》，吉林教育出版社，1994年，页137。

[299] 宝婺：婺女星，借指为女神。李商隐《李义山诗集》三七《七夕偶题》"宝婺摇珠佩嫦娥照玉轮"后来诗文多用为颂扬贵妇人之词。见谷向阳《中国楹联大典》，吉林教育出版社，1994年，页103。

[300] 萱草：又名鹿葱，忘忧，据说能令人忘忧。萱常作母亲的代称。见谷向阳《中国楹联大典》，吉林教育出版社，1994年，页84和页103。

[301] 椿庭：父亲的代称。见谷向阳《中国楹联大典》，吉林教育出版社，1994年，页83。

[302] 南极星：南极：星名。《史记·天官书》"狼比地有大星，曰南极老人。"杜工部草堂诗篇。《赠韩谏议书》，"周南留滞古所惜，南极老人应寿昌。"见谷向阳《中国楹联大典》，吉林教育出版社，1994年，页107。

[303] 期颐：《礼》："八十九十曰耄，百年曰期颐。"见蔡东藩《中国传统联对作法》，浙江摄影出版社，2000年，页292。

[304] "杖家"、"杖乡"、"杖国"和"杖朝"：《礼》："五十杖于家，六十杖于乡，七十杖于国，八十杖于朝。"见蔡东藩《中国传统联对作法》，浙江摄影出版社，2000年，页92。

[305] 桑梓：作为故乡的代称。《诗·小雅·小弁》："维桑与梓，必恭敬止。"此指桑梓容易引起对父母的怀念。见顾平旦、常江、曾保泉主编《中国对联大辞典》北京中国友谊出版社，1992年，页91。
　　梓桑：即桑梓，借指故乡。见谷向阳《中国楹联大典》，吉林教育出版社，1994年，页96。

[306] 见《星洲日报》，1967年1月22日，第9版。

[307] 见《南洋商报》，1937年7月23日，第6版。

驾陶朱而轶猗顿[308]

祝贺荣寿：

春永萱庭[309]、椿树常青[310]、福享期颐[311]

祝贺荣膺：

桑梓之光[312]、泽遍梓桑[313]

（九）嵌字格

嵌字是贺词贺语常用的一种技巧。一般出现在旧体诗和祝贺联句。其特点，是把祝贺对象的名字或名称等等，嵌入上下联或诗句中相关的地方，并保持其相对的独立性，使贺词贺语意中有意，语中有语。（"·"表示嵌字格）在贺词贺语中最常用的有以下几种：

1.采用"鹤顶格"将受祝者的名字，分嵌于上下联或诗句的第一字，即藏于两联或诗句的开头，不注意就看不出它们自成系统。因此鹤顶格可以把一个名称显示出来又别具一格。

如：

恭惟吉日　玉成双美

贺此绮筵　琴调百年

博以文著　结缡载颂

爱缘情专　婚礼烂然[314]

---

[308]　见《星洲日报》，1963年8月18日，第3版。

[309]　见《南洋商报》，1973年10月29日，第22版。

[310]　见《南洋商报》，1940年10月5日，第21版。

[311]　见《新国民日报》，1930年7月16日，第2版。

[312]　见《星洲日报》，1959年6月20日，第10版。

[313]　见《联合早报》，1983年10月8日，第7版。

[314]　见《南洋商报》，1929年10月9日，第7版。

把每句诗的第一个字串连起来就成了"恭贺博爱玉琴结婚"。

惠此中国　安之辑之

会合同侨　馆之食之

六年有成　周刊沨之

纪兹盛典　念而忆之[315]

把每句诗的第一个字串连起来就成了"惠安会馆六周纪念"。

2. 采用"鸢肩格"将受祝者的名字，分嵌于上下联的第三字。如：
祝贺陈有土先生令长女惜玉出阁之喜

秦阙惜才同跨凤

蓝田玉暖快生珠[316]

3. 采用"雁足格"将受祝者的名字，分嵌于上下联的最后一字。如：

祝贺乐安大旅社大厦落成新张之庆

及时行乐

惟适之安[317]

4. 采用"双钩格"将需要镶嵌的两个双音词拆成四个字，分别嵌于上下联的首尾。如：
祝贺郭可培先生暨尊夫人杨秀贞女士七秩双寿并祝金婚的贺语，于上下联的首尾嵌入两位受祝者的名字。

可喜可贺椿萱并茂玉阶秀

---

[315] 见《南洋商报》，1930年4月28日，第6版。

[316] 见《南洋商报》，1933年12月6日，第22版。

[317] 见《星洲日报》，1955年6月2日，第9版。

培情培爱鸾凤和鸣金石贞[318]

又如这则祝贺联句将上款的"集团结婚"分别嵌于上下联的首尾。

集合两对良缘须知凤世缔结

团员一生乐事且喜今朝新婚[319]

5. 采用"碎锦格"将受祝者的名字，分散嵌于联中或诗句中而不拘一定位置。如：

祝贺许锦亮先生和骆金枝女士结婚志喜

许儿骆女两相宜　才貌双全分外奇

锦绣罗胸郎不俗　金钗压发妇多姿

今宵月亮团员好　永世树枝连理垂

美满姻缘原凤缔　百年偕老衍螽斯[320]

6. 将新郎与新娘的名字，分嵌于上下联的第一字的"鹤顶格"，以及分嵌于上下联的第五字的"鹤膝格"。如：

祝贺郭英麟先生和谢碧莲女士结婚志喜

英雄当卜麟儿兆

碧玉应蒂莲理枝[321]

7. 采用"鹤顶格"将礼衡先生和载洲先生的名字首一个字，分嵌于上下联的第一字，再以"蜂腰格"将两位受祝者的所在地地名分嵌于上下联的中腰。

见《南洋商报》，1970年3月8日，第19版。

见《南洋商报》，1938年1月21日，第20版。

见《南洋商报》，1925年12月3日，第17版。

见《新国民日报》，1934年1月12日，第7版。

礼仪凤著彬彬文德名传宏硕望

载籍咸称郁郁林明誉显守荣封[322]

嵌字格当中以鹤顶格最为常用，并经常与其他嵌字格一起并用。运用嵌字的贺词贺语，别具一格，凸现该贺词贺语的个性化。

综观上述所言，可以看出新加坡报章中贺词贺语的修辞手段是多样化的综合加工。加工后的贺词贺语讲求语言的艺术性，以优美的形式来传达信息、交流思想，不仅表达得准确无误、清楚明白，而且生动形象、妥切鲜明，给人以深刻的印象和语言的美感，达到令人难忘的表达效果。

六　贺词贺语的一些问题

浩如烟海的贺词贺语，当中有抄自书籍的现成贺词贺语，也有祝贺者自撰的，形式多样，水平不一，良莠不齐，因此在具体的应用中，有者讲究字谐平仄，句成对偶，意义切实；有者不拘格律形式；有者不符规律，运用不当。

(一)词语选用不精当

贺词贺语就用意而言宜切实发挥，如：贺婚嫁应表达喜忭之情；庆寿辰则应体现颂祝之意；祝贺双喜、三喜应表达双喜临门、喜事重重的气氛，但是有些贺词贺语就犯了词语表意不确切，没有针对性的错误。如：

祝贺荣寿的贺词贺语，没有颂祝之意，还使人觉得一头雾水。如：

恩上加恩[323]

---

[322] 见《南洋商报》，1959年6月20日，第11版。
[323] 见《南洋商报》，1981年1月11日，第8版。

只是祝贺一对男女结婚的贺词贺语，用语却是：

> 双喜临门[324]

祝贺双寿和金婚的，但用语只是祝寿，忽略了祝贺金婚。如：

> 椿荣萱茂
> 寿考康强[325]

祝贺元旦时只以强烈的口号式用语颂扬中华民国，却忘了喜庆的节日。如：

> 庆祝
> 中华民国万岁[326]

祝贺结婚之喜的，用语只是嵌入新娘张丽明小姐的名字，却丝毫没有表达婚嫁的喜忻之情和良缘凤缔之意，如：

> 丽玉明珠[327]

有些贺语的词语不当，有语病，让人有不知所云之感。如：

> 愿你俩永在中爱[328]

> 甜蜜的岁月
> 永远地过渡[329]

（二）对偶不当

联对必须由对偶句组成，否则不成为联对。有些祝贺联句忽略对偶，上下联以不同的词类相对，切而不工，未经细推敲。如：

324　见《南洋商报》，1975年9月28日，第14版。
325　见《南洋商报》，1970年7月21日，第16版。
326　见《新国民日报》，1925年12月31日，第1版。
327　见《星洲日报》，1946年12月5日，第6版。
328　见《星洲日报》，1932年6月1日，第2张，第6版。
329　见《南洋商报》，1925年10月3日，第4版。

祝贺婚姻：

> 神仙无所美
> 愿作并头莲[330]
> 佳儿佳妇
> 乐也融融[331]

见《联合早报》2003年9月6日庆祝创刊80周年特刊第16版。

> 互相敬爱
> 如鼓琴瑟[332]

乔迁之喜：

> 发扬健康文化
> 事业欣欣向荣[333]

祝贺行业与团体：

> 一心一德
> 贯澈始终[334]

祝贺天一景九龙楼新张的贺语，为了嵌字，未顾及对偶：

> 天境酌一杯
> 景座九龙楼[335]

（三）音律不符

规律谨严的祝贺诗中律诗和绝句及祝贺联句，不仅要求偶句工整，还讲究四声的平仄相协与句尾押韵，强调音韵美。有些应用律

---

[330] 见《南洋商报》，1927年5月31日，第16版。

[331] 见《新国民日报》，1931年9月17日，第7版。

[332] 见《南洋商报》，1929年10月8日，第7版。

[333] 见《星洲日报》，1980年5月1日，第24版。

[334] 见《新国民日报》，1937年8月5日，第2版。

[335] 见《星洲日报》，1963年9月15日，第14版。

诗、绝句或联句创作的贺语却有疏忽之误。如下面这首绝句的第三句句尾应用仄声韵，但下面这首祝贺诗却四句都押平声韵：

画堂银烛映双红（hong）
｜——｜｜——

今夜蓝桥路已通（tong）
—｜——｜｜—

翡翠衾中连理枝
｜｜———｜｜

鸳鸯带结合欢同[336]（tong）
——｜｜———

（四）喜用冷僻字

有些贺语喜用异体字、通假字等冷僻字，影响到人们的理解。如：

祝贺婚姻：

喜得佳壻（婿）[337]、绣幪（幕）牵丝[338]、

艳福双脩（修）[339]、锡（赐）尔良缘[340]、

---

[336] 见《南洋商报》，1927年7月5日，第3版。

[337] 见《星洲日报》，1967年1月25日，第10版。（壻：本字（说·土）见林瑞生《异体字手册》，江西人民出版社，1987年，页167。）

[338] 见《星洲日报》，1946年9月21日，第4版。（幪：或体（玉·巾）见林瑞生《异体字手册》，江西人民出版社，1987年，页177。）

[339] 见《南洋商报》，1936年12月31日，第2版。（脩：见群益堂编《异体字整理表》，群益堂出版社，1956年，页39。）

[340] 见《南洋商报》，1934年11月19日，第17版。（锡作赐的借字，是本有其字的借音字，见李国英《中国文字学》，新加坡管理学院出版，2002年，142–143页。）

凤阁催粧（妆）[341]、磁鍼（针）妙契[342]

如磁引銕（铁）
如漆投胶[343]

好箇（个）男女英杰
堪为祖国留芳
创立世界霸业
閨中赖有齐妾[344]

祝贺行业与团体：

松栢（柏）长春[345]

祝贺荣膺：

登民衽（衽）席[346]

祝贺荣寿：

莱綵（彩）娱亲[347]

---

[341] 见《星洲日报》，1973年3月17日，第13版。（粧：俗字（《康·女》"妆"字注）见林瑞生《异体字手册》，江西人民出版社，1987年，页167。）

[342] 见《新国民日报》，1934年12月22日，第7版。（鍼：繁体字"針"（针）的异体。见胡双宝《简化字繁体字异体字辨析手册》，北京大学出版社，1996年，页176。）

[343] 见《南洋商报》，1929年10月8日，第7版。（銕：古文（说·金）见林瑞生《异体字手册》，江西人民出版社，1987年，页117。）

[344] 见《新国民日报》，1924年1月11日，第6版。（箇：本字（说·竹）见林瑞生《异体字手册》，江西人民出版社，1987年，页2。）

[345] 见《星洲日报》，1963年8月18日，第27版。（栢：俗字（《干·入》）见林瑞生《异体字手册》，江西人民出版社，1987年，页75。）

[346] 见《星洲日报》，1967年2月11日，第10版。（衽：或体（集·去·沁）见林瑞生《异体字手册》，江西人民出版社，1987年，页69。）

[347] 见《联合早报》，1991年4月2日，第23版。（綵：见群益堂编《异体字整理表》，群益堂出版社，1956年，页56。）

七　本地报章贺词贺语发展的动态观察

前面几节，我们从静态的角度描述了本地贺词贺语的不同特点、特征。本节将从动态的角度分析不同时期的贺词贺语特征，以求从横向、纵向的角度完整地来观察、分析贺词贺语的发展。本论文以八十年间的资料为基础，结合社会的变迁，分成三期来讨论。一是贺词贺语滥觞期——上世纪二十年代至战前（1923–1941），这是华人大批移民本地、生长的时期，本地华文教育蓬勃发展；二是贺词贺语持续发展期——战后至上世纪八十年代华校关闭时期（1945–1980），这是华人安居乐业、华校更形蓬勃发展的时期；三是贺词贺语衰微期——上世纪八十年代华校关闭、华文成为非教学语言之后至目前（1980–2005），这是新加坡由现代化城市迈入全球化的二十一世纪。

（一）贺词贺语滥觞期
——上世纪二十年代至战前（1923–1941）

进入二十世纪，·中国政局动荡，经济窘迫，自然灾害频仍，造成民心思迁殷切。与此同时，作为贸易商港的新加坡，胶锡价高涨，促成贸易蓬勃，工商业繁荣，对劳工的需求相应亟殷，致使殖民政府实施政策，鼓励移民入口。华南移民因而大量涌入新加坡，为移民的高峰期。

随着华人的大量涌入，华族社区的规模逐渐壮大，并依据不同的方言群体在不同的地区，从事不同的经济活动，五花八门的华人行业因而茁壮成长。他们同时带来了中华传统文化和华族传统的道德价值观。[348] 因此，在传统文化习俗和生活需求，以及华南移民甫到之际，一切有待开始的先决条件下，唯有祝贺婚姻的贺词贺语先行起步。更因为二十年代到三十年代初，同一则贺词贺语可以持续刊登一星期到一个月之久，因此这时期出现大量的祝贺婚嫁的贺词贺语。这时期偶尔也出现几则祝福寿诞的贺词贺语，而少量的庆贺行业、祝贺

---

[348]　参见崔贵强著《新加坡华人——从开埠到建国》，新加坡宗乡会馆联合总会与教育出版私营有限公司联合出版，1994年，页35。

荣誉和乔迁之喜的贺词贺语则迟至三十年代中才出现。当时祝贺荣誉的贺词贺语主要是为少数华人社区领袖荣获柔佛苏丹颁赐太平局绅、英皇文官荣衔以及中国南方省份如福建省、广东省等的参议而写的。

　　华族社区的壮大及行业成长也相应地促使二、三十年代，各式各样的社团组织如雨后春笋，蓬勃发展。除了原有的地缘、血缘与业缘的组织不断崛起和扩大，还有文化教育、消闲娱乐、工会等社团的出现。[349] 这些社团组织共同构成了华社网络，基于互助互惠的原则，在联络乡谊、主持婚礼丧葬、祭祖拜神与传统节日等习俗事宜、还有在社会、经济、文化、娱乐等各方面的活动扮演着领导者的角色。社团组织的存在与扩大，以及其肩负的中华传统文化传承的重任和其所发挥的社会领导功能，也间接促进这时期贺词贺语的兴盛。

　　华南移民是为着经济、政治、社会、和自然灾害等因素而离乡背井南来，以求谋生和财富，最终能衣锦还乡，落叶归根，因而侨民意识非常浓厚。这时期的贺词贺语就富有浓厚的侨民意识的色彩，并体现宗亲同乡的血缘、地缘的关系及和衷共济的社群精神。如：

　　　祝贺婚姻：

　　　　海外良缘[350]

　　　祝贺行业与团体：

　　　　敬恭桑梓[351]

　　　　崇楼大厦　金碧辉煌
　　　　峇峙甲地　琼州之光[352]

　　　祝贺荣膺：

　　　　王国克生　维周之桢
　　　　荣膺参事　侨界蜚声[353]

349　同前注，页67。

350　见《南洋商报》，1934年11月25日，第2版。

351　见《新国民日报》，1939年7月8日，第7版。

352　见《南洋商报》，1936年11月28日，第23版。

353　见《南洋商报》，1936年10月31日，第19版。

　　少数祝贺荣归祖国的特殊贺词贺语，直接道出当时移民南来异乡拼博，最终还是希望能圆其衣锦还乡的美梦，并为家乡建设出力。这不仅反映了当时的侨民意识，也体现了国家的认同对象是当时的中国。如：

祖国荣光[354]、困载荣旋[355]、南徼凯旋[356]、归国兴学[357]

　　另一方面，华南移民怀有强烈的中华儿女之情，国家认同于当时的中国，因此他们身在异乡，心系祖国，将自己的命运与中国的命运结合起来，中国的社会局势时时影响着他们的思想意识。这些都具体的反映在当时的贺词贺语中。如：

恭祝蒋院长五秩寿辰

伟哉蒋公　我党之雄
领导革命　主义是从
安内攘外　矢勤矢忠
邦基永固　国势日隆
欣逢祝嘏　颂德歌功
献机上寿　救国航空
民望慕切　拥戴始终
恢复失地　群情所同
明年此日　痛饮黄龙
寿公寿国　民众其崇
星洲同德书报社敬颂[358]

祝贺元旦：

敬贺
同侨新禧

---

[354] 见《南洋商报》，1936年11月20日，第7版。

[355] 见《南洋商报》，1937年7月9日，第20版。

[356] 见《新国民日报》，1938年3月30日，第12版。

[357] 见《南洋商报》，1937年7月9日，第20版。

[358] 见《新国民日报》，1936年10月31日，蒋委员长五秩寿辰特刊第3版。

民国万岁[359]

与此同时，华族社团在关注桑梓事宜时也鼓吹爱乡爱国运动，从而加强了侨民的爱国意识[360]。因此当日本军国主义者向中国发动一连串丧权辱国的事变时，激发了当时华人的同仇敌忾，掀起了波澜壮阔的民族主义，并发动了抗日救亡、抵制日货的爱国运动，这些都在贺词贺语中得到充分的反映。如：

祝贺婚姻：

努力制造新国民
为实行长期抗战[361]

文明昌进亲骨肉全心一致救国
爱情浓厚师兄妹同结百年鸳鸯[362]

祝贺行业与团体：

团结御侮[363]

祝贺元旦：

恭贺
新年！
新年幸福！祝
吾国商业之振兴；常饮
国货葡萄酒；麦梁精；
身体健！精神足！国货物质与经济，
和平奋斗救中国。[364]

---

[359] 见《新国民日报》，1925年1月1日，元旦增刊。

[360] 同注349，页72。

[361] 见《南洋商报》，1938年2月18日，第20版。

[362] 见《星洲日报》，1934年5月18日，第2张第5版。

[363] 见《新国民日报》，1939年7月1日，第7版。

[364] 见《南洋商报》，1934年1月1日，第8版。

以上几则贺词贺语可以看出是进入二十世纪，日本军国主义不断侵略中国的大变动时期的产物。

当中国五四新文化运动波及新加坡时，反对封建旧礼教的新思想也冲击着当时的侨民，加上欧风美雨的吹袭，青年男女追求平等，热衷于自由恋爱、新式婚姻，当时的贺词贺语似乎也肩负起宣传这些新思想的任务。这些新思想都在贺词贺语中得到一一的反映。如：

祝贺婚姻：

维新家庭[365]

恋爱是生命的花冠
同居为社会的起源[366]

他汤结今
年饼婚日
庆会礼行
文　　　新
明　　　式[367]（龙门对的书写方式）

中国南来移民当中有不少是精通古文，擅长旧诗词的旧学士、作家等知识分子，因此这时期的贺词贺语以传统的贺词贺语为主。传统贺词贺语的特色：内容多表达传统的道德价值观，并且具有强烈的感情色彩、突出的个性化；语言形式多采用旧体诗、词，对联，还有单句、四字格短语、和极少量的单音节词；修辞上讲究词语的锤炼，格律严谨，讲求对仗工整与音律谐和，借用典故，引用熟语，采用镶嵌格创作，喜用生僻字。艺术性很强。如：以下这首祝贺婚姻的祝贺诗，采用鹤顶格嵌入被祝贺者的名字，语意双关，镶嵌自然，且对仗工整、平仄相协、格律严谨，还借用新诗的阶梯式的诗句排列法，可谓富有艺术特色的佳作。

---

[365] 见《南洋商报》，1924年8月29日，第15版。

[366] 见《星洲日报》，1932年6月1日，第3张第10版。

[367] 见《南洋商报》，1925年10月5日，第3版。

图二[368]

德门光盛典
ー ー ー | |
　　·

火树放秋天
| | | ー ー
·

丽水昆岗合
| | ー ー |
　　·

珍珠白璧联
ー ー | | ー
　　·

---

[368] 见《新国民日报》，1931年9月17日，第7版。

又如下面这道祝贺婚姻的祝贺诗，不仅对仗特别工整；还引用了四个典故，可谓寓意深长；同时每句诗的句首竖串起来就成了"歌诵占卜"，可谓意中有意，语中有语：

歌关雎四句

诵麟趾三章

占百年偕老

卜五世其昌[369]

再如祝贺婚姻的四字格短语和单句贺语：

乾坤定矣[370]

天长地久二好无愆[371]

以及祝贺荣膺的祝贺联句：

功德高风遐迩咸颂

声名亮节中外同钦[372]

还有祝贺行业与团体的：

化愚警顽[373]

南极拟其辉煌兮　洋海同受彼精光

商业交通寰宇兮　报纸实为之纪纲

美言论而正直兮　民权自达夫大彰

仰道德以准绳兮　国体何患乎不强[374]

---

[369]　见《南洋商报》，1925年10月1日，第3版。

　　歌关雎四句：见注237。

　　诵麟趾三章：见注238。

　　占百年偕老：见注252。

　　卜五世其昌：见注253。

[370]　见《新国民日报》，1926年2月5日，第6版。

[371]　见《新国民日报》，1925年12月30日，第3版。

[372]　见《星洲日报》，1963年9月9日，第6版。

[373]　见《星洲日报》，1935年1月9日，晚版第1张第21版。

[374]　见《南洋商报》，1923年9月13日，第2版。

　　这些贺词贺语较多采用文言文，不仅语文水准较高，也体现了华族传统文化的道德价值观。

　　有些祝贺联句还喜欢用龙门对写法，阅读时上联自右向左读，下联自左向右读，如：

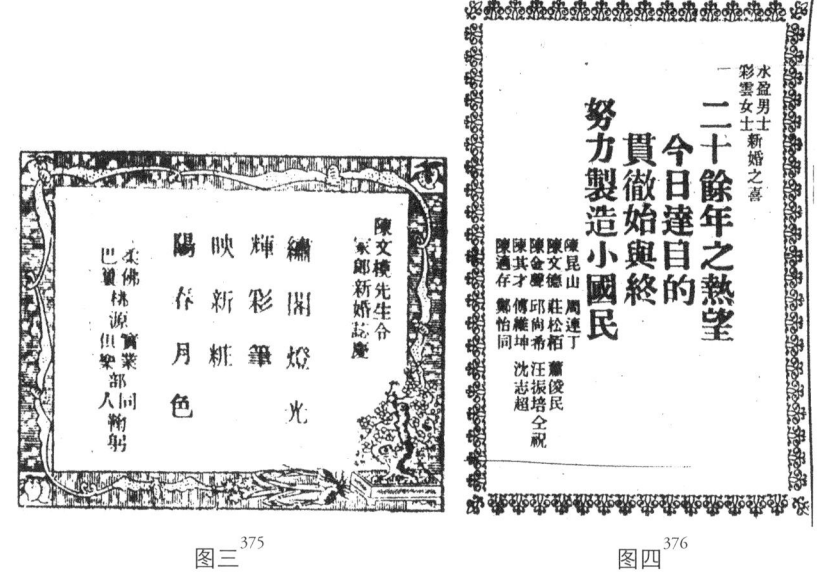

图三³⁷⁵　　　　　　　　　　图四³⁷⁶

　　也有用横批式"横行"写法。横批的书写方式是从右向左的传统"横行"写法。因此横批的书写方式是有别于现今的由左向右的左起横式写法，因而在阅读这类贺词贺语时，是从右向左读。如：

图五³⁷⁷

---

³⁷⁵　见《南洋商报》，1929年11月27日，第7版。

³⁷⁶　见《南洋商报》，1933年5月19日，第8版。

³⁷⁷　见《新国民日报》，1929年2月13日，第7版。

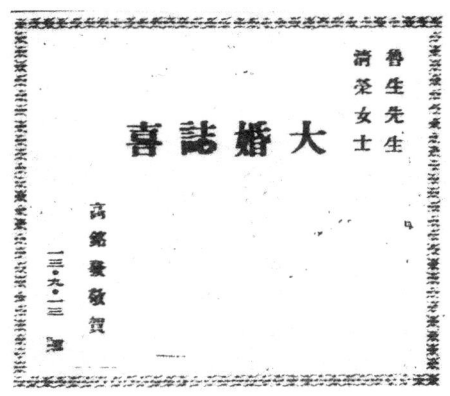

图六[378]

　　当五四白话文运动余波传入新加坡时，旧文学界人士多从社会需要的层面来推广与应用白话文。[379] 与文言、典雅风格相对，这时也有相当多的贺词贺语浅白易懂、通俗口语。例如：

　　祝贺婚姻：

　　　快乐呀！双双对对[380]
　　　勤研生育功课
　　　永诵爱情心经[381]

　　　愿爱神，
　　　始终保护
　　　你俩的爱情[382]

　　　为的是，
　　　社会进化；
　　　人类继续[383]

---

[378]　见《新国民日报》，1924年9月13日，第6版。

[379]　参见杨松年著《新马华文现代文学史初编》，BPL（新加坡）教育出版社，2000年，页34–35。

[380]　见《南洋商报》，1936年12月23日，第6版。

[381]　见《南洋商报》，1933年10月5日，第3版。

[382]　见《南洋商报》，1924年9月8日，第15版。

[383]　见《新国民日报》，1923年12月1日，第6版。

祝贺行业与团体：

利固胶漆[384]、美味可口[385]

崇高而且瑰丽的建筑
表现伟大的团结力量[386]

祝贺荣膺：

国家幸福
民众福音[387]

书写方式采用新体诗的阶梯式写法的贺词贺语也偶尔可见，如：

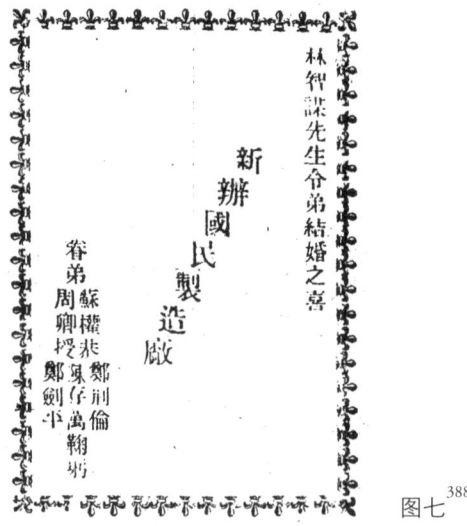

图七[388]

也有极少数的贺词贺语上下款和祝贺用语全用现在的横写法，如：

真爱[389]

[384]　见《南洋商报》，1929年11月16日，第6版。

[385]　见《星洲日报》，1938年1月23日，第4版。

[386]　见《南洋商报》，1936年11月28日，第23版。

[387]　见《南洋商报》，1941年9月26日，第3版。

[388]　见《星洲日报》，1930年1月13日，第2张第6版。

[389]　见《新国民日报》，1927年1月14日，第3版。

新生活的展开[390]

这时期的贺词贺语也不乏半文半白的用语，反映出当时社会文、白并存的语言状况。如：

祝贺婚姻：

声和琴兮
永结百年[391]

祝贺行业与团体：

民族光荣
端赖青年[392]

机关强固
实利赖之[393]

祝贺荣膺：

吾侨是赖[394]

综上所述，可见这时期的贺词贺语，内容多姿多彩，特别是具有非常鲜明的个性色彩和浓厚的时代气息，一针见血反映了当时的社会状况和人们的思想意识形态；语言表现形式更是多样化。可谓百花齐放，富有特色与独创性。

(二)贺词贺语持续发展期
——战后至上世纪八十年代华校关闭时期(1945–1980)

战后四十年，新加坡社会面貌发生了重大而多层面的变化，这对这时期的贺词贺语产生一定的影响。

---

390 见《南洋商报》，1933年3月2日，第6版。
391 见《南洋商报》，1925年11月27日，第4版。
392 见《新国民日报》，1926年2月24日，第6版。
393 见《新国民日报》，1938年4月17日，第3版。
394 见《南洋商报》，1937年5月30日，第3版。

1.战后四十年华人经济活动涉及的层面异常广泛，几乎参与各行各业，基本上囊括了商业、工业、金融业、服务业。[395] 战后百废待兴，自开埠以来就一直是新加坡经济的中流砥柱的对外转口贸易逐渐恢复，相应而起的商业、银行业等也相继复业。自治政府成立后，推行经济多元化政策，[396] 并于1961年成立了经济发展局积极推行工业化计划，促使新兴工业蓬勃发展，各行各业呈现欣欣向荣的景象。1964年又成立了旅游促进局，发展旅游业，也带动了相关的服务业。1965年独立以后，各行各业持续增长。因此这时期的贺词贺语出现大量的行业贺语，贴切地体现出每一行业的特点，不仅反映各行业的兴盛，也显示当时出现了各式各样的行业。如：贸易商行、银行汇兑、餐馆旅店业、食品加工业、娱乐消遣行业、珠宝金钻行、制造业、电影制片厂、文化事业、药房与参茸药行、车行、百货业、洋服店与布庄、礼服摄影社、美容理发等等。

2.战后四十多年来，华人社群冒起了一批批从事医生、律师、工程师、会计师与高等学府教育者等专业的精英分子和年轻的企业家，在政治、社会、经济与教育等各领域里头角崭露，为国家的现代化建设做出了一定的贡献。[397] 自治、独立时，他们更投身政治活动，当选为民选立法议员，荣膺部长职位，参与国家的决策。独立前有马来西亚各州首长封赐的州民选立法议员、拿督等官衔和苏丹勋章。独立后政府与国家最高元首更为了奖励这些有功于社会的人士，以及鼓励更多人为社会服务而颁赐各种勋章或服务奖章。除此之外，还有战后初期某医师荣任同济医院的首席医师。因此这时期荣膺贺语逐渐地涌现出来。而这些荣膺贺语也折射出这时期社会阶层的变化状况。如：1959年6月2日美世界内新加坡华联社全体社友敬贺其法律顾问人民行动党李光耀先生荣膺民选立法议员：

为民前锋[398]

---

[395] 同注349，页254–264。

[396] 同注349，页251。

[397] 同注349，页237。

[398] 见《南洋商报》，1959年6月2日，第7版。

1959年7月1日陇西李氏公会暨诸宗仁敬贺李光耀先生、李炯才先生、李绍祖先生等十三人荣膺星洲民选首任总理、教育部次长、民选立法议员和柔佛、吡叻、雪兰莪等州民选立法议员：

> 为国为民光国族
> 立邦立法振邦家[399]

1959年7月1日吡叻赤溪会馆筹委会敬贺杨玉麟先生荣膺新加坡教育部长：

> 教育明灯[400]

3.相对于前期的贺词贺语，祝贺婚姻的贺词贺语大幅度的减少。自战后以来，新加坡迅速走向现代化，冲击了传统思想与家庭结构，以及个人价值观。主要是由于欧风美雨的侵袭，高等教育的普及，以及妇女经济地位的提高，因此自五十年代末期以来，西方作风逐渐取代了传统的习俗，晚婚或独身主义的思想也越来越普遍。[401] 没有行业贺语的经济价值和荣膺贺语的社会功能的祝贺婚姻的贺词贺语，也就最先逐渐被人们淘汰了。

4.战后的二十年间华人社团迅增猛长。血缘性的姓氏公会和地缘性的会馆都有显著的增加。这些社团继续发挥由来已久的联络乡谊、婚丧互助、祭祖拜神，以及协助发展华文教育等旧有功能。[402] 而战后随着社会的变迁，区域性经济联网作用的需求，赋予华人社团新的使命，促使这期间业缘性的新组织也增多。此外，也冒起了不少文化与宗教团体。[403] 社团组织的蓬勃发展，一方面促使行业、荣膺的贺词贺语的兴盛，另一方面其联络乡谊，互助互惠的主要宗旨，也使人们继续保有宗亲同乡的血缘、地缘的关系及和衷共济的社群精神以及侨民意识。因此这时期的贺词贺语饱含宗族乡梓之情与侨民意识。

---

[399] 见《星洲日报》，1959年7月1日，第7版。

[400] 见《星洲日报》，1959年7月1日，第7版。

[401] 同注349，页237。

[402] 同注349，页241。

[403] 同注349，页241。

(1)宗族乡梓之情，如：

祝贺荣膺：

乡梓之光[404]、潮人之光[405]

马来亚会宁总会、新加坡会宁同乡会祝贺陈新荣先生和李绍祖先生荣膺新加坡自治邦总理次长和立法议员：

会宁之光[406]

祝贺行业与团体：

敦宗睦族[407]

集小团为大团
合众力成大力[408]

(2)侨民意识，如：

祝贺荣膺：

誉著南邦[409]

祝贺行业与团体：

扶植同侨经济发展[410]

不过，自五十年代起，中国翻天覆地的政局促使新加坡华人疏离了与中国的关系，而政府也采取各种措施鼓励华人认同于当地社会和加强人民的国家意识。[411] 随着新加坡的自治、独立，华人社团逐步扬弃过去以中国为祖国的旧有思想，愈益产生对新加坡的归属

---

[404] 见《星洲日报》，1963年9月3日，第10版。

[405] 见《南洋商报》，1959年5月28日，第10版。

[406] 见《星洲日报》，1959年6月28日，第7版。

[407] 见《南洋商报》，1970年2月20日，第8版。

[408] 见《新国民日报》，1938年3月30日，第12版。

[409] 见《南洋商报》，1959年5月23日，第6版。

[410] 见《星洲日报》，1950年2月4日，第8版。

[411] 同注349，页243。

感，民众的落叶归根的过客心态也被落地生根的公民认同所取代，独立后国家认同感亦随之从中国转移到新加坡。华人国家认同感的转向也显现在贺词贺语里。如：

祝贺荣膺：

> 德施本土
> 光照宗邦[412]

祝贺婚姻：

> 本邦欣祝自治
> 会友盛庆良辰[413]

祝贺行业与团体：

> 把青春献给祖国
> 将医学服务人群[414]

再看下面一则祝贺新加坡国庆的贺词贺语：

> 恭祝新加坡共和国国庆纪念
> "Long Live The Republic Of Singapore"
> "Majulah Singapura"[415]

贺词贺语不仅表达了对国家的祝福，也反映出新加坡多元化语言的背景，富有本土色彩。

另一方面，战后新加坡成为英国直属殖民地，英国殖民政府重新恢复其统治地位。虽然当时新加坡也和周遭地区一样，民族主义情绪不断增长，但华人社群中也有一部分认同于大英帝国海峡殖民政府。1953年6月2日祝贺英女王伊丽莎白二世加冕大典的贺词用语，就表达了效忠大英帝国海峡殖民政府及统治者的心态：

---

[412] 见《南洋商报》，1959年6月11日，第6版。

[413] 见《星洲日报》，1959年6月13日，第10版。

[414] 见《星洲日报》，1967年1月8日，第6版。

[415] 见《南洋商报》，1971年8月9日，第8版。

英女王伊丽莎白二世加冕大典

女王万岁[416]**、光被四表**[417]

5.二十世纪初，新加坡华文教育发展更形蓬勃。不论是城镇或乡郊，学校林立，新式学校兴起，更由小学而中学；有些学校也废弃方言改用国语教学。[418]五四白话文运动的余波波及新加坡时，有些学校采用了中国出版的教科书，改文言文为白话文。[419]同时南来的移民不乏优秀的知识分子，在他们的教导下，学生的华文水平提高了。这批学生到了战后初期已达中老年，他们具有深厚的华文学识。另一方面，在热心教育者与华人社团不遗余力的倡导与赞助下，战后旧的华校复办，新的华校成立；中学教育也比战前蓬勃；尤甚的是1956年民间开办了华文源流的南洋大学，因此一个由小学、初中、高中、而后大学的完整的华文教育系统形成，致使华文教育战后十余年间经历迅速而蓬勃的发展。[420]这时期的学童到了七、八十年代时也步入中年。因此战后四十年间，华人整体上持有较高的华文水平，并体现在这时期贺词贺语的用语上。

这时期的贺词贺语，内容基本上还是继承了前期贺词贺语的个性化与独特性，具有强烈的感情色彩、富有时代气息、也体现了行业性质；语言形式开始趋向四字格短语，与此同时也出现了好些通俗化的祝贺联句，单句贺语较少见，而祝贺的诗、词、双音节词、单音节词则成了稀有珍品；用语趋向于以白话文为主导，偶有文言和文白掺杂的出现，因此一般的遣词造句，都非常通俗随意，坦率直言的口语化。如：

---

[416]　见《星洲日报》，1953年6月2日，第11版。

[417]　见《南洋商报》，1953年6月2日，第6版。

[418]　同注349，页157–156。

[419]　同注349，页164。

[420]　同注349，页266–268。

祝贺行业与团体：

最佳饭菜[421]、人间仙境[422]、推动篮运[423]

佳肴丰美琼浆玉液为君常备[424]

为大众谋安乐
开艺场新纪元[425]

祝贺荣膺：

民众喉舌[426]

为国家尽职
为人民服务[427]

祝贺婚姻：

郎才女貌[428]

祝你俩爱情像黄河一样浓[429]

偶尔也出现个性化、通俗化的嵌字格祝贺联句，如：

这则祝贺戴伟先生创设奕昌企业公司新张的祝贺联句，就采用"双钩格"嵌入公司的名字"奕昌"和受祝者的名字"戴伟"：

奕焕精神唯君戴

昌盛事业赞宏伟[430]

---

[421] 见《星洲日报》，1970年2月1日，第15版。

[422] 见《南洋商报》，1945年12月1日，第3版。

[423] 见《南洋商报》，1965年7月18日，第10版。

[424] 见《南洋商报》，1970年2月23日，第7版。

[425] 见《南洋商报》，1946年7月11日，第4版。

[426] 见《南洋商报》，1959年6月15日，第12版。

[427] 见《南洋商报》，1981年1月4日，第18版。

[428] 见《星洲日报》，1963年8月17日，第14版。

[429] 见《星洲日报》，1946年12月1日，第4版。

[430] 见《星洲日报》，1970年2月1日，第9版。

这则祝贺陈唱父子汽车有限公司董事主席陈月火P.J.K.太平局绅荣膺雪州苏丹殿下晋封拿督勋衔的联句，就用了鹤顶格嵌入公司董事主席的名字"月火"：

月异日新工商展

火曜国邦福利兴[431]

这则祝贺竹林菜馆开幕的祝贺联句，就用了鹤顶格嵌入菜馆的名字：

竹苞松茂庆常青

林树成阴欣向荣

菜蔬海鲜沙煲热

馆中频传笑语声[432]

以及文言文词藻写的贺语，如：

祝贺婚姻：

夫妇一体，神乎技！[433]

祝贺行业与团体：

饮且食兮寿而康[434]

祝贺荣膺：

非以役民乃役于民[435]

---

[431]　见《星洲日报》，1973年3月9日，第22版。

[432]　见《南洋商报》，1973年10月28日，第9版。

[433]　见《星洲日报》，1946年9月7日，第6版。

[434]　见《星洲日报》，1959年5月31日，第14版。

[435]　见《星洲日报》，1959年6月25日，第10版。

乔迁之喜：

　　乔木荣分[436]

庆祝马来西亚成立暨本邦李光耀总理诞辰：

　　天欲降大任于斯人也，必先劳其筋骨，苦其心志。[437]

这一时期的贺词贺语，内容还是丰富多彩，文言形式却减少。通俗化、口语化是这时期贺词贺语的最大特色。

（三）贺词贺语衰微期
——上世纪八十年代华校关闭、华文成为非教学语言之后至目前（1980–2005）

随着七十年代以后，新加坡迅速走向现代化、城市化，华人社会与家庭也发生了相应的变异。

首先，从1960年开始政府推行了"居者有其屋"的住屋政策，截至1992年为止，大约有85%的居民住在政府兴建的组屋里。[438] 过去的甘榜（乡村）居民的密切邻里关系已荡然无存。加上1965年家庭计划推行造成小家庭另立门户，与长辈和亲属之情也疏远。华人社群的人际关系日趋淡薄。其次，进入七十年代以后，华人社团的增加趋势就停滞下来。思想渐趋西化的年轻一代华人对传统的社团组织缺乏兴趣，而老的会员又老去，致使目前的华人社团仍然面临后继乏人的困境。[439] 社团的日益式微，也就无法完善地发挥联络乡谊、互助互惠等社会功能。其三，新加坡脱离马来西亚后，两地华社之间原本密切的关系与频繁的交往也随着时间的流逝而逐渐减少。这种社会的变迁致使贺词贺语的使用范围大大的缩小，祝贺对象只局限在本地。上述的这些社会变迁直接或间接促使贺词贺语出现急剧滑下坡的趋势。随着

[436] 见《星洲日报》，1980年5月1日，第16版。
[437] 见《星洲日报》，1963年9月16日，第7版。
[438] 同注349，页238。
[439] 同注349，页241。

二十一世纪全球化步伐的加快，实用主义、讲求高效率与竞争力和个人主义取代了传统价值观和人际交往的态度与方式。这时期的贺词贺语，除了每年国庆日过后的两、三个月内，会出现大量的各相关团体祝贺会员荣获新加坡共和国总统颁赐公共服务勋章的贺词贺语之外，民众与各行业再也不流行用贺词贺语。

　　1967年起，政府实行以英语为中心的双语教育政策，强调英语作为各民族共同语，使一些家长从功利主义的观点来衡量，纷纷把子女送入英校，造成了自六十年代以后华校生锐减的现象。1980年，经过25年艰苦奋斗的南洋大学也与新加坡大学合并为以纯英语为教学媒介的新加坡国立大学。[440] 1987年起，新加坡的四大语文源流学校都以英文为第一语文，母语为第二语文。华文教育由此转变成单科华文教学。至此，"华校"和"华校生"终于成了历史名词，华文地位也江河日下，华文水平日益低落。华文水平的低落和华族文化的衰微也具体化体现在这时期的贺词贺语中，这时期的贺词贺语，在前期通俗化的基础上演变到公式化的通用的贺词贺语，内容泛泛，感情浮浅，大抵只是些浮夸应酬之作，因此几近千篇一律，俯拾皆是"大展宏图"/"功在社会"/"美满姻缘"/"寿比南山"/"莺迁乔木"。形式上以格式化的四字格短语为主，还有一些由一对四字格短语组成的四字对联。偶尔会冒出两、三道遣词用字稍有特色，富个性化，体现行业精神，较有艺术性的贺词贺语，仅仅沧海一粟，带来一股清新之气。如：

> 黄君良材筹帷幄，
>
> 明鉴常歌制夹板，
>
> 权利恒谦益商场，
>
> ＰＩＳ勋衔扬名青史！[441]

---

[440]　同注349，页266。

[441]　见《南洋商报》，1981年1月3日，第7版。祝贺黄明权先生荣获苏丹勋衔。

把每个嵌入的字串连起来就成了"黄明权先生荣获PIS（苏丹）勋衔"。

祝贺中医药行乔迁开幕的祝贺联句，是难得一见引用典故的贺语：

　　扁鹊[442]开屏
　　医学之光[443]

祝贺《联合早报》八十周年的三道贺词贺语，有引用熟语和用典的，又有采用口语化的用语；还有一则祝贺短文。如：

　　春华秋实[444]
　　天天送上美味精神粮食[445]

　　太公八十遇文王
　　早报杖朝第二春[446]

　　凯发集团真诚地感谢《联合早报》不遗余力地传播
　　当地以及全球最新消息给我们。谨祝《联合早报》
　　来年取得更丰硕的成绩。[447]

---

[442]　见注296扁鹊。

[443]　见《联合早报》，2003年7月18日，第20版。

[444]　见《联合早报》，2003年9月6日，早报庆祝创刊80周年特刊第16版。
　　春华秋实：春天盛开的鲜艳花朵，秋天结出的丰硕的果实。比喻享有声誉的文章和受人尊重的操行。见向光忠、李性健、刘松筠主编《中华成语大辞典》，吉林文史出版社，1992年，页239。

[445]　见《联合早报》，2003年9月6日，早报庆祝创刊80周年特刊第57版。

[446]　见《联合早报》，2003年9月6日，早报庆祝创刊80周年特刊第52版。
　　太公八十遇文王：太公望年八十，尚钓于渭水，至八十一岁始遇周文王。
　　杖朝：《礼・王制》："八十杖于朝。"是"杖朝"即暗寓八十之年。见蔡东藩《中国传统联对作法》，浙江摄影出版社，2000年，页17。

[447]　见《联合早报》，2003年9月6日，早报庆祝创刊80周年特刊第30版。

祝贺荣膺博士学位的贺语：

调寄《满江红》一首

数载独耕　终如愿　人无稍改　依然是南国风度
缀拾文彩（采）　添补华族文学史　阙疑硕儒专家论
笑风人雅士尽伤神　焚香拜

流言炽　蜚语载　匿名信　含沙派　但鸦翅蔽日
枉劳其败　总有豪情披斗胆　腐朽晔睨真知在
到如今当拥谈笑声　从头迈[448]

祝贺黄日昇先生荣膺新加坡总统颁赐公共服务奖章PBM志庆的贺语，用鹤顶格嵌入被祝贺者的名字，同时表达了宗族之情。

日曜南洋光族谱
·
昇心教化立功名[449]
·

这时期的贺词贺语特色，整体而言，独创性明显减弱，在迈入二十一世纪之后的贺词贺语特色只能用单调乏味来形容。除了国庆日过后的两、三个月内，会出现大量祝贺荣膺的贺词贺语之外，在量方面也大幅度的减少，这些都折射出社会的变迁影响到这时期贺词贺语的变化。

综观上述所言，贺词贺语存在的两大先决条件，即内在的传统文化习俗和外在的社会活动因素在很大程度上，影响贺词贺语的出现率，这主要反映在三大主要类别的贺词贺语，即祝贺婚姻、祝贺行业以及祝贺荣膺的贺词贺语。

在滥觞期，华南移民甫到之际，一切有待开始，因此唯有祝贺婚姻的贺词贺语先行起步。更因为二十年代到三十年代初，同一则贺词贺语可以持续刊登一星期到一个月之久，因此祝贺婚姻的贺词

---

[448]　见《联合早报》，1995年9月2日，第30版。

[449]　见《联合早报》，1995年9月9日，第29版。

贺语大量的出现。但是在这时期的农历七月份——本地所谓的鬼节和时局动荡的年代，连这独占鳌头的祝贺婚姻的贺词贺语也出现几无踪影的现象。

在持续发展期，祝贺行业以及祝贺荣膺的贺词贺语出现逐步增加的现象。新加坡自治与独立后祝贺行业的贺词贺语更是一枝独秀，倍数剧增。这是因为七十年代到八十年代初这十年间，华人经营的各行各业与本地中小型企业如雨后春笋般蓬勃发展起来。

在衰微期多数种类的贺词贺语几乎难的一见，只有少量的祝贺荣膺的贺词贺语，但是这时期每年的八、九月份祝贺荣膺的贺词贺语急剧直线上升，十月份虽稍有减少，但相对于一月到七月，还是有几倍的增长。这是因为国庆过后出现大量的祝贺荣获新加坡共和国总统颁赐公共服务星章、公共服务奖章等的贺词贺语。还有祝贺荣寿、祝贺乔迁和其他贺词贺语，在各期都没有显著的差别，只是在本国及他国国家元首的诞辰，或遇上本国及他国的国庆时会出现多几则的贺词贺语。

由于历年的华文报章，积年累月，汗牛充栋，无法窥其全豹；并且考虑到各期各类贺词贺语的消长存在上述的客观影响因素，笔者在选取资料作统计时，选取十月份。同时鉴于一种现象的变化是循序渐进的，一个分期的开始与结束和前一期及后一期有承前启后的联系，因而在年份上选取各分期较有明显变化的中间阶段的年份，并以每十年选取一个年份。又因滥觞期跨越的年代较短，因此每隔八年选取一个年份，但由于国大图书馆有关南洋商报1941年的微型胶卷到九月份为止，而国家图书馆也只有1941年十月份的最后三天，笔者只好选取1940年的十月份作为替代。如此选取本地报章贺词贺语的资料进行统计，作出以下四个统计表。因此所选取的年份和月份的数据，基本上能反映一般年份和月份的贺词贺语数据，也就能比较客观反映出各类贺词贺语的消长状况，从而看出新加坡社会发展的变迁。

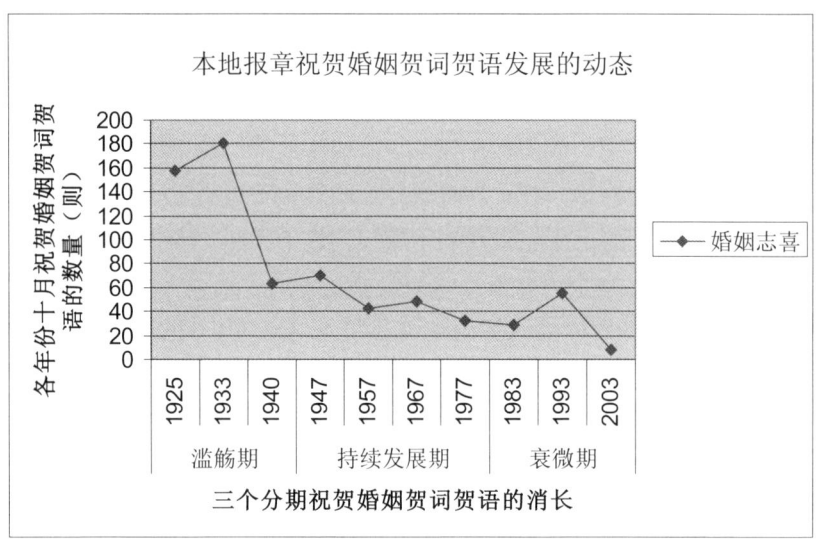

表一

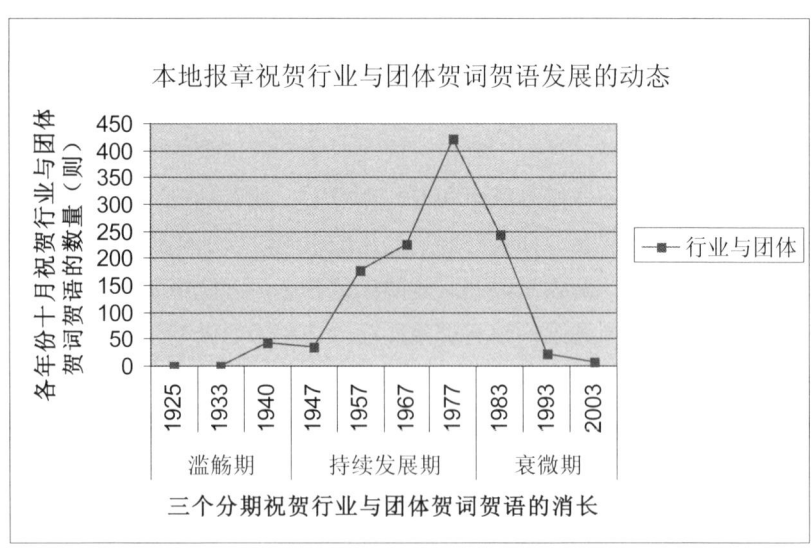

表二

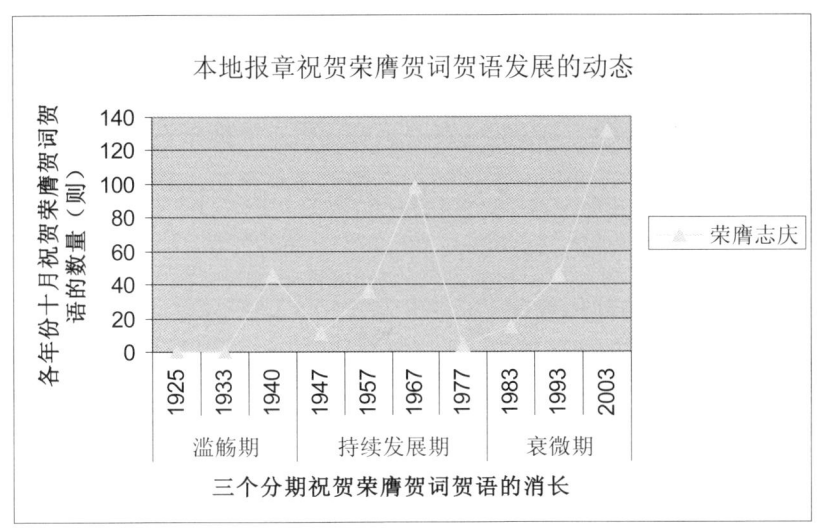

表三

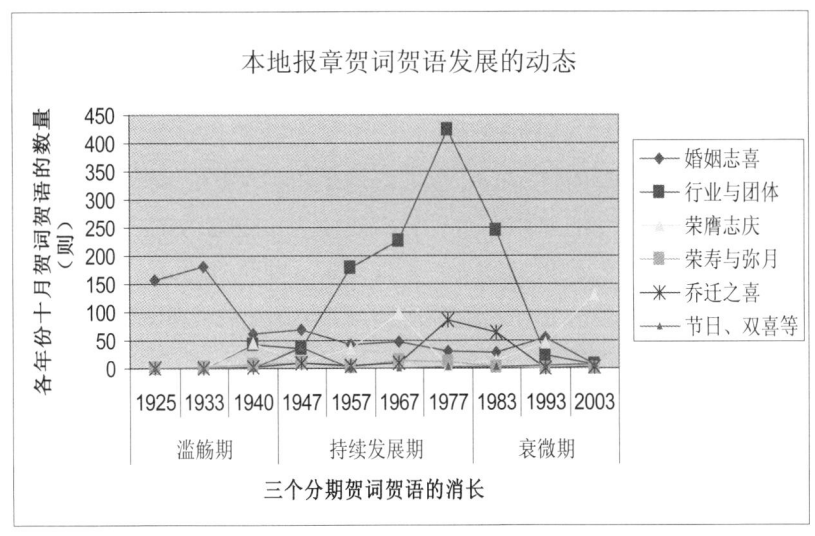

表四

　　贺词贺语特色在不同时期的变化，以及各类贺词贺语的消长，正把积淀在贺词贺语里的社会状况与现象包括经济、生活、文化和社会意识给浮现到读者的面前来。

八　结论

移民到新加坡的华人社群，大抵是承袭中国祖籍地带来的传统文化与道德价值观，因此华人社会中贺词贺语的使用也是中华传统文化的社会生活习俗之一。总结前文的叙述与分析，我们可以得出以下结论：

(一)贺词贺语的创作变化

贺词贺语自身的基本作用是用来向他人表示贺喜祝福、祈求吉祥，因此贺词贺语作为一种民俗文化语言，和人们的生活、社会活动紧密相关，直接反映着当时的政治背景、社会生活、思想文化、时习风尚，也就具有了社会功能。贺词贺语的基本作用是不变的，社会功能却随着社会生活的改变而有一定的变化，存在着一定的差别。换言之，贺词贺语在使用中的变异也是社会的变迁和民俗文化的嬗变的写照。

新加坡自开埠以来或缓或急经历了多方面的社会变迁。它从一个以移民社会为基础的英国殖民地步上了自治和独立的康庄大道；而移民的落叶归根的过客心态也被落地生根的公民认同所取代。与此同时，国家的经济体制亦由以转口贸易为主要命脉的经济形态转型为以制造业、金融和服务业为主轴的多元化现代经济体。教育也随之而推行当今多语并存英语独尊的政策。社会发展迅速走向现代化城市化，在迈入二十一世纪之后又日趋全球化，新加坡成为日益西化的国家。这些变化仍在持续。这些社会变迁也就影响了在这期间新加坡贺词贺语创作的演变。

贺词贺语在应用面与创作上有所改变，旧有的某些贺词贺语日渐式微，新的某种贺词贺语却产生。文化特征除了基本的贺喜祈愿作用之外，个性特征、时代气息、行业精神等日渐消失。多样化的结构形式也转化成单一的四字格短语。缤纷多彩的修辞手段也不复存在，只能见到单调乏味的套化用语。贺词贺语已由富有独创性、个性化趋向通用性、格式化。

(二)贺词贺语创作的变化折射出的新加坡社会变迁的深层内蕴

　　语言是社会文化的载体，两者之间具有互动作用。因此所探讨到的新加坡报章中的贺词贺语创作特色及不同时期贺词贺语创作的变化，不仅反映出新加坡社会的变迁，还可看出其折射出来的新加坡社会变迁的深层内蕴。随着社会文化的变迁，传统文化与个人道德价值观日趋式微，华人族群内部的凝聚力薄弱，人际交往的关系日渐淡薄；而华族的华语水平更是滑下坡，简单化、口语化成为华族华文的主流。这些社会现象都能从贺词贺语的变化中得到一定程度的反映。

(三)重视具有传承中华文化功能的贺词贺语创作是承袭华族文化的良好方法之一

　　在关注从贺词贺语创作的变化这个小小的窗口窥探出来的这些社会现象时，也须重视具有传承中华文化功能的贺词贺语创作，更应通过贺词贺语的创作以加强新加坡华族社会文化价值观。

　　贺词贺语的使用，本身就是传统习俗的保留，而其基本作用是中华文化的传承，其创作包括内容、文化特征、结构形式、修辞手段是传统文化的凝聚。贺词贺语受到人们的重视，不断创作出新的优秀的贺词贺语，应用面也随着日益扩大，其基本作用与社会功能也就能日益闪耀出中华优秀文化的光彩。在保留美丽的传统的基础上，同时也能提高华文的水平，促进人际关系和情谊。

　　贺词贺语的基本作用能起到颂赞国家、祝福家庭、教育人们、陶冶心情、激励后人的积极作用，也具备作为民俗学研究的重要的资料。贺词贺语的社会功能具备作为社会发展史研究的不可忽视的参考资料。也只有看到贺词贺语的基本作用与社会功能的积极层面和文献价值，才能使人人都重视它，从而自觉地使它在发展中不断充实、不断完善，使成为潜流暗淌但尚未枯涸的贺词贺语创作，能很快地成为酣畅奔流的大河，发出璀璨的光辉。

基于这个重大的目的，我们不能不看到一些将会威胁到贺语创作的问题。这就是目前的贺词贺语的一些严重通病：语言烂熟，独乏新意；内容浮泛，几无深度；愿望良好，偏缺感情；工而不切，没有针对性；切而不工，未仔细推敲。之所以有这些毛病，是因为年轻一代传统文化素养较差，华文水平低落。希望我国的语言文字工作者、教育界工作者、大众传播媒介的报章、广大民众本身，共同重视这方面的问题，采取种种的措施，以发挥更重大的作用。渴望不久的将来，我国报章中的贺词贺语能出现崭新的面貌。

本文是笔者将自己的一点学习心得及对有关的材料进行组织、整理和分析之后草成的，或许对研究这个被人忽略、相对冷门但具有非常重要的社会文化意义的贺词贺语创作，提供一些有用的资料。但碍于学识浅薄，资料搜集的局限性，分析的不尽全面、不够深入，还望各方高明指教。

【附注】

　　本文节选自作者汉语言文学学士学位毕业论文（2006年）；论文导师为徐东女士、罗福腾副教授。吕振端教授亦给予很多指导。此文早前曾编入符和水、李选楼主编的《新马华文作家作品论集》（新加坡文艺协会2004年）。此次收入本集，有一定修改。

参考文献

书籍

1. 李炳泽《吉利话》，河北人民出版社，1997年。

2. 曲彦斌主编《中国民俗语言学》，上海文艺出版社，1996年。

3. 谭汝为主编《民俗文化语汇通论》，天津古籍出版社，2004年。

4. 于成鲲《应用文大全》，上海学林出版社，1984年。

5. 常敬宇编著《汉语词汇与文化》，北京大学出版社，1995年。

6. 黄伯荣、廖序东主编《现代汉语》，高等教育出版社，1997年。

7. 杨润陆、周一民编著《现代汉语》，北京师范大学出版社，1995年。

8. 蔡东藩《中国传统联对作法》，浙江摄影出版社，2000年。

9. 黄毅荃编著《中华对联丛集》，黄山书社出版社，1995年。

10. 尚和主编《中国历代祝词贺语大观》，文汇出版社，2002年。

11. 杨苍舒、汪树福著《对联修辞学》，北京开明出版社，1991年。

12. 余德泉著《对联通》，湖南大学出版社，1998年。

13. 余章瑞、余东东编著《中华对联鉴赏》，人民日报出版社，1989年。

14. 谷向阳主编《中国楹联大典》，吉林教育出版社，1994年。

15. 顾平旦、常江、曾保泉主编《中国对联大辞典》，中国友谊出版社，1992年。

16. 裴国昌《中国楹联大辞典》，吉林教育出版社，1991年。

17. 汪少林《中国楹联鉴赏辞典》，百花洲文艺出版社，1991年。

18. 向光忠、李行健、刘松筠《中华成语大辞典》，吉林文史出版社，1992年。

19. 朱祖延《引用语大辞典》，武汉出版社，2000年。

20. 教育部重编国语辞典编辑委员会编《重编国语辞典》，第四册，台湾商务印书馆出版，1981年。

21. 罗竹风主编《汉语大词典》，第四册，汉语大词典出版社，1989年。

22. 王力《诗词格律》，中华书局，1985年。

23. 林瑞生编著《异体字手册》，江西人民出版社，1987年。

24. 群益堂编《异体字整理表》，群益堂出版社，1956年。

25. 李国英编著《中国文字学》，新加坡管理学院，2002年。

26. 胡双宝编《简化字　繁体字　异体字辨析手册》，北京大学出版社，1996年。

27. 崔贵强著《新加坡华人：从开埠到建国》，新加坡宗乡会馆联合总会、教育出版私营有限公司联合出版，1994年。

28. 刘宏《战后新加坡华人社会的嬗变》，厦门大学出版社，2004年。

29. 杨松年著《新马华文现代文学史初编》，BPL（新加坡）教育出版社，2000年。

论文

1. 曾忆蕊"从华文教科书的发展看新加坡华文教育的演变"，黄贤强主编《新马华人专题研究 2003/2004 学年研究生作品选集》，新加坡国立大学中文系，2004 年。

2. 曾佩玉"新加坡华文报章挽词用语初探"，北京师范大学及新加坡管理学院开放大学汉语言学士学位历届毕业生的毕业论文集，2002–2003 年。

新加坡华文报章挽词用语研究

曾佩玉

一 绪言

(一) 本文写作目标

语言蕴含着丰富的社会文化意义。作为大众文化的常见形式——挽词，是亲友悼念死者、抚慰生者的一种特殊的语言形式。这种特殊的民俗词语表达形式更是与社会及民俗文化的发展息息相关，饱含着丰富的社会文化意义。

本论文是基于对新加坡华文报上的挽词的浓厚兴趣，而对之进行尝试性的探索。希望通过分析、综合、归纳、对比来了解新加坡华文挽词八十年来演变发展的历史概况，并在对某些问题进行有意义的探讨的同时，窥探新加坡这一时期社会文化与华文发展的历史轨迹。

不过，挽词只是讣告中的一部分。而讣告，包括挽词的上下款的写作格式、演变，则未包含在本研究范围之内。

(二) 资料来源与研究方法

本论文的资料取自以下报刊：

1.《南洋商报》

2.《星洲日报》

3.《联合早报》

资料主要取自以下四个阶段：

1. 二十世纪二十年代至三十年代：1923–1936

2. 二十世纪六十年代至七十年代：1965–1975

3. 二十世纪八十年代至九十年代：1985–1995

4. 世纪之交：2000–2003年六月

采取样本时，既注重一般性普通人物的挽词的收集，也注重某些重要历史人物，尽量涉及一些逝世于所选年份之外的不同领域的代表人物，例如1997年逝世的松年法师、中国最高领导人邓小平先生，1999年逝世的书法家潘受先生、前第一夫人林秀梅女士等等。由于八十年代以后，挽词用语变化不大，因此资料搜集主要集中于二、三十年代及建国初期。本人收集的挽词样本总数将近900条。

本论文的研究方法包括：

1. 分类法：包括把搜集的资料按年代分类、按人物分类、按行业分类、按语言形式分类等，力求总结出本岛挽词文化的基本规律。

2. 对比法：包括纵向对比、横向对比，普通人物的挽词及社会名流的挽词的对比。这样做的目的是尝试向读者展示本岛挽词的动态发展。

3. 注解法：由于挽词是一种特殊的文体形式，用典较多，词语也多深奥，因此需要注解才可明白含意。同时，由于资料搜集的年度比较多、跨度比较大、历史久远，引用的报章、版次较多，因此，本文不惮其烦，尽量一一注明出处或典故含义。这类注解共200余处。笔者这样做，希望体现学术的客观、严谨精神。

(三)本文常用术语

为了方便读者阅读，这里把本文出现的一些常用术语集中注解于此。

挽词：本论文的"挽词"有两种含义。广义的挽词包括单句挽词、挽联、挽诗三种形式。狭义的挽词只是指四字格或者单句的形式。本论文采用的是广义的概念。

挽联：包含了上下两联字数讲究相同，句法讲究对称，词语讲究对仗，字音讲究平仄的格式，有五言、七言等多种。也有一些不拘平仄、不事雕琢、不强求工仗的挽联。

挽诗：包括讲究传统格律的诗体如四言诗、五言诗、七言诗或不拘形式的新诗体。

龙门对：对联的形式之一。龙门对的读法是：上联自右至左读；下联自左至右读。[1]

鹤顶格：对联的写作手法之一，属镶嵌法的一种。又谓之"冠头格"、"凤顶格"、"丹顶格"、"顶头格"、"藏头格"等。是指把所要镶嵌的文字，按照前后顺序分别镶嵌在联语两句开头的一种镶嵌联的格式。[2]

燕颔格：对联的写作手法之一，属镶嵌法的一种。是指把所要镶嵌的文字，按其前后顺序，分别镶嵌在联语上下两句的第二个字的位置的一种镶嵌格式。[3]

鹤膝格：对联的写作手法之一，属镶嵌法的一种。又有称作鹤尾格的，是指把所要镶嵌的文字，按其前后顺序分别镶嵌在联语两句的第五字的一种镶嵌格式。[4]

雁足格：对联的写作手法之一，属镶嵌法的一种。又谓之"藏尾格"、"凤尾格"、"脱靴格"等，是指把所要镶嵌的文字按前后顺序分别镶嵌在联语两句的末尾的一种镶嵌格式。[5]

魁斗格：对联的写作手法之一，属镶嵌法的一种。是指将所要镶嵌的字按其前后顺序分别嵌于上联的联首和下联的联尾的一种镶嵌格式。[6]

[1] 见蒙智扉、黄太茂主编《红事白事实用文体》，广西民族出版社，2000年，页98。

[2] 汪少林《中国楹联鉴赏辞典》，百花洲文艺出版社，2000年，页618。

[3] 同上注，页619。

[4] 同上注，页620。

[5] 同上注，页621。

[6] 同上注。

二 华文挽词的类型与修辞特点

(一)挽词的分类

从不同的角度来观察挽词，可以得到不同的分类。

从形式的角度来看，挽词可以分为以下几种：

1. 挽词：包括了四字格结构的挽词和其它的单句挽词。一般的四字格挽词主要采用固定词组。

2. 挽联：包括了短联及长联，其中有些联对讲究格式，也有些不拘格式。

3. 挽诗：包括了讲究格律形式及不拘格律形式的诗歌。

从内容的角度来看，挽词可以分为下列几种：

1. 表达悲痛与哀悼：这类内容主要见于逝者刚逝世不久的挽词中。

2. 表达追忆与怀念：这类内容多见于逝者逝世周年纪念日或逝世的整数年。

从挽词的发布者来看，挽词又可分为下列几种：

1. 亲属悼念逝者的挽词：亲人逝世，亲属发布讣告及挽词，一则通告亲属友人，二则表达伤悼之怀。

2. 友人悼念逝者的挽词：这类友人包括故旧、朋友、同学、同事等。挽词通常多是感念追怀的话语较多。

3. 机构悼念逝者的挽词：这类机构包括宗乡会馆、宗教团体、商会、学校、公司、企业、银行等。逝者与机构之关系或为同乡、或为会员、或为师生、或为校友、或为员工、或为董事等等。

(二)挽词的修辞特点

挽词有多种多样的表现形式及表现手法，它们的语言风格都大体相同，那就是要求庄严、肃穆，既要表达对死者的沉痛哀悼，同时又要具有某种敬意和惋惜。因此，我们发现挽词有以下几种修辞特色。

1. 多褒美之词

　　丧悼文化不容对逝者不恭，因而挽词的用语多属于褒美之词。
例如：

>　　硕德长存；
>
>　　百世流芳；
>
>　　名垂青史；
>
>　　品德长昭；
>
>　　懿范犹存；
>
>　　孟母遗风；
>
>　　淑德长昭；
>
>　　光昭女史；
>
>　　芳名垂宇宙；
>
>　　贤达遗泽万古芳。

　　即使是挽联、挽诗，也多是赞美之词。如：

>　　齿德俱尊　　久著勋名孚梓里
>
>　　宗亲共仰　　永留令誉在星洲[7]
>
>　　商场巨擘富而能仁长使人群尊齿德
>
>　　懿范犹存忠则尽命永留社会作典型[8]
>
>　　有巾帼气，著贤母风，喜兰馨桂馥，咸美一门俊秀；
>
>　　寿近期颐，仪娴内则，犹乐善好施，允称五福完人。[9]

　　用语尽是充满着景仰之意。鲜明的感情色彩直接表达了挽者对
逝者的感情及态度。

---

[7]　见《星洲日报》，1965年3月6日，第2版。

[8]　见《星洲日报》，1968年6月3日，第13版。

[9]　见《星洲日报》，1970年8月8日，第2版。

2. 多晦冷之色

挽词抒发的是挽者对逝者的悼念之情，因此其用语多显苍凉、悲怆的色彩。例如：

北斗光寒；
宝婺星沉；
慈竹霜摧；
光寒婺宿；
婺彩沉辉；
慈辉顿杳。

挽联也多如此：

兰闺月冷
宝婺星沉[10]

椿林月暗三更冷
梁木风摧万树枯[11]

流水夕阳千古恨
凄风苦雨百年愁[12]

上述挽词、挽联所采用的都是以冷色调为主的凄婉之词，达到了以情动人的效果。

3. 多宗教色彩

除了褒美及哀婉之色彩，挽词中也有不少带有宗教色彩的用语。这反映出本地宗教事业的发达与繁荣。

本地华人信仰的宗教主要有佛教、基督教、天主教、道教等。亡者信仰哪一种宗教，挽词中常常就体现了是属于哪一个宗教的。

[10] 见《南洋商报》，1965年2月14日，第12版。
[11] 见《星洲日报》，1975年1月18日，第10版。
[12] 见《联合早报》，1988年1月6日，第21版。

例如挽佛教徒：

超升佛国；
安归净土；
往生极乐。

挽基督教徒与天主教徒：

荣归天国；
蒙主恩召；
安返天家。
挽道教徒：
羽化登仙；
驾返瑶池；
蓬莱仙去。

4. 多婉词婉语

自古以来，死亡是一般人所忌讳的事。因此很难看到直接以“死”字构成的挽词，取而代之的是形形色色的婉词婉语来婉称死亡。例如：“颓”[13]、萎”[14]、“修文”[15]、“星陨”[16]、“凋谢”[17]、

[13] 颓：崩塌。以泰山的崩颓，比喻众所仰望的人物去世。晋潘岳《太宰鲁武公诔》：“泰山其颓，寝疾不兴，遐迩曷仰？社稷焉凭？”。见朱祖延《引用语大辞典》，武汉出版社，2000年，页617。

[14] 萎：草木枯槁，引申指人的死亡。汉崔瑗《河间张平子碑》：“哲人其萎，罔不时恫。”。见朱祖延《引用语大辞典》，武汉出版社，2000年，页617。

[15] 旧以“修文郎”称阴曹掌著作之官，故以“修文”指文人之死。唐杜甫《哭李常侍峄》诗之一：“一代风流尽，修文地下深”。见罗竹风主编《汉语大词典缩印本》上卷，汉语大词典出版社，1997年，页581。

[16] 喻名人死亡。北周庾信《周大将军闻嘉公柳遐墓志》：“智士石坼，贤人星陨”。见罗竹风主编《汉语大词典缩印本》中卷，汉语大词典出版社，1997年，页3021。

[17] 本指草木花叶脱落。亦用以比喻去世。宋司马光《祭钱君倚文》：“始谓吉人，必膺遐福，如何凋谢，曾未二毛。”见罗竹风主编《汉语大词典缩印本》上卷，汉语大词典出版社，1997年，页1920。

"梁摧"[18]、"归真"[19]、"西归"[20]等等。这些婉语为挽词平添几许含蓄委婉之感，形成了挽词特有的修辞特色。

5. 多用比喻

挽词的另一特色是比喻的运用。挽词中常援引永恒之物来作喻体，例如：山、河、日、月、星辰等具有永恒性的自然景观。为了表达对逝者的永久怀念，这些景物便被用来代指逝者的精神长存。如：

> 南极星沉；
> 北斗光寒；
> 山高水长；
> 慈云永荫。

某些植物也常被引用为喻体，例如：竹、兰、桂等。挽词中或以植物比喻逝者的为人品格，或以植物的茂盛比喻子孙昌盛显达。例如：

> 慈竹长青；
> 竹林遗荫；
> 福门寿母　兰桂腾芳[21]。

此外，"宝婺"、"兰闺"、"彤管"、"慈竹"、"萱花"也被借代以婉称妇女。

赋予物以人的特点能使挽者的感情或感受得到更充分的抒发，因此挽词中也不乏比拟的运用。例如：

---

[18] 婉称才德之士去世。见罗维明《中古墓志词语研究》，暨南大学出版社，2003年，页28。

[19] 佛教语。谓死。后泛称人的死亡。《释氏要览送终·初亡》"释氏死谓涅槃、圆寂、归真、归寂、灭度、迁化、顺世，皆一义也"。唐杨炯《温江县令任晃神道碑》："百年天柱，一旦归真。"见罗竹风主编《汉语大词典缩印本》中卷，汉语大词典出版社，1997年，页2892。

[20] 向西归还，归向西方。亦用作人死亡的婉词。见罗竹风主编《汉语大词典缩印本》中卷，汉语大词典出版社，1997年，页5044。

[21] 见《星洲日报》，1975年，7月18日，第10版。

慈竹风凄；

草木同悲；

日月同泣；

日月昏无色
河山黯带愁[22]；

风凄暝色悲杨柳
月吊宵声哭杜鹃[23]。

6. 多用典故

挽词一般字数有限，因此借用典故以便在有限的文字中表达无限的意念是挽词的另一特色。用典不仅能减少语辞繁累，同时具有充实内容及美化词句的效果。

四字格挽词由于容量较少，因此有不少挽词是直接引用自古籍的。例如：

音容宛在[24]；

泰山其颓[25]；

哲人其萎[26]；

---

[22] 见《南洋商报》，1924年，2月14日，第15版。

[23] 同上注。

[24] 谓人的声音容貌如在眼前。多用作对死者的吊唁之词。唐李翱《祭吏部韩侍郎文》："遣使奠挈，百酸搅肠，音容宛在，曷日而忘？"。见王瑞祥《汉大成语大词典》，世纪出版集团、汉语大词典出版社，2000年，页1021。

[25] 颓：崩塌。以泰山的崩颓，比喻众所仰望的人物去世。晋潘岳《太宰鲁武公诔》："泰山其颓，寝疾不兴，遽迩曷仰？社稷焉凭？"。见朱祖延《引用语大辞典》，武汉出版社，2000年，页617。

[26] 哲人：旧称才人识见超越寻常的人。萎：草木枯槁，引申指人的死亡。汉崔瑗《河间张平子碑》："哲人其萎，罔不时恫。"。见朱祖延《引用语大辞典》，武汉出版社，2000年，页617。

> 高山仰止[27]；
> 老成凋谢[28]。

这些四字格挽词中不乏古时用于伟人的词语，如今也用于常人。

　　孟母断机教子、欧母画荻教子及陶母截发留宾的故事都是中国贤母的典范，因此也就常被用以挽中年及老年女丧。例如："孟母遗风"及"孟教可风"用孟母教子的典故、"陶母遗风"取陶母的典故而"荻教留芳"与"荻教遗芳"则套欧母教子的典故。

　　挽联、挽诗由于容量较大，所用典故也相对增加。例如：

> 慷慨论交三十春
> 当年许国已忘身
> 情如屈子长怀楚
> 义效鲁连不帝秦
> 自古珠江多俊杰
> 而今世道尚荆榛
> 大星忽向南天坠
> 泪洒炎荒一故人[29]

这首挽诗既采用屈原流放异地心怀祖国的典故（屈子长怀楚），又采用鲁仲连义不帝秦的典故。

　　再如：

> 盛德常昭赋鹏一篇伤贾谊
> 当仁不让梦鸡千古恸谢安[30]

---

[27]　表示对崇高事物的仰慕之情。唐王勃《倬彼我系》："夫岂不怀，高山仰止。愿言毓德，啜菽饮水。"见朱祖延《引用语大辞典》，武汉出版社，2000年，页188。

[28]　指德高望重的长者去世。多作挽词。清龚炜《巢林笔谈·顾茂索诗》："顾栗园茂，吾邑老成人也……栗园死，有老成凋谢之感。"见唐枢《成语熟语辞海》，五南图书出版社公司，2001年，页655。

[29]　见《南洋商报》，1935年1月7日，第2版。

[30]　见《星洲日报》，1970年，5月21日，第13版。

这幅挽联引用了贾谊见鵩鸟而作《鵩鸟赋》的典故及谢安梦鸡而疾的典故。

> 壮志未成身先死
> 长使英雄泪满襟[31]

则化用杜甫《蜀相》中的诗句"出师未捷身先死，长使英雄泪满襟"。

7. 语言的韵律美

讲究声音的和谐也是挽词的修辞特色之一。平仄是对汉语声调的分类。古代汉语有平、上、去、入四个声调，平声属于平仄中的平声，上、去、入三声属于仄声。现代汉语有阴、阳、上、去四声，其中阴平和阳平为平声，上声和去声为仄声。平仄有规律地交替搭配，可以形成音乐般的节律。例如（"—"代表平声，"｜"代表仄声）：

> 风凄暝色悲杨柳
> ———｜———
> 月吊宵声哭杜鹃[32]
> ｜｜———｜—
>
> 萱花萎堂北
> ——｜—｜
> 宝婺沉海西[33]
> ｜｜—｜—

声调平仄相协，读起来铿锵悦耳，既具有旋律美，也富有和谐美。

再如：

> 会务仗宏谟伟绩丰功留馆史
> 　　　　　　—｜｜

---

[31]　见《星洲日报》，1965年5月6日，第2版。

[32]　见《南洋商报》，1924年2月14日，第15版。

[33]　见《星洲日报》，1970年5月14日，第16版。

音容今永隔同人挥泪恸斯文[34]
　｜　－－

青鸟传来王母归时环佩冷
　－｜｜
玉萧声断秦娥去后凤楼空[35]
　｜　－－

相邻句句末音节的平仄都是互相对立的，念起来也同样有抑扬顿挫的效果。

由此可见，挽词的修辞特色不仅只是词语的锤炼，同时也包括了声音的锤炼。

三　挽词的历时差异

(一)不同年代的挽词用语概述

1. 二十世纪二十年代至三十年代（1923–1936）

二十世纪二十年代与三十年代是华人南来的高峰期。这时期，已是五四提倡的白话文运动之后，文坛已经比较普遍地使用白话文，但并未完全排除文言文。因此，当时报章上的挽词用语也是文白掺杂，半文半白。例如广东大埔陈铁山吊刘静波先生的四言诗：

明星陨落
花江之滨
窀然霛耗
知驾返真
吊君品格
端正厥身
和平敦厚
慈善可亲

---

[34]　见《星洲日报》，1965年4月3日，第2版。
[35]　见《星洲日报》，1975年1月22日，第10版。

吊君事业

商界伟人

伊吕之辈

管晏之伦

哲人其萎

无胡不仁

呜呼哀哉

宁不酸辛

吊君不已

祝君精神

不泯不灭

长在无垠。[36]

再如：陈延谦挽新政挽联的引子"新政兄与余交谊甚挚堪称莫逆……"[37] 也是以文言文书写的。

这时期报章上的挽词虽然不多，但"个性化"是所刊之挽词所共有的突出特色。这反映出草拟者态度之认真、情感之真诚，与现今的挽词公式化、套化迥然不同。挽词通常兼顾挽者对于逝者的评价及挽者与逝者之间的情义。例如挽刘静波先生的挽词：

商战正飞扬

有君运筹帷幄

那怕欧风美雨

蓦然传噩耗

斯人乘鹤归仙

顿教地黑天昏[38]

上半部赞扬了逝者在商场上运筹帷幄，下半部则表达了挽者的哀思。

---

[36] 见《南洋商报》，1924年2月14日，第15版。

[37] 见《南洋商报》，1924年9月24日，第15版。

[38] 同注36。

再如启智书报社、觉侨剧社挽刘筑侯先生：

> 志在商场培后进
> 名留史册慰公魂[39]

也正面评价了逝者在商界的贡献。

这时期的挽词，感情色彩也格外浓厚。例如化南女校周美云及虞洁初挽刘静波先生的两幅挽联：

> 日月昏无色
> 河山黯带愁[40]

> 风凄暝色悲杨柳
> 月吊宵声哭杜鹃[41]

用词悱恻悲凉，通过拟人化的手法抒发了无限的哀思。此外，以上二例均体现了音节整齐匀称、声调平仄相协的声音美。

用典是这时期挽词的另一特色。例如：

> 羽化登仙[42, 43]

> 噩耗惊传贤母千秋离浊世
> 遥天吊唁生刍一束[44] 寄哀思[45]

[39] 同上注。

[40] 同上注。

[41] 同上注。

[42] 羽化：道教认为人能飞升成仙，如生羽翼一般，故称成仙为羽化。语出宋苏轼《前赤壁赋》："飘飘乎如遗世独立，羽化而登仙。"见朱祖延《引用语大辞典》，武汉出版社，2000年，页852。

[43] 同注36。

[44] 生刍一束：《后汉书·徐稚传》："林宗有母忧，稚往吊之，置生刍一束于庐前而去。众怪，不知其故。林宗曰：'此必南州高士徐孺子（稚字）也。《诗》不有云乎：生刍一束，其人如玉。吾无得以堪之。'"生刍，鲜草。后因以称吊祭的礼物。见丁荣凡《中华对联辞典》，四川辞书出版社，1997年，页401。

[45] 见《南洋商报》，1935年5月7日，第11版。

此外，除了"大雅云亡"[46]、"南极星沉"[47]、"哲人其萎"[48]、"老成凋谢"[49]等普遍使用的四字格挽词外，这时期的四字格挽词也不乏独创性的用语如：

含笑归真[50]；
瞻仰弗及[51]；
胡天不佑[52]；
一梦登仙[53]。

2. 新加坡建国初期（1965–1975）

建国初期是国家处于十分困难的时期。当时，刚独立的新加坡百废待兴，面对着许多困难和不测。华校占据社会、教育的重要地位，整个华文水准也较高。相对于二十及三十年代，这时期华文报章上的挽词明显地增多了，挽词的形式也开始趋向于以四字格为主。

这时期的四字格挽词除了如"哲人其萎"[54]、"福寿全归"[55]、"懿范犹存"[56]、"孟母遗风"[57]等在早期华文报章已出现的由固定词组组成的挽词，同时出现了不少组织灵活的四字格挽词。例如：

以"媭"[58]为主组合而成的挽词有：

---

[46] 见《南洋商报》，1924年9月22日，第7版。

[47] 见《南洋商报》，1926年2月8日，第3版。

[48] 见《星洲日报》，1929年4月24日，第7版。

[49] 见《星洲日报》，1929年10月5日，第7版。

[50] 同注36。

[51] 见《南洋商报》，1924年3月24日，第16版。

[52] 见《南洋商报》，1926年5月26日，第6版。

[53] 见《星洲日报》，1934年5月25日，第2版。

[54] 见《南洋商报》，1965年4月1日，第6版。

[55] 同上注。

[56] 见《南洋商报》，1965年4月4日，第7版。

[57] 见《南洋商报》，1965年4月7日，第6版。

[58] 星名，即婺女。见罗竹风主编《汉语大词典缩印本》上卷，汉语大词典出版社，1997年，页2312。

星沉宝婺[59]；

光寒婺宿[60]；

辉沉宝婺[61]；

婺黯云衢[62]；

宝婺弥光[63]；

婺宿沉光[64]；

婺彩沉辉[65]。

又如以"竹"为主组合而成的挽词有：

慈竹长青[66]；

竹林失荫[67]；

慈竹风凄[68]；

竹林遗荫[69]；

慈竹风悲[70]；

慈竹霜摧[71]。

再如以"星"为主组成的挽词有：

体坛星陨[72]；

星殒南邦[73]；

---

[59] 见《南洋商报》，1965年4月7日，第6版。

[60] 见《星洲日报》，1965年2月11日，第15版。

[61] 见《星洲日报》，1965年2月21日，第8版。

[62] 见《星洲日报》，1965年8月31日，第15版。

[63] 见《星洲日报》，1965年11月9日，第2版。

[64] 见《南洋商报》，1970年2月12日，第16版。

[65] 见《星洲日报》，1970年8月7日，第14版。

[66] 见《南洋商报》，1965年8月20日，第6版。

[67] 见《星洲日报》，1965年2月23日，第7版。

[68] 见《星洲日报》，1965年7月16日，第10版。

[69] 见《星洲日报》，1970年8月8日，第2版。

[70] 见《星洲日报》，1970年9月18日，第4版。

[71] 见《星洲日报》，1975年4月5日，第8版。

[72] 见《南洋商报》，1965年2月24日，第12版。

[73] 见《南洋商报》，1965年10月12日，第10版。

　　　　星殒天南[74]；

　　　　棋国星陨[75]；

　　　　文曲星沉[76]；

　　　　星殒桃源[77]；

　　　　文星遽殒[78]；

　　　　星陨鲤郭[79]。

　　这些四字格的挽词在用语上虽然不尽相同，但是在意义上却是相似的。

　　这时期的报章出现了不少挽联。丰富的辞格是这时期挽联的特色之一。

　　还有许多不同格式的镶嵌联。例如：

　　（1）把逝者的名字分别嵌入上下联的第一字的"鹤顶格"。如汪永年、黄霜仁等挽谢松山先生：

　　　　松涛邈邈传清响

　　　　山木萧萧失故人[80]

　　（2）把逝者的名字分别嵌入上下联的第二字的"燕颔格"。如新加坡温州会馆挽胡志厚先生：

　　　　壮志凌霄，买棹南渡建宏业

　　　　敦厚和蔼，排难解纷皆称颂[81]

---

[74]　见《南洋商报》，1965年10月15日，第7版。

[75]　见《星洲日报》，1965年3月7日，第13版。

[76]　见《星洲日报》，1965年6月28日，第11版。

[77]　见《星洲日报》，1965年7月20日，第2版。

[78]　见《星洲日报》，1970年4月22日，第13版。

[79]　见《星洲日报》，1970年8月29日，第10版。

[80]　见《星洲日报》，1965年9月24日，第15版。

[81]　见《星洲日报》，1975年12月2日，第9版。

（3）把逝者的名字分别嵌入上下联的第五字的"鹤膝格"。如居銮中华中学等挽孙文国先生：

大雅云亡，文教失赖

哲人其萎，国社无依[82]

（4）把逝者的名字分别嵌入上下联的末尾的"雁足格"。如星马布商公会挽郑业崇先生：

美当年买棹南来，从而饮誉商场，经成伟业

虽此日骑鲸西去，然对热心社会，永令钦崇[83]

（5）把逝者的名字分别嵌入上联的联首和下联的联尾的"魁斗格"。如柯德庆、吴保枝等挽黄全庚先生：

全心一意兴学桃李满天下

春风化雨绿不负天寿人庚[84]

这些辞格以"鹤顶格"最为普遍。例如启志夜学校等挽郭石如先生[85]、洗东成挽李玉荣先生[86]、金协利有限公司总行职员挽陈天助先生[87]、星洲韩祠福准、广丰挽韩槐准先生[88] 等等都是"鹤顶格"挽联。

---

[82] 见《星洲日报》，1970年8月20日，第14版。

[83] 见《星洲日报》，1975年12月27日，第24版。

[84] 见《星洲日报》，1975年12月16日，第15版。

[85] 见《星洲日报》，1965年3月3日，第10版。

[86] 见《南洋商报》，1965年10月15日，第14版。

[87] 见《南洋商报》，1967年9月22日，第15版。

[88] 见《星洲日报》，1970年10月19日，第2版。

这时期的挽词也是相当个性化的。挽男性亡者的挽词一般与逝者的生平事业紧密相关。

例如星洲理电发工友联合会挽其会职员陈文星的挽词：

> 忠诚服务工人群众
> 灿焕精神永垂人间[89]

表现了死者服务工人的精神。

再如李冰人挽林兼三牧师：

> 兼至仁笃善精神，潜道闽峤，司牧甲州，为主浑忘心力瘁
> 三不朽立世楷模，宣教太平，殉职天定，知君犹觉圣工荣[90]

则表现了逝者献身宗教的精神。

此外，有些挽词则直接道出逝者逝世的原因。例如泥江同善社挽辛达周先生第五公子：

> 大器将成英才顿失市虎行凶真可惜
> 学科美满壮志未酬乡人闻耗实堪悲[91]

直接道出逝者丧命于车祸，并表达了乡人对逝者的早丧感到惋惜。

再如郑安仑挽其内弟全庚：

> 数千里越海飞航视吾弟疾甚弥留成永诀
> 百万分含悲痛绝慰尔姐心伤失序只相扶[92]

则叙述了亡者病逝他乡，其姐悲痛欲绝的心情。

另一方面，挽女性亡者，尤其是挽老年女丧的挽词则以颂扬逝者教子有方为主。例如同源社、宋子廉挽林太夫人：

---

[89]　见《南洋商报》，1965年4月7日，第6版。

[90]　见《星洲日报》，1970年10月21日，第13版。

[91]　见《星洲日报》，1965年6月15日，第10版。

[92]　见《星洲日报》，1975年12月15日，第8版。

> 懿德流芳　教子成名光女史
> 婺星忽坠　同人悲悼仰慈帏[93]

再如新加坡安海公会挽倪氏太夫人：

> 孟母风仪　佳儿比陶朱
> 安平人瑞　福寿赋全归[94]

又如茶阳会馆、回春医社等挽许浅英女士：

> 齐家有道，处世有方，形史留徽垂女范
> 相夫成名，教子成器，尘缘已尽返仙班[95]

杜文滨挽其嫂朱氏：

> 幼蒙培育长赖扶持忆嫂氏岱岳高恩惭为报
> 生尽慈德终遗庭训愿侄辈箕裘克绍振家声[96]

则充满着对逝者的感激之情并寄托了对晚辈的期望。

用典是这一时期挽词的另一特色。例如：

> 玉楼赴召[97]

援引李贺临终玉楼赴召之典，

> 钗分凤髻忍登岵岭怜诸子
> 翼折雁行遍插茱萸少一人[98]

---

[93]　见《星洲日报》，1965年4月29日，第10版。
[94]　见《星洲日报》，1973年8月8日，第11版。
[95]　见《星洲日报》，1974年3月8日，第19版。
[96]　见《星洲日报》，1975年1月23日，第10版。
[97]　见《星洲日报》，1965年6月10日，第10版。
[98]　见《星洲日报》，1975年9月20日，第11版。

套用王维《九月九日忆山东兄弟》中的诗句"遍插茱萸少一人"，

> 凤返丹山夜乌啼血
> 星沉婺海精卫衔冤[99]

则引用了精卫填海的神话。

3. 二十世纪八十年代至九十年代（1985–1995）

　　由于新加坡既定的教育政策目标是要把新加坡建设成一个以英语为主体的社会，因此随着南洋大学于1980年与新加坡大学合并为以纯英语教学的新加坡国立大学，新加坡的中小学华校也于80年代中被英校取代。同时两大华文报章也于1983年合并为《联合早报》，改革后的报章文字都力求浅近和通俗化。这些都对华文的发展产生了相当大的影响。

　　"公式化"是这时期报章上挽词的突出特色，独创性明显减弱。"音容宛在"、"驾返瑶池"、"淑德可风"、"福寿全归"、"老成凋谢"、"高山仰止"、"孟母遗风"、"大雅云亡"、"哲人其萎"等等俯拾即是。但是凡举男丧，无论其德行如何，总是"大雅云亡"[100]、"哲人其萎"[101]，而女丧则不管其德识如何，动辄"孟母遗风"、"淑德长昭"[102]，在用上语就不免让人有略觉浮夸之嫌。

　　以下这些对仗较严整、具有较高艺术性的挽词，是这时期难得的珍品。例如潮州联侨俱乐部挽周芋吉先生令德配陈氏：

---

[99]　见《星洲日报》，1975年4月8日，第10版。

[100]　大雅：称德高而大才的人。《文选·班固〈西都赋〉》："大雅宏达，于兹为群。"李善注："大雅，谓有大雅之才者。《诗》有"大雅"，故以立称焉。"见罗竹风主编《汉语大词典缩印本》上卷，汉语大词典出版社，1997年，页1321。

[101]　同注14。

[102]　淑德：美德。《汉书·王莽传中》"昔齐太公以淑德累世，为周氏太师，盖予之所监也。"见罗竹风《汉语大词典缩印本》中卷，汉语大词典出版社，1997年，页3315。

火焚玉骨归极乐

化作芳魂上九天[103]

朱国安挽王振墙先生：

一代范蠡风，蔚千秋典范

百年陶公业，开万世鸿基[104]

朱国盛、朱国富挽王振墙先生：

大雅云亡，事业已归前辈录

老成凋谢，典型留予后人瞻[105]

范昌乾画集编委会挽林子影先生：

文酒昔言欢　烛剪西窗　犹忆风仪磊落

人琴今俱杳　梅残北国　只余月影横斜[106]。

这时期偶尔也出现鹤顶格镶嵌联。例如方良、伍梓青挽沈海石：

海内知己，把酒言欢聚百首

石陨天涯，促膝谈心少一人[107]

又如挽宏船法师的挽联：

宏法南洋·功垂震旦

船登彼岸·普渡众生[108]

---

[103]　见《联合早报》，1985年1月12日，第32版。

[104]　见《联合早报》，1995年1月26日，第21版。

[105]　同上注。

[106]　见《联合早报》，1995年12月16日，第37版。

[107]　见《联合早报》，1995年12月7日，第25版。

[108]　见《联合早报》，1990年12月31日，第29版

相对于早期，这时期出现了大量的追思挽诗。这些挽诗一般都不太注重格式的严整、词语的选择及声音的锤炼。

例如：

> 去年今日父离别
> 今年四月母随行
> 日夜思念父母情
> 阴阳相隔难相见
> 只有南柯梦相逢[109]

> 灵魂在天歌颂神
> 天长地久情义重
> 亲戚良友同追思
> 伟大恩泽永怀念
> 合拾祈祷感谢神
> 求上帝赐福普天下人[110]

> 众生劳碌无怨言
> 忠厚善良好榜样
> 你的恩情永难忘
> 春蚕到死丝方尽
> 蜡烛成灰泪始干[111]

通俗化的藏头挽诗也偶尔可见。例如追思苏清匡：

> 清溪流水不复返
> ·
> 匡儿音容长相伴
> ·
> 七年相思泪阑干
> ·
> 周年祭拜悲满堂
> ·

---

[109]　见《联合早报》，1985年7月8日，第26版。
[110]　见《联合早报》，1988年1月6日，第22版。
[111]　见《联合早报》，1994年1月28日，第38版。

> 年老丧子断心肠[112]

把每句诗的第一个字串起来就成了"清匡七周年"，意思浅白易懂。

又如追思蔡永康：

> 息后人事已全非
>
> 安歇七冬未断思
>
> 君遗优点计不尽
>
> 父亲慈容永烙心
>
> 康父离世成追忆
>
> 永于亲人惦念中[113]

则是由最后一句诗的首字向上串，串成了"永康父君安息"。

4. 世纪之交的挽词（2000–2003年6月）

由于政治、经济、历史的原因，新加坡实行英语至上兼顾双语的教育政策和社会政策。自八十年代以来，华校生大量减少，华文学校纷纷关闭。学校体制也进行改革，推行以英语授课，行政也一律改用英语。华文教育因此严重滑坡，华文地位也日益低落与式微，华文程度更是大大的降低了。这种社会情况在挽词这个狭窄的领域中也得到了某些反映。

这时期报章上的挽词与1985–1995年无甚差别，依然是以公式化的四字格挽词为主。报章上多是千篇一律的"哲人其萎"、"高山仰止"、"福寿全归"、"驾鹤西归"、"驾返瑶池"、"淑德长昭"、"淑德可风"等等。若有宗教信仰者则离不开"超升佛国"，"荣归极乐"、"蒙主恩召"、"安返天家"等等。

---

[112]　见《联合早报》，1985年1月31日，第32版。

[113]　见《联合早报》，1990年12月17日，第31版。

缺乏独创性，是这一时期挽词的通病。偶尔会有哀挽个别社会名流的挽诗挽联，给公式化的形式带来一缕新风。

例如顺安旅行私人有限公司等挽（新）优木工业私人有限公司及（马）桦桦山树桐私人有限公司董事经理刘茂己先生令慈陈氏春水太夫人：

> 开朋广友　合群重道
> 树桐巨子　痛失良母[114]

在遣词用字上与刘先生的为人和事业紧密结合。

而NKF全体病人、员工、执行委员会及政务理事会挽慈善家张荣先生：

> 拯救生命身先士卒
> 慈善精神永垂不朽[115]

新加坡南安会馆暨青年团、南安互助会挽会馆名誉主席林文鸳老先生：

> 十二年领导会馆　英名远播
> 八十秋关怀乡国　遗爱长存[116]

则全面概括评价了逝者光辉的一生　。

另一方面，追思挽联、挽诗也是相当公式化的。例如：

> 亲情深似海
> 永在怀念中
>
> 周年追思齐叩拜
> 祈求长幼各安宁
> 永远怀念您爸爸

等比比皆是。

---

[114] 见《联合早报》，2003年5月13日，第12版。

[115] 见《联合早报》，2003年3月26日，第29版。

[116] 见《联合早报》，2003年6月10日，第13版。

这阶段的追思挽诗的一个共同特点是遣词用字非常口语化。例如追思王其现的挽诗：

国泰空难愿未了
生前一起多美好
天伦共聚你不在
阴阳相隔思心碎
是心中永远的痛[117]

再如追思梁兰君的挽诗：

匆匆已一年
仿佛在眼前
无限的思念
永远都不变[118]

偶尔出现的藏头挽联、挽诗，也多通俗易懂。例如追思陈笑颜的挽联：

笑声何处觅
颜面永难忘[119]

再如追思林慧莲女士的挽诗：

慧心教诲成遗训
莲池不见莲花现
慈竹临风空有影
母爱经年勿忘怀

---

[117] 见《联合早报》，2001年7月21日，第10版。

[118] 见《联合早报》，2002年9月13日，第15版。

[119] 见《联合早报》，2003年5月18日，第8版。

> 三年孝服今朝满
>
> 年岁虽逝哀怨深
>
> 忌辰倍增离别恨
>
> 辰夕依然墓前泣[120]

每句诗的第一个字串起了"慧莲慈母三年忌辰"。

　　新加坡、吉隆坡、新山等地的维新佛学社追思一乘大导师远参老法师圆归净土37周年纪念的追思挽诗：

> 千年佛学敢维新
> 足证修持得慧根
> 功德一圆归净土
> 法华真谛问何人[121]

巧妙地将"维新"二字嵌入诗中，"维新"既可作反对旧的、提倡新的之解，又是挽者佛社的名称，语意双关，镶嵌自然，是近期难得一见的佳作。

(二)挽词用语八十年的演变

　　上个世纪二十及三十年代，大量华人由中国南来。他们不仅带来了中国文化传统，同时也带来了华人传统的道德价值观。所有这些都不同程度地体现在这一时期的挽词当中。这一阶段的挽词都是极具独创性的。它们不仅讲究择典遣词，并且感情色彩强烈、音节整齐匀称、声调平仄相协，往往在抒发对逝者的哀悼之情的同时，也一般总结了逝者的生平业绩并充分肯定其社会意义与价值。

　　斗转星移，时光流转到了建国初期。这时期的挽词基本上还是继承了早期挽词的个性化及独创性的特色。挽词在趋向四字格形式

120　见《联合早报》，2002年11月9日，第30版。
121　见《联合早报》，2003年4月10日，第12版。

的同时，出现了许多个性化的挽联。丰富的辞格是这时期挽联的一大特色。楹联是中国传统文化的瑰宝，寄托哀思的挽联在这时期似乎也同时肩负起文化传承的重任。

步入二十世纪八十年代，挽词已经开始公式化、格式化，无法在早期的基础上发扬光大。公式化的四字格挽词占了主导地位，讲究遣词用字、讲求声音和谐的挽词难得一见，取而代之的是十分口语化、通俗化的挽词。华文水平及传统文化的传承在这时期已显露每况愈下的苗头。

送别了二十世纪，我们迎来了二十一世纪。在奉行实用主义及讲求高速度的二十一世纪，人们已无闲情雅致去锤炼挽词，也无法理解结构严谨、感情真挚的挽词所蕴含的浓情厚意。公式化及通俗化的挽词显然比独创性的挽词更具有所谓的经济效益，因此也就无可避免地成为这一时期新加坡华文报章挽词的主流。

回顾华文地位八十年来的风风雨雨、起起落落，挽词用语也随着华文水平的日薄西山而完成了由个性化过渡到公式化的过程。这是一种必然趋势还是人情冷漠而导致的结果？是华文地位降低，还是人们更注重实用所造成？所有这些问题，读者尽可以见智见仁。

四　挽词的共时差异

(一)不同领域的挽词用语概述

1. 政界

政界人物通常具有重大的政治影响力。挽政治人物的挽词在抒发举国哀痛的当儿，必须兼顾逝者的品德、情操和功绩。因此，挽词用语多是赞颂逝者崇高的品德与名望的景仰之词。例如挽新加坡第一任总统尤索夫先生：

痛失柱石[122]；

---

[122] 见《星洲日报》1970年，11月24日，第2版。

举国同悲[123]；

痛失栋梁[124]；

挽台湾总统蒋中正先生及蒋经国先生：

精神不死[125]；

日月同泣[126]；

浩气长存[127]；

山河同泣　永垂不朽[128]；

挽中国最高领导人邓小平先生：

留芳千古[129]；

挽新加坡第一夫人林秀梅女士：

淑德长昭[130]；

懿德流芳[131]；

淑德可风[132]；

挽新加坡第一任民选总统王鼎昌先生：

品望昭垂[133]；

痛失瞻依[134]；

---

[123] 同上注，第14版。

[124] 同上注。

[125] 见《星洲日报》，1975年4月12日，第23版。

[126] 见《联合早报》，1988年1月16日，第25版。

[127] 见《联合早报》，1988年1月17日，第29版。

[128] 见《联合早报》，1988年1月19日，第20版。

[129] 见《联合早报》，1997年2月25日，第29版。

[130] 见《联合早报》，1999年7月31日，第23版。

[131] 同上注。

[132] 见《联合早报》，1999年8月1日，第41版。

[133] 见《联合早报》，2002年2月10日，第19版。

[134] 同上注，第20版。

德望永垂[135]；

永垂不朽[136]；

高风亮节　名垂千史[137]。

　　这些虽然都是相当典型化的用语，但却能言简意赅地抒发哀悼之情及表现对逝者的品德与情操的评价和尊敬之意。把"日月"、"山河"拟人化不仅抒发了挽者对逝者的强烈感情，同时更好地突出举国同悲、普天同哀的情绪。

　　政界也不乏独创性的挽词。例如中国银行、广东省银行、中国保险有限公司及太平保险有限公司在新加坡的分公司挽中国最高领导人邓小平先生：

盖世功　毕生奋斗惠人民　改革神州奔小康
凌云志　社会翻新振国运　广交友好兴中华

　　横批为"邓小平同志永垂不朽"[138]的挽联。此联以浅显的文字综述了逝者的生平，评价了逝者的功绩，褒扬了逝者的情操，充分表达了挽者对逝者的敬意。

　　相对于上例从国家的角度所创作的挽联，华中1955年高中同学挽前总统王鼎昌先生：

同窗责善　旧雨情深
谷音顿失　惆怅天人[139]

则是从老朋友的角度抒发了对逝者的无限的哀思。

2. 商界

　　建国以后，新加坡经济迅速发展，商业活动发达。华族商界领袖在发展自己事业的同时，多也积极地参与教育及公益事业。这些商界

---

[135] 同上注，第22版。

[136] 同上注。

[137] 同上注。

[138] 见《联合早报》，1997年2月25日，第28版。

[139] 见《联合早报》，2002年2月11日，第20版。

领袖在华人社会中占有举足轻重的地位，普遍受到华族社群的敬仰。因此，商界挽词用语多是含有敬仰之意的褒美之词，显示了挽者对逝者的正面评价。例如挽李光前先生的挽词：

> 巨星殒坠[140]；
> 万古流芳[141]；
> 遗爱人间[142]；
> 名垂青史[143]；
> 典型共仰[144]；
> 厚德载福[145]。

再如挽陈六使先生的挽词：

> 硕范永存[146]；
> 重於泰山[147]；
> 永留楷模[148]；
> 栋折梁摧[149]；
> 浩气长存[150]；
> 典范长存[151]；
> 名留中外[152]；

---

[140] 见《星洲日报》，1967年6月6日，第7版。
[141] 同上注。
[142] 同上注。
[143] 同上注。
[144] 同上注。
[145] 同上注。
[146] 见《星洲日报》，1972年9月12日，第18版。
[147] 见《星洲日报》，1972年9月13日，第17版。
[148] 见《星洲日报》，1972年9月14日，第23版。
[149] 见《星洲日报》，1972年9月15日，第19版。
[150] 同上注。
[151] 同上注。
[152] 见《星洲日报》，1972年9月16日，第14版。

流芳百世[153]；

水源不在　永忆先生。[154]

此外，商业领袖热心教育事业也在挽词中得到表现。例如挽陈六使先生的挽词：

热爱民族教育　万众同钦
肇建丰功伟绩　永垂不朽[155]；

热心教育　永留楷模[156]；

手创南大宣扬教育丰功应属千秋业
泽被海疆沾溉菁莪伟绩宜流万世芳[157]。

商界挽词的另一特色是在挽词中突出逝者的生平事业。例如李明贵、李成笃等挽李玉荣先生：

陇西望族何须著作等身自是商场巨擘
河内英风不必文章华国终成报界雄才[158]

又如南洋客属总会挽蓝鉴三先生：

客总赖襄成，硕德丰功留会史
属人齐惋悼，生刍清酹奠前贤[159]

再如茶阳会馆等挽陈韵丰先生：

仗医药以活人济世为怀，誉重杏林，咸称善士
凭生平惟公益教育是务，勋名会馆，培植英才[160]

---

[153] 见《星洲日报》，1972年9月17日，第11版。
[154] 同上注，第13版。
[155] 见《星洲日报》，1972年9月14日，第22版。
[156] 见《星洲日报》，1972年9月15日，第15版。
[157] 同上注。
[158] 见《星洲日报》，1965年10月13日，第8版。
[159] 见《星洲日报》，1967年7月19日，第8版。
[160] 见《南洋商报》，1970年2月15日，第6版。

　　子贡与范蠡都是古代善于经营之人，是商界具有典型性的人物，因此常被借代于商界的挽词中。例如叻金企业进出口商等挽余尚树老先生：

　　　　明哲云亡空怀端木[161]

　　　　典型足式怅望陶朱[162, 163]

再如朱国安挽王振墙老先生：

　　　　一代范蠡风，蔚千秋典范

　　　　百年陶公业，开万世鸿基[164]

3. 文化界

　　建国后的新加坡忙于经济建设，相对的文化事业并不发达。虽然经济才是富国之道，但是文化在社会发展中也扮演着重要角色。这个特殊的表现领域的挽词用语也独具特色。

　　文化界的挽词用语极具个性化，通常与逝者所从事的不同文化事业紧密联系。例如施祖贤、连士升等挽星洲日报主笔赵泰先生：

　　　　平生富才学想当年大江南北笔走龙蛇
　　　　早有文章惊海内
　　　　老境太凄凉况晚近只影东西身同劳燕
　　　　只馀踪迹滞遐方[165]

---

[161] 端木：子贡姓端木，名赐，孔子弟子，善货殖。见蔡东藩《中国传统联对作法》，浙江摄影出版社，2000年，页237。

[162] 陶朱：即范蠡。《史记》载范蠡变易姓名为陶，曰朱公。见蔡东藩《中国传统联对作法》，浙江摄影出版社，2000年，页237。

[163] 见《星洲日报》，1975年6月11日，第19版。

[164] 见《联合早报》，1995年1月26日，第21版。

[165] 见《南洋商报》，1965年7月5日，第6版。

及胡浪曼挽赵泰先生:

> 旧梦忆春申数十年雄据论坛早有文光高射斗
> 乘桴逢海峤二三友流连诗酒每怜韩子误投秦[166]

一方面赞叹了逝者的文采,另一方面则表达了对逝者人生境遇的叹惋,语体色彩非常鲜明。

再如李晋华挽星洲日报编辑刘天凤先生:

> 文星遽殒[167]

及何达生、李诗振等挽刘天凤先生:

> 星洲编稿正纷忙　何必修文赴地下
> 日昨歌厅才会悟　遽闻故雨泪黄泉[168]

遣词用字同样与逝者的事业紧密相关。

此外,艺术协会、三一指画会等挽新加坡先驱画家陈文希博士:

> 独创风范海天南
> 永留伟迹人间世[169];

及台湾图书公司发行人、艺术家杂志社发行人等挽陈文希博士:

> 艺精中外
> 道达古今[170]

则言简意赅地表现了陈博士在艺术上的成就及不朽功绩。

啸涛篆刻书画会挽潘受博士:

> 为民族、教育献赤诚,风节如公有几

---

[166] 见《星洲日报》,1965年7月4日,第5版。
[167] 见《星洲日报》,1970年4月22日第13版。
[168] 同上注。
[169] 见《联合早报》,1991年12月20日,第32版。
[170] 见《联合早报》,1991年12月21日,第25版。

> 以书章、书翰垂青史，宗师往古无多[171]

表现了潘博士在教育上、文学上及书法上所作出的贡献。

邓炳明、林我铃等挽潘受博士：

> 在世笔迹铭碑林[172]

则赞颂了潘博士的书法艺术。

文化界的挽词一般上结构比较严谨，用语也以书面语为主。沈旺挽戏剧工作者郭宝崑先生：

> 传奇未了
> 后继有人
> 伙伴们的歌声，
> 将伴随你上路。
> 让我们永远的怀念，
> 为你新的旅程铺上彩光。[173]

以另一种非典型的形式表达了对逝者的怀念，倒也为文化界的挽词平添几许新意。

4. 佛教界

新加坡实行宗教信仰的自由政策，作为世界三大宗教之一的佛教，在本地华人中拥有众多的信徒。佛教讲超脱生死，因此佛教界的挽词用语不见哀情，而是以积极庄严为主，并且大量采用佛教的譬喻、地名、界名、杂名及术语。

挽宏船长老的挽词：

---

[171] 见《联合早报》，1999年2月25日，第14版。
[172] 同上注。
[173] 见《联合早报》，2002年9月13日，第16版。

化身成佛・道果圆成[174] 中的"化身"[175]、"道果"[176]与"圆成"[177]，

乘愿再来[178] 中的"乘"[179]与"愿"[180]，

智灯长焰[181] 中的"智灯"[182]，

痛失依止[183] 中的"依止"[184]；

挽演培长老的挽词：

往生净土[185] 中的"往生"[186]、及"净土"[187]，

---

[174] 见《联合早报》，1990年12月27日，第28版。

[175] （术语）佛三身之一。又名应化身、变化身。为众生变化种种形之佛身也。有广狭二门，广门之化身者，谓对二乘凡夫示现之种种佛身及六道异类之身，总为化身也。狭门之化身者，分上述之化身，（亦云应化身）为应化身与化身二者，现佛形为应身，现他异形为化身。见丁福保《佛学大辞典・上册》，台北佛教出版社，页735。

[176] （术语）道为菩提，果为涅槃，涅槃由菩提之道而证，故曰果。见丁福保《佛学大辞典・下册》，台北佛教出版社，页2365。

[177] （术语）成就圆满也。见丁福保《佛学大辞典・下册》，台北佛教出版社，页2332。

[178] 同注154，第30版。

[179] （术语）梵语、旧曰衍。新曰野那。乘者乘载之义，以名行法、乘行人使至其果地之意。见丁福保《佛学大辞典・下册》，台北佛教出版社，页1737。

[180] （术语）梵曰尼底。译曰愿。志求满足也。见丁福保《佛学大辞典・下册》，台北佛教出版社，页2864。

[181] 见《联合早报》，1990年12月29日，第25版。

[182] （譬喻）智慧之灯也。见丁福保《佛学大辞典・下册》，台北佛教出版社，页2205。

[183] 见《联合早报》，1990年12月30日，第27版。

[184] （术语）依赖止住有力有德之处，而不离也。见丁福保《佛学大辞典・下册》，台北佛教出版社，页1373。

[185] 见《联合早报》，1996年11月13日，第27版。

[186] （术语）去娑婆世界往弥陀如来之极乐净土，谓之往，化生于彼土莲华中，谓之生。往生之言虽通於诸受生，而诸教所劝之行，偏在极乐，故常以为对于极乐之别名，是净土门之至要骨目也。见丁福保《佛学大辞典・下册》，台北佛教出版社，页1484。

[187] （界名）圣者所住之国土也。无五浊之垢染，故云净土。见丁福保《佛学大辞典・下册》，台北佛教出版社，页1976。

愿生兜率・得居内院[188] 中的"兜率"[189] 及"内院"[190]；

挽联与挽诗也同样是以佛教用语为主创作的。例如挽宏船长老的挽联及挽诗：

宏法南洋・功垂震旦
船登彼岸・普渡众生[191] 中的"震旦"[192]、"彼岸"[193] 及"普渡众生"[194]，

宏意似海深
船渡有缘人
法成登彼岸
师表超俗尘[195] 中的"有缘"[196]、"彼岸"及"俗尘"[197] 等等。

---

[188] 见《联合早报》，1996年11月14日，第17版。

[189] （界名）天名。旧作兜率、兜率陀、兜率哆、兜术等，新作都史多、睹史多等。译曰上足、妙足、知足、喜足等。欲界之天处，在夜摩天与乐变化天之中间，下当第四重。分天处内处之二。其内院为弥勒菩萨之净土，外院则天众之欲乐处也。见丁福保《佛学大辞典・下册》，台北佛教出版社，页1941。

[190] （杂名）兜率天有内外二院。内院名善法堂。弥勒菩萨常居此说法。见丁福保《佛学大辞典・上册》，台北佛教出版社，页686。

[191] 见《联合早报》，1990年12月31日，第29版。

[192] （地名）又作振旦、真丹、神丹。翻译名义集曰"东方属震。是日出之方。故云震旦"。见丁福保《佛学大辞典・下册》，台北佛教出版社，页2545。

[193] （术语）梵语波罗，译曰彼岸。生死之境界，譬之此岸，业烦恼譬之中流，涅槃譬之彼岸也。见丁福保《佛学大辞典・下册》，台北佛教出版社，页1484。

[194] （术语）佛谓视众生在世。营营扰扰。如在海中。本慈悲之旨。施宏大法力。悉救济之。使登彼岸也。见丁福保《佛学大辞典・下册》，台北佛教出版社，页2087。

[195] 见《联合早报》，1990年12月30日，第28版。

[196] （术语）有缘於佛道者。见丁福保《佛学大辞典・上册》，台北佛教出版社，页1021。

[197] （术语）凡俗之尘垢。斥一切世间之人事而言。见丁福保《佛学大辞典・下册》，台北佛教出版社，页1654。

(二)不同领域挽词用语的差异

挽词的基本用语虽然多是充满敬仰之意的褒美之词。然而，不同领域挽词的用语还是有所差异的。

政界的挽词主要以颂扬政治领导人的雄才大略、浩然正气和崇高品德为主，因此一般以充满钦敬景仰之情的词语来突出逝者的高大形象。

而华族商界领袖不仅活跃于商界，同时也多热心于教育及公益事业。因此，在社会上也同样深具影响力。商界的挽词除了称颂褒美之词，也常借代典型性的人物入词。

经济的发展虽然为国家带来财富，但是文化事业在社会发展中自有其重要地位。文化界的挽词用语相对于其它领域是极具个性化的。挽词用语一般是与逝者从事文化事业紧密结合的。

佛教乃华族的主要宗教信仰之一。佛教界的挽词用语极具特色。它不似一般挽词用语，采用的尽是赞颂的褒美之词或寄托哀思的委婉之语。佛教界的挽词用语讲究肃穆庄严，主要是由佛教术语构成。

其它领域的挽词虽然不在讨论之中，它们在用语上也都各具特色。例如：教育界的"桃李"、"春风"，医药界的"杏林"等等。

相对于建国初期，个别领域的特殊用语已少见于挽词中。不同领域的挽词用语的差异正逐渐随着公式化挽词的普及而缩小。在六十与七十年代，对于逝者所从事的领域，我们无需借助挽词的上下款也能从挽词中看出端倪。八十年代以后，随着公式化的四字格挽词占具主要地位，"高山仰止"、"痛失乡贤"、"痛失宗贤"这类用语随处可见。它们既被用来挽政界人士，也被用来挽商界人士，又被用来挽文化界人士，我们已经无法单从挽词中辨别逝者是来自哪个领域。

五　结语

(一)挽词创作的变迁

在语言运用中，一个意思、一个思想内容往往可以有各式各样的表达方式，可以选用不同的词语或句子来表达。至于采用哪种表达方式、什么样的语句，往往决定于特定的语言环境。于是，同样是寄托哀思的挽词，也因为语言环境的不同而有所不同。当然，挽词不仅仅只是抒发悼念之情的一种语言形式。特殊的挽词用语是传统文化的凝聚，也是华族智慧的结晶。语言和文化的关系是不容分离的。由于过去的政治与历史因素导致华文水平日益式微，华族传统文化也跟着黯然失色。从挽词的优劣，我们可以看出个人的语言能力及文化修养。挽词由个性化趋向公式化、由独创性迈向大众化所反映的语言与文化的变迁，也就不言而喻了。

（二）挽词变迁折射出的社会变迁

　　语言具有很强的社会性，挽词的变迁因此也折射出社会的变迁。首先，挽词变迁折射出人间情意的变化。个人的传统道德价值观念和语言感情紧密相关，语言感情对语言的使用有一定的影响。随着社会的发展，观念的变化和交际的扩大等，传统道德价值观念和语言感情逐渐淡化，这些都可从挽词的变迁中得到反映。早期华人移民南来，带来了所秉承的中华文化道德价值观念。个性化的挽词中蕴含了浓浓的深挚情意，但是在强劲的欧风美雨及强势的英文教育的影响下，挽词无可避免的趋向公式化、套化。公式化不正是人间情意淡化这种社会现象的真实写照吗？

　　其次，挽词变迁也折射出本地俗文化的变迁。由于本地华文华语比较注重口头形式，使用范围并不广，因此本地人虽然普遍会讲华语，用起华文来就不那么得心应手。这促成简单化、口语化成为大众文化的主流。挽词由特色鲜明变成通俗化、口语化不正是这种现象的最佳表现吗？

　　再次，挽词的变迁同时折射出华文地位的巨大变化。从二十世纪二、三十年代到独立后再到推行双语教育政策后的新加坡，随着主观与客观语言环境的改变，新加坡华文挽词用语产生了不少的变化。挽词由最初的个性化逐渐过渡到现在的公式化不仅反映了新加坡社会文化的发展，不也同时反映了新加坡华文水平的变迁吗？

(三)展望与建议

　　从以上我们回顾的近百年来新加坡华文报章挽词用语的总的情况，我们不难发现这个被人忽略的、相对冷门的课题其实是具有非常重要的社会文化意义的论题。笔者因此希望：第一，本地的语言文字工作者更关注本地俗文化、俗语言的研究，同时密切联系它所依存的社会历史来深入探讨。第二，作为大众传播媒介的报章也应当积极引导、鼓励挽词的写作，而不仅只是化用或套化现有的挽词。第三，广大民众本身也应该重视挽词的写作。挽词写作者希望逝者精神不朽，却不知道自己所拟之挽词更是价值永留。一则挽词的写作水平无论是优是劣，它都会随着报章的永久保存而永留人间；一则挽词的艺术水平无论是高是低，它也会像一滴露水汇入大海一般的记载在新加坡挽词文化之中，或许这也是挽词写作者始料不及的。第四，挽词蕴含了丰富的文化意义，我们应当让挽词文化继续放射异彩。这也是维护华族传统文化所不可或缺的一个部分。

【附注】

　　本文节选自作者汉语言文学学士学位毕业论文（2003年）；论文导师为新跃大学罗福腾副教授。此文早前曾编入符和水、李选楼主编的《新马华文作家作品论集》（新加坡文艺协会2004年）。此次录入本集，有一定修订。

参考文献

1.　曲彦斌主编《中国民俗语言学》，上海文艺出版社，1996年。

2.　谭汝为主编《民俗文化语汇通论》，天津古籍出版社，2004年。

3.　于成鲲《应用文大全》，上海学林出版社，1984年。

4.　常敬宇编著《汉语词汇与文化》，北京大学出版社，1995年。

5.　蔡东藩《中国传统联对作法》，浙江摄影出版社，2000年。

6.　杨苍舒、汪树福著《对联修辞学》，北京开明出版社，1991年。

7.　余德泉著《对联通》，湖南大学出版社，1998年。

8.　余章瑞、余东东编著《中华对联鉴赏》，人民日报出版社，1989年。

9.　谷向阳主编《中国楹联大典》，吉林教育出版社，1994年。

新加坡华人姓氏拼写法研究

罗健明

一 绪论

(一) 新加坡华人的语言背景

新加坡是由移民组成的国家,也是一个多元种族、多元文化、多元宗教的国家。新加坡人主要是来自马来半岛、中国以及印度次大陆移民的后裔。根据人口统计资料,截至2008年2月,新加坡人口为440万1千人,其中华人占75.2%,马来族占13.6%,印度族占8.8%,其他种族占2.4%。

新加坡华人虽然同属华族,但是他们的来源和语言背景却存在很大的差异。1819年英国莱佛士开埠后不久,便有许多来自马来半岛各地的华人(源自中国,最先移民至东南亚地区)到来新加坡。19世纪中期以后,华人的祖先都是来自中国南方的部分省份,包括福建省、广东省、海南岛等。其中以祖籍福建省操闽语的最多,其次是广东省(包括操广州话和潮州话的广东移民),而后是广东、福建来的客家人、海南岛的海南人。从中国南方省份福建、广东来的移民构成新加坡人口的主要组成部分,他们与原先的亚族群一起成为新加坡华人社会的主体。请参见下表:[1]

---

[1] 刘宏,战后新加坡华人社会的嬗变:本土情怀·区域网络·全球视野 [M]。厦门:厦门大学出版社,2003, 43。

表1: 1931–1970年新加坡华人来源的变动

方言群	闽南	潮州	广府	海南	客家	福州/福清	三江
1931年	43%	19.7%	22.5%	4.7%	4.6%	3.7%	不详
1947年	39.6%	21.6%	21.6%	7.1%	5.5%	3.2%	不详
1957年	40.6%	22.5%	18.9%	7.2%	6.7%	3%	1.0%
1970年	42.2%	22.4%	17%	7.3%	7%	2.5%	0.8%

新加坡在1965年建国之前属于英国殖民地，理所当然的，立法、行政等公文皆以英文为主。建国之后，官方语言为四种：英语、华语、马来语和淡米尔语（中国译作泰米尔语）。马来语为国语，英语成为"共同语"(Common Language)，也是政府的行政用语。虽然有四种官方语言，但官方公文或商业等文件则以英文内容为准。

在新加坡华族社群里，华人社会用的方言有闽南话、潮州话、广府话、海南话、客家话、福州话、福清话、上海话等等。但是，自从1979年9月推广华语运动迄今，新加坡华语也就自然的成为了华人社会的通用语言。而离乡背井的华人所带来的各自家乡话，应该说是各自的母语方言，成了非通用的语言。根据1990年人口普查显示，在1980到1990年的十年里，讲方言的家庭从原来的76%下降到48%。[2] 到了2005年，人口普查显示，在2000年讲方言的家庭继续下降到30.7% 而2005年更降低到23.9%。

(二)华人姓氏拉丁字母拼写法的回顾

世界上每个华人都有自己的姓氏，新加坡华人也不例外。姓氏是一个人的祖先及其血统的标志。在传统社会里，姓氏还和一个人的社会地位有关。在现代社会中，宗族观念已经不象过去那么狭隘，然而，每个人都珍视自己的姓氏，不但是不可改变的一种传统，而且是出于自然的一种感情。

---

[2] 谢世涯，新加坡华语运动的成就与反思 [C]。台湾：世界华文教育协进会，1994, 2。

1978年以前中国大陆华人的姓名的拉丁字母拼写没有统一的规范写法，其中影响最大的是威妥玛式拼音，人们多根据方言读音拼写，例如：孙中山拼作Sun Yat-sen，蒋介石拼作Chiang Kai-shek孔子拼作konfucius等等。1974年中国文字改革委员会公布《中国人名汉语拼音字母拼写法》、1978年国务院批转中国文字改革委员会等部门《关于改用汉语拼音方案作为中国人名地名罗马字母拼写法的统一规范的报告》的通知之后，中国人姓名才有了统一的规范。采用汉语拼音，并根据普通话的读音拼写。早期新加坡华人姓名的拼写延续了中国1978年以前的拼写方法。即当人们注册自己的姓名时都依据各自的母语方言登记，因为新加坡华人来自不同的方言族群，故此就自然而然的形成同一华族姓氏有不同拼写法的复杂现象。这种现象一直持续到1979年9月新加坡推广"华语运动"之后，才有了改变。政府在呼吁华族以讲华语代替方言的同时，鼓励人们以汉语拼音来注册婴孩姓名。从此之后就多了一种姓名拼写法。一部分新加坡华人响应政府的号召，用汉语拼音书写孩子的姓名；但是，由于没有规定统一的拼写标准，结果出现了两种不同的拼写方式：一是姓和名都用汉语拼音拼写，例如：林永佳Lin Yong Jia，二是名字用汉语拼音来拼写，姓氏仍然保持自家方言的拼写法，例如：林永佳Lum Yong Jia，"Lum"是"林"的粤语发音，所以一个华人姓名拼写带有方言和汉语拼音的交融不足为奇。其他新加坡华人则仍旧以方言为主拼写，例如：林永佳Lum Weng Kai（粤语发音）。故此，华人姓氏的拼写法就越来越复杂化了。这种特殊的姓氏拼写法现象一直延续至今。

(三)本文拟达到的目标

身为新加坡华人，笔者以发掘本土文化为己任。在探讨的过程中，我发觉由于文化、语言政策、历史等多方面的因素，使得新加坡华人姓氏的拼写存在着同姓异译的现象，即同一华人姓氏有多种不同的拼写法。例如：陈姓就有Chan, Chern, Chin, Ding, Tan, Tang, Teng和Chen等等。这是新加坡语文生活中非常重要的一种现象，但迄今为止还缺乏全面系统的研究。故此，笔者以它为研究对象，立足于原始资料的搜集整理，并建立新加坡华人姓氏拉丁字母拼写法的资料库，给研究工作奠定基础。另一方面，研究新加坡华人姓氏拉丁字母拼写法的特征，以及其所发展的若干规律，推测未来的发展方向等等，包含了丰富的信息，历史价值和多学科的知识，做一些前人没有做过的工作，得出一些新的见解和研究结果。这是具有重要的意义和价值的。

　　本文讨论的问题只限于姓氏的拼写法的演变及其现状的分析，不涉及到该姓氏的历史渊源和族谱等问题。

（四）文献综述

　　在新加坡笔者还未查到前人对同一选题的探讨与研究。只有在网络上搜索到一份"星马华人姓氏的拼音表"，列举了大约二十多个姓氏的方言拼音。它是附贴在马来西亚佳礼中文论坛。类似选题的有如下研究：

1. 潘文光、谢世涯（1975年10月）在《华人姓氏正音录》中收集了新、马一带华人常见姓氏，并为各姓氏标注汉语拼音以便读者检阅，所收姓氏共计1007个，包括单姓950个，复姓57个。此书的成就在于有系统的标注各姓氏的汉语拼音，使读者容易检阅。

2. 罗福腾博士（2004年10月16日）在新加坡金门会馆文教部主办的专题讲座《本地华人姓名包含的语言文化信息》，讲座的主要内容是从方言学、音韵学、语言学、词汇学等角度来分析及认识本地华人的姓名。

3. 新加坡国立大学中文系李子玲副教授在2007年12月1日由新加坡亚洲研究学会召开的"东南亚与中国：疏远、连接、定位"的国际学术会议上宣读的论文《从中国到东南亚：由新加坡华人名字的改变看思想意识》。论文主要比较了新加坡华人社会三个历史阶段的姓名特点。年代是以1920年、1940年、1950年和1995年至2000年出世的社群，分析新加坡华人取名的特色，华族姓氏与籍贯的直接关系以及取名所反映社会的变迁等等。

从以上的研究资料来看，虽然并非全属在本论文的研究范围内，但在一定的程度上，可作为有用的参考资料。

（五）资料来源与研究方法

1. 资料来源

由于本选题是前人未曾做过的专题研究，所以在收集罗列材料方面下了一番苦功。为了达到全面收集原始资料的目的，共用了一年半的时间收集到超过二万多个新加坡华人姓氏的拼写。资料的来源处如下：

1.1 新加坡185家宗乡会馆当中及代表各方言群的福建会馆、潮安会馆、广东会馆、南洋客属总会、琼州会馆（海南会馆）、三江会馆等约一万八千个会员姓名。

1.2 本地部分大学、部分初院、部分中学及部分小学约一千五 百个学生姓名资料。

1.3 新加坡2008年中文电话簿上约三百个新加坡华人姓氏。

1.4 新加坡报章刊物、报章讣告的历史资料和姓名。

1.5 访问宗乡会馆的负责人、走访民间查询、向电话簿名册上的人士查询以及口述访问长者的原始资料。

1.6 新加坡国立教育学院图书馆收藏资料库中的历史资料。

1.7 网络上搜索到的一份"星马华人姓氏的拼音"表，列出大约二十多个姓氏的方言拼音。

2. 研究方法

在收集了所有资料之后，笔者使用下列方法加以分析。

2.1 穷尽式罗列法

2.1.1 依据母语语音进行分类，可分为依据普通话的，依据福建方言的，依据潮州方言的，依据粤方言的，依据海南方言的，依据客方言的和依据三江话的等等。

2.1.2 依据音韵学的理论来分析

2.2 对比法

  2.2.1 方言与方言的对比，例如：闽（包括海南话、潮州话），粤，客。

  2.2.2 依据语言学的分析

2.3 方言与标准语对比，本文的标准语专门指普通话。

  笔者把收集到的新加坡华人姓氏拼写，分别以不同的方言群及其差异列表陈述，也许不是很齐全但都是实际收集的数据。把资料收集到数据库中后进行细致的研究分析以便得出独特的有价值的研究结果。

（六）本文常用术语解释

1. 闽语：本文所指的闽语包括了福建境内的闽南话、闽北话、潮州话和海南话。尽管潮州话和海南话之间有很大的差别，无法用各自的方言沟通，但是从语言学的角度看，实际都是闽语属于一个系统。因为语言专家注重的是语言特征和内部演变规律，这样，即使两个方言之间听不懂但语言特征和古今演变规律一致，仍然会把二者划归同一个方言区，例如厦门话和潮州话，"张"都读声母t-，"陈"都读t-，这就是闽语的典型特征之一。据此，可以把上述方言划归一起叫闽语区。[3]

2. 拉丁字母：也叫"罗马字母"。拉丁文的字母。最初只有20个，后来增加到26个。由于形体简单清楚，便于认读书写，流传很广，成为世界上最通行的字母。[4]

3. 威妥玛拼音：威妥玛（1818–1895，英）是剑桥大学汉语教授，在华任职期间，为方便外国人（主要是使用英语的人）学习和掌握汉语，由他根据北京读书音制订的拉丁字母拼音方案给汉字注音。这个方案以后被普遍用来拼写中国的人名、地名等，一般称为威妥玛拼音。

---

[3] 罗福腾，汉语导论[M]。新加坡：新加坡管理学院，2003, 31–32。
[4] 辞海，语言文字分册。上海：上海辞书出版社，1980-9, 35。

4. 阴阳对转：阴阳对转是音韵学里的一个重要概念，它指的是上古的韵部分为收塞音韵尾的入声韵、收鼻音韵尾的阳声韵和收零韵尾以及元音韵尾的阴声韵。韵腹相同、韵尾属于相同发音部位的韵部之间的字有互相转移的现象，叫做"阴阳对转"。

5. 韵摄：音韵学术语。等韵学家把韵腹和韵尾相同或相近的韵，归并为一类，称为韵摄。[5]

二　新加坡华人姓氏拼写法的历史变迁

(一)推广华语运动之前的姓氏拼写法的混乱现象

　　新加坡华人姓氏的拼写法可分为两个历史阶段，以1979年推广华语运动为分水岭。在推广华语运动之前，新加坡可说是个华族的方言堡垒，在华族社群里用的方言有闽南话、潮州话、广府话、海南话、客家话、福州话、福清话、上海话等等。这时期新加坡华人姓名的拉丁字母拼写延续中国大陆 1978年以前人名的拼写法，没有统一的规范，影响最大的是威妥玛式拼音，常常根据方言读音拼写。人们注册自己的姓名时都依据各自的母语方言登记，因为新加坡华人都来自不同的方言族群，故此就自然而然的形成同一华族姓氏有不同拼写法的复杂现象。例如："陈"姓的拼写法有 Chan, Chen, Chern, Chin, Ding, Tan, Tang, Teng。"郑"姓的拼写法有 Chang, Chen, Cheng, Chin, Tang, Tay, Tee, Teh, Tey。"林"姓的拼写法有 Lam, Lean, Lem, Leng, Liam, Lim, Ling, Lng, Lum 等等不同形式。这时期的华人移民大部分是来自中国福建、广东沿海一带的低下层农民和工人，他们当中有许多没有受过教育，或者仅受过粗浅的教育，一般文化和知识水平都偏低。在英属殖民地时，英文为行政用语，当华人移民在作居民登记或为孩子出生注册时，因为不懂英文，就用各自的方言读音登记，在很大程度上是依靠登记官为他们拼写姓名，这其中就难免出现了偏差，所以没有百分之百的准确。

---

[5] 同上注4, 47。

产生的原因大可归纳为如下三种情形：

1. 当登记官为马来人而又没有通译员协助时，他们就直接将所听到的方言姓名读音依据自己的判断用拉丁字母拼写。

2. 登记官或通译员为华人时，如果他与登记者不属同一方言群又或者不甚听懂其他方言，在听与说的过程中就取决于他们的主体意识。这就影响了拼写的精准了。

3. 当父母将孩子的名字写成汉字交给登记官时，他们往往就将汉字以本身的方言读出写在报生纸上。

除了以上三种情形影响姓氏的拼写之外，还有的就是人们往往在同一籍贯的社群中寻找协助，以相同籍贯乡里的姓氏为自己的拼写依据。如果当中本来就已经有错误，那他们也随着误拼下去了。

由于时代久远，追溯这段历史不易，只能靠笔者走访民间，与电话簿名册上的人士查询以及访问长者，在与他们的访谈与口述中得出的结论。[6]

总的来说，这时期的姓氏拼写法是没有规范的。总体上登记官起着重大的影响，而这些政府文员在当时也多数只受过初中程度教育，水平一般，故此在登记时他们可能随便推测，也随便写。反正那个年代的人都没有那么认真看待此事，只要有个公民身份就算了。

（二）推广华语运动之后的姓氏拼写法

1. 要不要用汉语拼音来拼写姓名的论争

我们查阅了大量的报刊资料和书籍，对政府以及有关机构的前前后后有关华人姓氏拼写法的政策有了较清晰的了解。

---

[6]　郭玉泉先生84岁，新加坡增龙会馆名誉会长，访谈日期2008年4月14日。

何乃强医生70岁，新加坡顺德会馆名誉顾问，访谈日期2008年1月18日。

何炳彪先生67岁，新加坡茶阳（大埔）会馆总务及文物股主任，访谈日期2008年2月21日。

林国贤先生69岁，退休教师，访谈日期2008年3月21日。

1979年9月推广华语运动之后，华人姓氏的拉丁字母拼写法起了重大的变革。早在全国推广华语运动展开之前，新加坡生死注册局即拟就了一份有70多个常见的华人姓氏（Surname）的汉语拼音参考资料，不过，孩子名字的汉语拼音，则必须由家长自行决定。[7]

其后，全国推广华语工作委员会主席林继民公开呼吁华人家长今后在为孩子申请出生证书时，姓名应以汉语拼音来呈报。为了避免法律上的可能出现争执，可以"又名"的方式，把原本籍贯的语音拼写的姓氏同时注册。[8]

当时的财政部长韩瑞生强调，为了消除当时华人同姓而英文字母拼音不同的混乱现象，我国华人最终势必采用汉语拼音拼写姓名。他也提到"有些姓名的方言拼音和华语较接近，有些则'相去一千八百里'。由此可见，统一华人姓名拼音的好处是不言而喻的。不过他指出，这是一个情绪问题，在现阶段里，父母将作最后抉择。"[9]

与此同时，新加坡教育部为了配合"讲华语运动"，决定从1981年1月起，以汉语拼音来拼写启蒙班和小学一年级华族学生的姓名。当时的教育部提学司陈启祐于1980年11月19日在教育部的记者招待会上指出，教育部做出这项决定，是有几项理由的：

1. 多年来，本地的学校是以华语作为教导华文的媒介语，学生都以华语来读汉字，所以学生的姓名也应该以华语来拼读。
2. 由1971年开始，本地华文课本便已采用汉语拼音。那是我们的华文老师和学生所熟悉的一套拼写华文的有效工具。

目前，所有以简体字编印的中文字典都采用汉语拼音来注音。陈启祐也表示："在最初阶段，华族子弟的汉语拼音姓名和原来法定姓名都将写在点名簿里，先写拼音姓名，然后再写法定姓名。教育部希望在三四年内完成这项工作。"[10]

---

[7]　新加坡新闻 [N]，星洲日报，1979-11-29。
[8]　社论 [N]，星洲日报，1979-12-1。
[9]　新加坡新闻 [N]，星洲日报，1979-12-10。
[10]　新加坡新闻 [N]，星洲日报，1980-11-20。

　　当时的文化部政务次长欧进福博士也表示，教育部的这项政策是明智的决定。他也建议"婴孩出生注册法令应作适当修改或采取其他行政方法，来方便那些自愿为孩子采用汉语拼音的家长，以免他们因为父亲和孩子姓氏拼音的不同，而遭遇到法律上的困难。他也促请生死注册局向公司注册局和商业注册局看齐，训练属下的华族公务员为家长指示汉语拼音的姓名。"[11]

　　对于教育部的这一项新措施，教育界的人士都大力支持。时任新加坡华文中学教师会秘书长叶昆灿表示，这是值得支持的措施。"他举出了几项支持的理由：其一，按照过去以方言拼写名字的方法，同是姓黄，但却有几种不同的拼法，如 Ong、Wong、Ng 等等，由于发音全然不同，别人很难从中推断其姓氏是什么，这不但显得很混乱，而且很容易弄错。其二，文字与发音统一化，名字念起来会显得较为顺口。"圣尼格拉小学教员何若锦表示她完完全全地支持教育部这项措施。她说："在政府大力推广华语运动的当儿，以汉语拼音来拼写华族子弟的姓名，对于推广华语运动是大有帮助的。她表示：在开始推行这项新措施时，学生可能会感到有一点混乱，但只要持续推行一段时间，混乱便会自然消失。她建议：为了使汉语拼音能够广为人民所接受、所应用，最好能使汉语拼音的名字取得法定的地位。"[12]

　　当时《星洲日报》记者访问家长们，大多数表示，学生姓名采用汉语拼音，必然有助于推动讲华语运动，这也是结束华族姓名拼写混乱情况的重要步骤。他们认为学生们从小以汉语拼音的姓名打招呼，从某种意义上说，也可以削弱他们的方言意识。也有的家长对于以汉语拼音来拼写姓名的意义表示怀疑。一名姓陈的家长说："采用汉语拼音姓名，将使到华人姓名的混乱情况更加恶化。他说，现在的华族姓名已经够繁杂了，以后每个人都多了另一个汉语拼音姓名，情况不是正好加倍复杂吗？还有，他说，他是姓 Tan 的，他无论如何无法接受要他的儿女改姓 Chen 的做法，因为怕给人家笑。有这种看法的家长

---

[11]　新加坡新闻 [N]，星洲日报，1980-12-2。

[12]　新加坡新闻 [N]，南洋商报，1980-11-21。

似乎不多，在记者们访问过的许多不同家庭、教育背景的家长当中，只有极少数怀有这种隐忧。他们说，只要大家都晓得老一辈的姓名是用方言拼写，而年轻一代是用汉语拼音，虽然两代的姓氏的罗马拼写不同，这并不成其为问题。"[13]

当时本地最大的华文报章《星洲日报》社论评述认为，"从历史发展的角度来看，华人社会以华语取代方言是必然的趋势。目前推行的讲华语运动，如果成功，将加速这种发展趋势，也减少国人在语言方面所走的冤枉路。华人姓名，以及地名等以华语拼写也是必然的趋势，我们总不希望世界姓'陈'的华人，都以Chen的罗马字母来拼写或互相称呼的时候，还是用Tan或Chan来抱残守缺。不过，在姓名采用汉语拼音的初期，大家会有几项不习惯。

1. 父亲的姓，法定文件是写成Tan，到了自己的儿女，变成是Chen，两代之间似乎有改姓或失传的感觉。

2. 大家长期浸濡在英语文化圈中，看到所有书写成abc的罗马字母，不论是法语、德语、日文罗马拼音，甚至汉语拼音，都以英语发音法来拼读。

两代之间的姓氏罗马字拼写方法不同，初期确会使人不很习惯，但却是无关宏旨的，因为华人的姓氏，如果要查'族谱'、'家谱'，也是应该以原本使用的汉字为准，也惟有根据汉字才能追源溯本。

华族姓名，要在法定文件上，或方便外国人拼读准确，迟早是要改成汉语拼音的，先从学校的学生着手，接下来再从报生纸的登记方面进行改革，这是最明智的做法。"[14]

据教育部官员调查了第一阶段（启蒙班及小一）的华族学生姓名汉语拼音实行结果后所提出的报告说："好些英文源流的学校在推行上都不很落力，结果是没有如期完成。报告书提出造成这种情形的原因主要是非华文源流学校校长，副校长及教师们对这个计划缺乏个人

---

[13]　新加坡新闻 [N]，星洲日报，1980-11- 21。

[14]　社论 [N]，星洲日报，1980-11-22。

兴趣和热心，而不是在称呼学生的汉语拼音姓名时有发音上的困难。因此，报告书建议教育部应更严格地督促，使各校按期完成工作。"[15]

　　同年的1981年5月20日，教育部课程署宣布所有启蒙班及小一学生的华文姓名已全部采用汉语拼音。这项汉语拼音运动将于来年一月开始推广至小学、中学与初级学院各年级华族学生的姓名，将一律以汉语拼音取代现行的方言拼音，去除方言拼音而转向中文化。而在1982年参加小学离校考试、普通水准和高级水准考试的学生全都得使用汉语拼音写姓名而把法定姓名写在括弧内。[16]

　　由于推广讲华语运动的普及及教育部的配合以及政府的呼吁，家长们在为孩子申请出生证时就多了一种选择用汉语拼音的拼写姓氏和名字。对人们来说，能否接受汉语拼音的姓名，在很大的程度上受到了习惯、感情和法律上等问题的影响。有人认为把孩子的姓由 Tan 改为 Chen，和自己的姓氏拼音不同，有一种断了根和失落的感觉，在感情上是很难接受的。在法律上，"有关婴孩出生注册法令，第十一节第一段规定 'Any surname of a child to be entered in respect of the registration of the birth of the child shall be that of the father of the child ……' 换句话说，因为报生纸上父亲和孩子的名字是以英文为准则，所以父亲和子女姓氏的拼音应该一致。[17] 后来生死注册局官员做出了澄清："只要婴孩的汉语拼音姓氏是与父亲的方言译音姓氏，原出自同一华文姓氏，姓名登记就没有问题，注册官更建议用正楷写上汉字姓名，那是百无一失的。"[18]

2. 采用汉语拼音拼写姓名的困境

　　教育部在十年后决定允许学校成绩单恢复用方言拼音姓名，而不是汉语拼音，因为华人姓名汉语拼音化行不通，根据生死注册局的

---

[15]　新加坡新闻 [N]，南洋商报，1981-6-7。

[16]　新加坡新闻 [N]，南洋商报，1981-5-20。

[17]　新加坡新闻 [N]，南洋商报，1980-12-2。

[18]　社论 [N]，星洲日报，1981-4-16。

数字，"去年只有8%华人父母完全用汉语拼音登记子女的姓名，其余92%在不同程度上选择保留用方言。"[19]

新加坡政府后来规定自1993年起，所有华族公民的身份证上加印华文姓名，无论是方言拼音还是汉语拼音，华文的字形才是华文名的根本。

在这过程中，有些新加坡华人响应政府的号召，把孩子的姓氏和名字都改用汉语拼音，但也有部分采用折衷的方法或仍然保留方言的拼写。例如：林先生，广东人，方言姓氏拼写为Lum，当他的儿子林永佳登记姓名时就会选择如下几种方式的任何一种来登记。

第一种：Lin Yong Jia 全然接受用汉语拼音拼写法。

第二种：Lin Yong Jia (Lum Weng Kai) 汉语拼音为首与方言并列。

第三种：Lin Yong Jia @ Lum Weng Kai 汉语拼音加又名。

第四种：Lum Yong Jia (Lin Yongjia) 保留"Lum"的祖籍方言姓氏而名字用汉语拼音,同时与汉语拼音并列。

第五种：Lum Yong Jia 保留"Lum"的祖籍方言姓氏和名字用汉语拼音。

第六种：Lum Weng Kai (Lin Yongjia)方言为首，汉语拼音并列。

第七种：Lum Weng Kai 延续以往的方言拼写法。

从此之后，新加坡华人的姓氏拼写法从原有的多方言拼写复杂现象和汉语拼音并存，与此同时，姓名的拼写反而变成多种方式。一般上年轻的家长在为他们的孩子取名时，并不严格的遵守他们的方言，他们只沿用各自的方言姓氏而用汉语拼音为孩子取名。这大概是他们不大会用方言读出孩子的名字，因此孩子的姓名融合了汉语和方言。这促使新加坡华人姓名的拼音与拼写形成本土文化语言特征，相信是世界上独一无二的。

---

[19] 联合早报 [N]，1992-1-3。

(三) 影响本地华人姓氏拼写法的几个因素

有人接受用汉语拼音来拼写华人姓氏，有人则坚持用威妥玛式来拼方言读音的姓氏。影响人们决定的因素有二。一是习惯问题，一般人多熟悉威妥玛拼音法而对汉语拼音法很生疏。从方言读音改为汉语拼音，外表上的拉丁字母变了样，他们不能接受这一改变。诚然，说服是一个漫长的过程，要人们接受新的政策，尤其是涉及到个人切身的问题，不是每个人都能立刻接受。但也有例外的，对受华文教育人士来说，华语是他们的日常用语，以汉语拼音代替方言读音拼写姓名对他们来说是没有问题的，这只是拉丁字母的改变，华人姓名始终以华文作为根本。二是情感问题，华人姓氏惯以方言发音，因此不论姓Teo（张）或姓Lim（林），他们的姓氏已成为身份认同的一部分。由Teo改为汉语拼音Zhang或由Lim改为Lin，虽然都是华文［张］或［林］，但对他们而言乃是改变世代沿用姓氏，有"失传"的感觉。也有人认为把孩子的姓由Teo改为Zhang和自己的姓氏拼写不同，有一种改姓或断了根的失落感觉。三是法律问题，本国法令规定婴孩的姓氏必须跟随父亲，所以人们会担心儿女用汉语拼音的姓氏，与自己原本用方言拼写的姓氏不符而抵触上述法律。

故此，人们能否接受汉语拼音的姓氏，在很大的程度上都是受到了习惯、情感和法律上等因素的影响。

三　华人姓氏拼写的多角度观察

(一) 以姓氏拼写依据的母语语言分类

新加坡华人姓氏的拼写法存在着同姓异译的现象，所以无法从以英文拼音为根据的新加坡人口普查得出华人姓氏数目和从英文电话簿上得到名单。本选题是前人未曾做过的专题研究，故此在收集罗列材料方面下了一番苦功。为了达到全面收集原始资料的目的，共用了一年半的时间收集到二万多个新加坡华人姓名，并且得出新加坡华人大约有283个姓氏。本论文在这283个姓氏范围内，依据不同的母语语言分为六类，即福建方言（闽南话）、潮洲方言、海南方言、粤语方言、客家方言和三江方言（以上海、宁波、温州等方言为主）组成"新加坡华人姓氏方言拼写表"（限于篇幅未能全文附录）。列表的目的是容易翻查，又或者能从列表中比较容易看出各母语语言之间姓氏拉丁字母拼写的异同，起到事半功倍的效果。

（二）从方言学、音韵学、语音学、现代语言学等角度来分析

1. 从方言学角度来观察姓氏的拼写

根据新加坡华人的姓氏拼写法,可以较容易地推测、判断姓氏主人的祖先所从属的方言系统。

例如：本地第一大姓氏"陈"有下列种类的拼写，

第一组：Chern, Chia, Chua, Dan, Ding, Seng, Shen, Sin, Tan, Tang, Teng, Then, Ting, Tjhin。

第二组：Chan, Chang, Cheng, Chin, Ching。

上边的第一组姓氏拼写，主人多数是来自闽南方言（即俗称的福建话）、潮州闽语（本地俗称潮州话）和海南话。

上述的第二组则来自粤语和客家话。两个系统毫不混乱。

又如："张"的拼写：

第一组：Diong, Teo, Teoh, Teow, Thio, Tio, Tiong, Tiu。

第二组：Chang, Cheang, Cheong, Cheung, Chiang, Chiong, Chong, Choong, Chuang, Soon, Tsang。

其中的第一组姓氏主人多来自闽语系统，而第二组则来自粤语和客家话系统。

再如本地姓氏"马、莫、吴"的拼写，同时显示出方言的差异。

第一组：马：Bay, Beh

　　　　莫：Boh, Bok

　　　　吴：Go, Goh

第二组：马：Ma, Mah

　　　　莫：Moh, Mok

　　　　吴：Ng, Ngo

上述的第一组属于闽方言系统，即主人来自讲闽方言的地区；第二组则属于粤、客语系统。

2. 从音韵学角度来观察姓氏的拼写

本地华人姓氏根据方言读音来拼写，这从另外一个角度反映出了一系列古代音韵学的知识和道理。以下举例说明。

2.1 凡是方言读d、t声母的姓氏，而普通话读zh、ch、sh声母的姓氏，则是来自古音"端透定"d、t、[d]声母。例如：

表2：反映古音"端透定"d、t、[d]声母的姓氏

姓氏	闽语	粤、客	普通话
陈	Dan Tan, Tang, Teng, ...	Chan, Cheng, Chin, Ching,...	Chen
张	Diong, Teo, Teoh, Teow, ...	Chang, Cheng, Cheong, Chong,..	Zhang
郑	Tay, Tee, Teh, Tey, ...	Chen, Cheng, Chng, Chung,...	Zheng
卓	Tho, Tock, Toh, Tok, ...	Cher, Cho, Chok, ...	Zhuo
施	Tee, ...	See, ...	Shi

2.2 姓氏中反映出的"阴阳对转"问题。从阳声韵–n, -ng转到阴声韵（无–n, -ng）。有的方言仍读阳声韵带有-ng尾，有的读成阴声韵，–ng尾消失。例如：

表3：反映"阴阳对转"的姓氏

姓氏	阴声韵	阳声韵
钱 –n	Chee, Chi, ...	Chang, Cheng, Chin,..
杨 –ng	Yao, Yeo, Yeoh, Yeu, Yew, ...	Yang, Yeung, Yong, ..
张 –ng	Tea, Ten, Teo, Tew, Toe, ...	Chang, Cheong, Chong, Choong, ...
郑 –ng	Tay, Tea, Tee, Teh, Tey, ...	Chang, Cheng, Ching, Tang, ...
蒋 –ng	Cheoh, Chieu, Chiu,...	Chang, Cheong, Chiang, Chong, ...

2.3 反映中古时期隋唐以前的m尾，即"深咸"二摄的-m韵尾仍保留至今。例如：

表4： 保留中古时期隋唐以前–m韵尾的姓氏

姓氏	保留的 –m 韵尾
林 深摄	Lam, Leem, Lem, Lim, Lum
金 深摄	Kim
岑 深摄	Ngim, Sham, Shum, Sim, Sum, Yim
粘 咸摄	Liam
覃 咸摄	Tim
甘 咸摄	Kam
湛 咸摄	Cham
谭 咸摄	Taam, Tam, Tham

2.4 姓名反映古代入声[20]的[–p、-t、-k]尾仍完整保留。

表5： 保留古代入声韵尾读音的姓氏

入声	姓氏	拼写法
p尾	叶	Hap, Hip, Gip, Yap, Yip
p尾	聂	Lip, Nip
t尾	列	Lit
t尾	阙	Kiat
t尾	葛	Kot
t尾	薛	Seet
k尾	郭	Kek, Kerk, Kok, Kuek, Kwek, Kwik, Kwok, Quck, Quek,...
k尾	翟	Chak

---

[20] 入声是四声之一，音长短促，有塞音韵尾，普通话没有入声。

3. 从语音学角度来观察姓氏的拼写

B声母少，P声母多，D声母少，T声母多，Z(Zh)声母少，Ch声母多，G声母少，K声母多。这是因为用威妥玛拼音时不送气音与送气音混在一起，而且以送气音为多。本文从福建会馆大约2400多名会员中就没有找到D声母拼写的姓氏，而只是在学生名册上找到一位福建籍贯的张同学拼写Diong的；在其他所有的方言拼写当中也只能找到四种：海南方言的陈Dan, Ding, 潮州方言的邓、丁Ding和客方言的赖Dah。

从新加坡华人姓氏方言拼写法来看，我们可以较容易地推测到姓氏主人的祖先所从属的方言系统，而从方言读音拼写观察反映了一系列古代音韵学的知识和道理，另一方面也可从语音学上则认识到华人姓氏拉丁字母拼写的现象以及反映了姓氏从最小到多排列的复杂性。

(三) 以相同姓氏拼写的数量分析

1. 以姓氏拼写的拉丁字母形式来看，从最少到多的排列：(见附录表7)

3.1 有1种拉丁字母形式的姓氏：安Ann、贝Phooi、毕Pi、宾Pan、博Poh、柴Chia、畅Tuan、巢Chow、池Tee、褚Chee、淡Dhan、翟Chak、刁Teo、樊Fan、藩Phan、房Fong、费Fai、封Foong、耿Keng、菇Yee、桂Kwei、国Kok、季Chi、吉Kin、纪Kee、简Kan、焦Chiao、揭Kit、解Chek、鞠Chue、坤Koon、老Loo、劳Loh、乐Ngok、冷Lan、李Lee、利Lee、连Liang、练Lian、列Lit、娄Low、楼Lou、鲁Loo、芦Loh、伦Lun、缪Mui、闵Meng、明Ming、穆Boh、木Moh、慕容Mohyong、粘Liam、农Mong、盘Poon、裴Per、蒲Poh、濮Pok、祁Kay、戚Sek、齐See、秦Qin、卿Ching、屈Watt、瞿Chu、趋Chow、阙Kiat、容Yoon、戎Jung、茹Yee、芮Juay、上官Sangkuan、舒Su、水Chwee、粟Chik、谈Tam、覃Tim、陶How、藤Ten、佃Tien、童Tak、屠Doo、徒Tow、危Ngai、武Mou、奚Yee、咸Sia、项Hong、香Hong、肖Siew、禤Huen、伊Ee、尹Wan、英Yeng、应Eng、雍Yeong、游Yew、于Yu、喻Yee、元Guan、源Yuen、招Chew、植Chick、左So。

3.2 有2种拉丁字母形式的姓氏：包(Poh, Pua)、鲍(Pou, Pow)、布(Pao, Poh)、车(Cha, Chia)、仇(Chow, Tee)、单(Sin, Syn)、董(Tang, Tong)、甘(Kah, Kam)、谷(Koo, Ku)、官(Kuan, Kwan)、管(Kok, Kwan)、郝(Hiak, Kok)、华(Wah, Wan)、贾(Kah, Kea)、姜(Keong, Kiong)、孔(Hong, Hung)、郦(Lee, Lai)、凌(Leng, Lin)、柳(Liew, Luw)、留(Lew, Liew)、骆(Loh, Lok)、毛(Mo, Moh)、孟(Beng, Mang)、蒙(Moh, Mong)、宁(Leng, Ling)、区(Au, Ow)、欧阳(AwYeong, AwYong)、强(Keong, Kiong)、任(Yam, Yu)、商(Siang, Siong)、佘(Seah, Sia)、盛(Seah, Siah)、司徒(SeeToh, Sitoh)、宋（Soong, Tung）、万(Ban, Man)、闻(Wang, Wern)、巫(Boo, Moo)、相(Seong, Shiang)、辛(Seng, Sin)、颜(Gan, Ngan)、阎(Gian, Yin)、易(Yek, Yik)、蚁(Hia, Kee)、殷(Oon, Yan)、尤(Yeu, Yew)、郁(Wood, Woot)、庾(Yee, Yong)、臧(Cheong, Ching)、甄(Chan, Yan)、仲(Chong, Choong)。

3.3 有3种拉丁字母形式的姓氏：常(Seong, Sheung, Siong)、戴(Tai, Tay, The)、钿(Thin, Tien, Toi)、葛(Kei, Ker, Kot)、辜(Koh, Koo, Kow)、关(Kuan, Kuang, Kwan)、贺(Hien, Ho, Koe)、侯(Hau, Hauw, Hoe)、霍(Fok, Fock, Wak)、牛(Gu, Ngao, Ngau)、聂(Lip, Lit, Nip)、欧(Au, Aw, Ow)、庞（Fong, Fung, Phang)、邵(Shau, Shaw, Shiu)、沈(Shin, Sim, Sin)、司(Sie, Soo, Su)、谭(Taam, Tam, Tham)、涂(Tho, Thor, Too)、韦(Boey, Boon, Wee)、文(Bon, Boon, Mun)、冼(Chai, Sin, Toi)、岳(Nga, Ngah, Ngok)、湛(Cham, Hum, Thiam)、宗(Cheong, Chong, Choong)、祝(Cheok, Chut, Tok)。

3.4 有4种拉丁字母形式的姓氏：卜(Pock, Pok, Pook, Pot)、成(Sang, Seng, Sing, Sung)、崔(Choi, Chui, Swee, Tsui)、段(Tong, Toon, Tuan, Tuen)、古(Khoo, Koh, Koo, Ku)、顾(Hoo, Khoo, Koo, Ku)、雷(Loi, Looi, Loy, Lui)、麦(Bea, Bek, Mak, Moh)、全(Chuan, Suan, Soon, Chun)、阮(Wan, Yuen, Yen, Yam)、田(Chan, Thien, Tien, Tin)、汪(Ang, Kiang, Ong, Wong)、邬(Ooh, Voo, Wo, Woo)、邢(Eng, Heng, Hia, Yeng)、俞(Gi, Jee, Yew, Yue)。

　　3.5　有5种拉丁字母形式的姓氏：程(Chan, Thia, Thiah, Thiam, Thian)、符(Foo, Hoo, Khoo, Poh, Poo)、金(Cheng, Chin, Ching, Kim, King)、邝(Fong, Khong, Kong, Kwang, Kwong)、蓝(Lam, Lang, Lum, Na, Nam)、龙(Leong, Liang, Loon, Loong, Lung)、马(Bak, Bay, Beh, Mah, May)、倪(Gay, Geh, Goy, Ngeh, Yea)、钱(Chang, Cheang, Chee, Chi, Chin)、施(See, Sie, Sje, Sze, Tee)、史(Say, See, Ser, Soo, Sze)、石(Chio, Chioh, Shah, Sher, Shiok)、云(Hoon, Hoong, Wan, Won, Woon)。

　　3.6　有6种拉丁字母形式的姓氏：傅(Boh, Boo, Pao, Poh, Por, Yen)、韩(Ann, Harn, Hoi, Hon, Hone, Hun)、梅(Boey, Boy, Moey, Moi, Moy, Mui)、汤(Hang, Teng, Thng, Thong, Tng, Tong)、温(Bon, On, Oon, Ou, Wan, Woon)、翁(Ang, Eng, Ong, Ueng, Wong, Yang)、夏(Hai, Har, Hay, Ho, Hoe, Seah)、熊(Hoong, Shong, Shyong, Sian, Yong, Yoong)、薛(See, Seek, Seet, Seh, Shee, Tet)、王(Heng, Ong, Wan, Wee, Wong, Woon)、鄞(Gn, Gng, Ng, Ngern, Ngin, Yoon)、章(Chan, Cheang, Cheng, Cheong, Chiang, Chong)。

　　3.7　有7种拉丁字母形式的姓氏：丁(Heng, Tang, Teng, Tenk, Theng, Tian, Ting)、高(Kao, Kau, Kaw, Ko, Koh, Kon, Kow)、龚(Chong, Keng, Keong, Khong, Kiang, Kiong, Kong)、康(Hang, Hong, Ken, Khng, Khong, Kng, Kong)、黎(Lai, Lee, Loi, Looy, Low, Loy, Roy)、卢(Lau, Law, Liau, Lo, Loh, Loo, Low)、罗(Lah, Lam, Law, Lo, Loh, Loo, Low)、魏(Goi, Gooi, Gui, Gwee, Mui, Ngai, Wee)、詹(Cham, Chan, Chang, Cheam, Chiam, Chian, Chum)、朱(Chee, Chei, Choo, Choon, Chu, Toh, Too)、卓(Cher, Cho, Chok, Tho, Tock, Toh, Tok)。

　　3.8　有8种拉丁字母形式的姓氏：白(Biah, Pak, Pay, Peck, Peh, Pek, Pey, Pok)、岑(Neom, Neon, Ngim, Sham, Shum, Sim, Sum, Yim)、杜(Loo, Tho, Thoo, Toh, Too, Tooh, Tor, Tow)、何(Hah, Haw, Ho, Hoe, Hoh, Hoo, Hor, Oh)、蒋(Chang, Cheok, Cheong, Chiang, Chieu, Chionh, Chiu, Chong)、吕(Le, Leh, Ler, Loe, Loo, Lu, Lui, Lur)、苏(Saw, Shon, Soe, Soh, Soo, Sou, Toh, Tow)、伍(Goh, Neo, Ng, Ngo, Ngoh, Nh, Nhoh, Wou)、袁(Bin, Guan, Jen, Juan, Yen, Yin, Yue, Yuen)。

3.9 有9种拉丁字母形式的姓氏：洪(An, Ang, Fon, Fong, Fonng, Foon, Foong, Hoan, Hoong)、江(Kang, Keng, Kiang, Kien, Khang, Kon, Kong, Kun, Kung)、赖(Dah, Lein, Li, Lua, Luah, Luar, Lwa, Lye, Nai)、莫(Boah, Bock, Boh, Bok, Mak, Mock, Moh, Mok, Poh)、丘(Chiu, Chue, Hew, Kew, Khew, Khoo, Kiew, Kiow, Kiu)、孙(Hong, Sheun, Seng, Sng, Soon, Soong, Tong, Toon, Tun)、邹(Cheor, Cheow, Chew, Chiau, Cho, Choh, Chong, Chow, Then)。

3.10 有10种拉丁字母形式的姓氏：曹(Chau, Cho, Choa, Chor, Chou, Chow, Shaw, Sou, Tsao, Tso)、饶(Jeow, Ngaw, Ngell, Ngiow, Ngow, Teo, Yaw, Yeow, Yow, Yu)、唐 (Han, Hang, Hung, Tan, Thang, Thong, Thoy, Tiong, Tng, Tong)、姚(Eio, Jaw, Jeow, Jow, Law, Ngiow, Yau, Yeo, Yeow, Yio)、叶(Gip, Hap, Hip, Yai, Yao, Yap, Yeh, Yi, Yip, Yoke)。

3.11 有11种拉丁字母形式的姓氏：范(Fam, Fang, Fun, Fung, Huan, Hun, Hwam, Kwan, Pan, Phan, Tham)、林(Lam, Lean, Leem, Lem, Leng, Lewn, Liam, Lim, Ling, Lng, Lum)、陆(Lake, Leck, Lek, Lew, Liak, Liock, Lock, Loh, Lok, Loke, Loo)、余(Chee, Ee, Er, Erh, Eu, Gee, Jee, Yee, Yeh, Yue, Wu)、赵(Chan, Chao, Cheow, Chew, Chiaw, Chiew, Chio, Chou, Chow, Teo, Teoh)、钟(Chang, Cheng, Cheong, Chiong, Chong, Choong, Chung, Cung, Foong, Thong, Tong)、周(Chen, Cheo, Cheu, Chew, Chiew, Choo, Chou, Chow, Chu, Chue, Tjioe)。

3.12 有12种拉丁字母形式的姓氏：柯(Kho, Khoo, Khua, Khuah, Koa, Koah, Kua, Kuah, Kwa, Kwah, Or, Quah)、梁(Leang, Leo, Leon, Leong, Leow, Lew, Lian, Liong, Loh, Neo, New, Nio)、吴(Eng, Go, Goh, Gohn, Goo, Ng, Nge, Ngo, Ngoh, Ngoo, Oh, Woo)、萧(Hsiao, Seow, Sew, Shiao, Sia, Siau, Siaw, Sieu, Siew, Sio, Siow, Siu)、庄(Chan, Chang, Cheng, Chern, Chin, Chng, Chong, Chuan, Chuang, Juan, Tsny, Twan)。

3.13 有13种拉丁字母形式的姓氏：邓(Ding, Tan, Tang, Ten, Teng, Than, Then, Theng, Thiam, Thien, Tien, Ting, Tung)、方(Fong, Fung, Hong Pang, Perng, Phoon, Phui, Phun, Png, Poon, Puen, Pung, Pwee)、胡(Aw, Foh, Foo, Fu, Heu, Ho, Hoo, Oh, Or, Ow, Po, Woo, Wu)、彭(Fay,

Fung, Pa, Pamg, Pan, Pang, Pean, Peh, Phang, Phay, Phee, Phia, Puay)、邱(Chiow, Chiu, Hoo, Kew, Khew, Khoo, Khu, Kiew, Kiu, Koo, Ku, Loo, Yew)、严(Gan, Giam, Gian, Lian, Neam, Ngam, Ngiam, Ngian, Niam, Nian, Nyam, Yam, Yen)。

3.14 有14种拉丁字母形式的姓氏：冯(Ban, Bang, Bob, Fang, Fong, Fung, Hong, Pan, Pang, Phang, Phung, Pong, Puan, Pung)。

3.15 有15种拉丁字母形式的姓氏： 刘(Lau, Lauw, Law, Leo, Leu, Lew, Liew, Liou, Liu, Liw, Loh, Lou, Low, Lu, Lui)。

3.16 有16种拉丁字母形式的姓氏：徐(Chai, Chee, Cheer, Cher, Chi, Chie, Chin, Choo, Choy, Chu, Chua, Hsu, See, Ser, Yee, Zee)

3.17 有17种拉丁字母形式的姓氏：黄(Bong, Eng, Guang, Hwang, Hwee, Ng, Oei, Oeij, Oi, Ooi, Ong, Wan, Wang, Wee, Whong, Wong, Wui)、潘(Bun, Fua, Fwa, Hua, Huah, Pauh, Phan, Pho, Phua, Phun, Pua, Puah, Puan, Puar, Poo, Poon, Pour)。

3.18 有18种拉丁字母形式的姓氏：廖(Leau, Leo, Leow, Leu, Lew, Lia, Lian, Liao, Liau, Liaw, Lien, Lieu, Liew, Liou, Liow, Lioww, Liu, Low)、杨(Jong, Neo, Tiang, Yan, Yao, Yeo, Yeoh, Yeok, Yeong, Yeu, Yeung, Yiong, Yoang, Yong, Yoong, Young, Yu, Yun)、郑(Chan, Chang, Chen, heng, Chiang, Chin, Ching, Chng, Chong, Chung, Shing, Sing, Tang, Tay, Tea, Tee, Teh, Tey)。

3.19 有19种拉丁字母形式的姓氏：蔡(Chai, Char, Chay, Cher, Chia, Choi, Choy, Chua, Chye, Sai, Shia, Sua, Suah, Swa, Swah, Swar, Swe, Tjua, Tsat)、陈(Chan, Chen, Cheng, Chern, Chia, Chin, Ching, Dan, Ding, Jun, Seng, Shen, Sin, Tan, Tang, Teng, Then, Ting, Tjhin)、曾(Cham, Chan, Chang, Chao, Chem, Chen, Cheng, Chiang, Chin, Ching, Chong, Choon, Chung, Tan, Than, Tien, Tsan, Tsang, Tseng)。

3.20 有20种拉丁字母形式的姓氏：谢(Chai, Chay, Cheah, Chear, Chee, Chi, Chia, Chin, Sea, Seah, Seaw, Sia, Siah, Tear, Thear, Thia, Tia, Tiah, Tian, Tse)。

3.21 有25种拉丁字母形式的姓氏：许(Hee, Heen, How, Hsu, Hui, Kao, Khaw, Khoa, Kho, Khoo, Khor, Ko, Koh, Kok, Koo, Kor, Kow, Kue, Kwoh, See, Shee, Soh, Soo, Swee, Xui)。

3.22　有27种拉丁字母形式的姓氏：郭(Chik, Kaek, Kay, Kea, Kek, Kerk, Kheak, Kher, Kit, Koay, Koh, Kok, Kuek, Kuik, Kuo, Kuoh, Kway, Kwee, Kweh, Kwek, Kwok, Qack, Quak, Quay, Quck, Quek, Quok)。

3.23　有49种拉丁字母形式的姓氏：张(Chan, Chang, Cheang, Chen, Cheng, Cheong, Cheung, Chiang, Ching, Chiong, Chong, Choon, Choong, Chuang, Chun, Chung, Diong, Soon, Tea, Teau, Teaw, Tei, Teio, Teiw, Ten, Teo, Teoh, Teon, Teong, Teonh, Teow, Teu, Tew, Thiew, Thio, Thion, Tiang, Tieow, Tiew, Tio, Tion, Tiong, Tiu, Tiw, Tjhoa, Tjong, Tneo, Toe, Tong)。

上述的排列是根据笔者从收集到的资料整理出来，相信会有遗漏，故此不敢说齐全，但可作为参考之用。这当中拉丁字母的形式有从最少的一种到多至49种，可见新加坡华人姓氏依据方言的拉丁字母拼写是非常的复杂，这也呈现了本土语言的特色。

四　新加坡华人姓氏的现状分析

新加坡华人姓氏的拉丁字母拼写存在着复杂的现象，归纳起来可分为两类。一是从拼写依据的语音系统来看，有依据华语语音和方言语音两系统，就姓氏而言只有这两类，然而就姓名而言，还有华语语音系统和方言语音系统杂揉的一类。二是从拼写体系来分，有采用威妥玛拼写系统和汉语拼音拼写系统两种。威妥玛拼写系统采用方言语音拼写，而汉语拼音系统则以华语语音拼写。

新加坡华人姓氏的拉丁字母拼写，由于拼写依据的语音体系不同和采用的拼写系统也不同，故此造成如下的现状。

（一）母语语言姓氏的拉丁字母拼写

在新加坡华族社群里，同一华族姓氏就有不同的拉丁字母姓名是很常有的事。比如：陈姓的拉丁字母拼写就有Chan, Chern, Chin, Ding, Tan, Tang, Teng和Chen等不同的姓氏称呼。这种特殊语言现象可说是受了母语方言的影响。新加坡政府的主要行政用语为英语，华人移民一般都不懂英文，所以早年当人们注册自己的姓名或为孩子出生注册时，都是说出各自的母语方言或写出华文姓名任由登记官根据威妥玛拼写系统以拉丁字母拼写；而当时的拼写是没有规范，又因为新加坡的华人都来自不同的方言族群，所以就自然而然的形成了这种复杂的姓氏拉丁字母拼写现象。

反观中国大陆，也同样有大量的不同方言族群，但因为官方话为汉语普通话，所以统一以汉语拼音拼写，故此简而易懂。然而这种复杂的姓氏拉丁字母现象，我们都习以为常认为是理所当然的。但是，在笔者跟外地的华族同胞接触中，发现他们对我们的这种特殊语音现象甚为疑惑，从中国来的老师在念新加坡学生的英文译名时也往往都会感到困难。

比如以Chong姓为例，章、仲、宗、蒋、邹、庄、郑、钟、曾或张，都有Chong译，音近相似。但所列各汉姓，又因为方言不同各有不同的拉丁字母拼写。除了Chong之外，张姓拉丁字母拼写有Chan, Chang, Cheang, Chen, Cheng, Cheong, Cheung, Chiang, Ching, Chiong, Choon, Choong, Chuang, Chun, Chung, Diong, Soon, Tea, Teau, Teaw, Tei, Teio, Teiw, Ten, Teo, Teoh, Teon, Teong, Teonh, Teow, Teu, Tew, Thiew, Thio, Thion, Tiang, Tieow, Tiew, Tio, Tion, Tiong, Tiu, Tiw, Tjhoa, Tjong, Tneo, Toe, Tong。曾姓拉丁字母拼写，除了Chong之外，尚有Cham, Chan, Chang, Chao, Chem, Chen, Cheng, Chiang, Chin, Ching, Choon, Chung, Tan, Than, Tien, Tsan, Tsang, Tseng。Chong最常用于钟姓的拉丁字母拼写，但钟姓拉丁字母拼写另有Chang, Cheng, Cheong, Chiong, Choong, Chung, Cung, Foong, Thong, Tong。至于郑的拉丁字母拼写有Chan, Chang, Chen , Cheng, Chiang, Chin, Ching, Chng, Chung, Shing, Sing, Tang, Tay, Tea, Tee, Teh, Tey。庄的拉丁字母拼写有Chan, Chang, Cheng, Chern, Chin, Chng, Chuan, Chuang, Juan, Tsng, Twan。邹的拉丁字母拼写有Cheor, Cheow, Chew, Chiau, Cho, Choh, Chow, Then。蒋的拉丁字母拼写有Chang, Cheoh, Cheong, Chiang, Chieu, Chionh, Chiu。宗的拉丁字母拼写有Cheong, Choong。仲的拉丁字母拼写有Choong。章的拉丁字母拼写有Chan, Cheang, Cheng, Cheong, Chiang。而Cheong和Ching都是臧的拉丁字母拼写，音近实异。如此错综复杂的籍贯渊源，使外地

学者在研究新马文献时感到颇棘手，他们的最大障碍就是如何把华人的英文名还原成中文了。

(二)汉语拼音姓氏的拉丁字母拼写

由于政府的呼吁，自1979年9月"推广华语运动"及1981年1月起新加坡教育部公布，启蒙班及一年级华族新生，点名簿姓名一律采用汉语拼音，拉开了新加坡华人依据华语语音采用汉语拼音拼写拉丁字母的序幕。

屈指一数，二十多年后的这些年轻一代的新加坡人以汉语拼音取名的，现在已经步入社会，在不同群体或个体间的交往也产生了一些新鲜的变化，他们与中国大陆定居此地的新移民的姓名没有差别，往往被视为中国移民。联合早报编辑组助理主任周兆呈博士就曾说道："记得不久前，有朋友向我赞扬本地英文报的一位记者，说她虽然来自中国，但是英文文笔流畅，运用自如。'他问朋友怎么知道她是中国来的呢？'回答是她出现在报纸上的英文名字是汉语拼音。而实际上这位记者是土生土长的新加坡人，由于以汉语拼音为名，与一般新加坡或外地读者对新加坡人名的认识出现差异，才制造了这个美丽的误会。"[21] 华族采取汉语拼音作为姓名，无形中拉近了与中国移民间的距离促进社会的融合力，未尝不是一件好事。

(三)华人相同姓氏拉丁字母拼写的差异

华族的姓氏分布，素有"张王李赵刘，天下遍地有，陈林半天下，黄蔡满地走"的说法，恰好反映了本地华人姓氏的情况。新加坡华族十大姓以陈居首，以下依次为：林、黄、李、王、张、吴、蔡、刘、杨。[22] 下面是根据新加坡华人姓氏排行榜首十名姓氏来看其差异。

---

[21] 联合早报城外城专栏 [N]，2007-12-16。
[22] 巴特尔，《华族姓氏文化趣谈》(J)。源，新加坡宗乡会馆联合总会出版，2008, (79), 92。

陈：　普通话：Chen
　　　福建方言：Chan, Chen, Chin, Tan, Teng, Tjhin
　　　潮州方言：Chen, Chern, Chin, Chua, Tan, Tang
　　　海南方言：Chan, Chen, Chern, Chia, Dan, Ding, Seng, Shen, Sin, Tan, Then
　　　粤语方言：Chan, Chen, Chin, Tan
　　　客家方言：Chan, Chen, Cheng, Chin, Ching, Tan
　　　三江方言：Chan, Chen, Cheng, Chin, Ching, Jun, Tan, Tang

林：　普通话：Lin
　　　福建方言：Lem, Leng, Lim, Lin, Ling, Lng
　　　潮州方言：Lean, Lim, Lin, Ling
　　　海南方言：Lam, Leem, Lewn, Liam, Lim, Lin, Lum
　　　粤语方言：Lam, Lim, Lum
　　　客家方言：Lam, Lim, Lin, Ling
　　　三江方言：Leng, Lim, Ling

黄：　普通话：Huang
　　　福建方言：Eng, Hwang, Ng, Oei, Ooi, Wang, Wee, Wong
　　　潮州方言：Huang, Ng, Wee, Wong
　　　海南方言：Guang, Hwang, Hwee, Oi, Ong, Ng, Wan, Wang, Wee, Wong, Wui
　　　粤语方言：Bong, Ng, Wong
　　　客家方言：Bong, Eng, Huang, Ng, Oeij, Ong, Ooi, Wang, Whong, Wong
　　　三江方言：Ng, Wang, Wee, Wong

李：　普通话：Li
　　　福建方言：Lee, Li
　　　潮州方言：Lee
　　　海南方言：Lee
　　　粤语方言：Lee
　　　客家方言：Lee
　　　三江方言：Lee, Li

王： 普通话：Wang

　　福建方言：Ong, Wang, Wong

　　潮州方言：Heng, Ong, Wang, Wong

　　海南方言：Heng, Ong, Wan, Wang, Wee, Wong, Woon

　　粤语方言：Wong

　　客家方言：Heng, Ong, Wong

　　三江方言：Ong, Wang, Wong

张： 普通话：Zhang

　　福建方言：Chang, Cheong, Cheung, Chong, Diong, Teo, Teoh, Teow, Thio, Tiu, Zhang

　　潮州方言：Tei, Teio, Ten, Teo, Teoh, Teon, Teow, Tew, Thio, Tio

　　海南方言：Chan, Chang, Cheng, Cheong, Chiang, Chong, Choong, Chun, Chung, Teo, Teoh, Zhang

　　粤语方言：Cheong, Chiang, Chong, Teo

　　客家方言：Chang, Chen, Cheng, Cheong, Cheung, Chiang, Chong, Soon, Teo, Teoh, Tiong, Tjong, Zhang

　　三江方言：Chan, Chang, Cheong, Chiang, Ching, Chong, Zhang

吴： 普通话：Wu

　　福建方言：Go, Goh, Ngo, Ngoh, Wu

　　潮州方言：Goh, Gohn, Goo, Ng, Wu

　　海南方言：Go, Goh, Eng, Ng, Ngo, Ngoh, Ngoo, Woo, Wu

　　粤语方言：Goh, Ng

　　客家方言：Goh, Ng, Nge, Ngo, Ngoh, Oh, Woo, Wu

　　三江方言：Ng, Wu

蔡： 普通话：Cai

　　福建方言：Chai, Char, Choi, Chua

　　潮州方言：Chua, Tjua

　　海南方言：Cai, Chua, Shia, Sua, Suah, Swa, Swah, Swar, Swe

　　粤语方言：Choy, Chua

　　客家方言：Chai, Chia, Choy, Chua, Chye, Sai, Tsat

　　三江方言：Chay, Cher, Choi

刘：　普通话：Liu
　　　福建方言：Lau, Lauw, Law, Liu, Low
　　　潮州方言：Lau, Liew, Loh, Low
　　　海南方言：Lau, Law, Liu, Lou, Low
　　　粤语方言：Lau, Lew, Liew, Liu, Low
　　　客家方言：Lau, Law, Leo, Leow, Leu, Lew, Liew, Liou, Liu, Liw
　　　　　　　　Loh, Low, Lua,Lui
　　　三江方言：Lau, Liew, Liu, Lou
杨：　普通话：Yang
　　　福建方言：Yao, Yeo, Yeu，Yoong, Young, Yun
　　　潮州方言：Yang, Yao, Yeo, Yeoh, Yeung, Yu
　　　海南方言：Jong, Neo, Tiang, Yang, Yeo, Yeoh, Yeok, Yeong, Yoang,
　　　　　　　　Yong
　　　粤语方言：Yang, Yong
　　　客家方言：Yang, Yeo, Yeoh, Yeong, Yiong, Yong, Yoong, Young
　　　三江方言：Yan, Yang, Yeo, Yeong, Yong, Yoong

从这些差异中我们观察到：

1) 相同的姓氏在各方言群中有着不同的拉丁字母拼写法，
2) 在各自方言群中也存在着不同的拼写法，
3) 相同的拉丁字母拼写形式在各方言群中也同时出现，
4) 其中唯独"李"姓的拉丁字母拼写"Lee"是方言群中共用的拼写形式。

　　由此看来，新加坡华人姓氏拼写法是复杂的，没有规范，也没有绝对性。人们往往把拉丁字母姓氏拼写为"Tan"和"Lim"的人就是闽方言籍贯人氏，而"Chan"和"Lum"的是广东人。这只能说是大多数的拼写，但是由于它存在着一些不统一或误拼的人为因素，造成了一些例外。

(四)华人不同姓氏的相同拉丁字母拼写现象

在不同华人姓氏当中存有相同的拉丁字母拼写现象。例如：

Tan: 陈、覃、曾（闽）、谭（客）、邓、唐（三江）

Ho: 何（闽、粤、客、三江）、贺（客）、胡（闽）、夏（三江）

Tee: 仇、池（闽）、施（客、闽）

Ng: 王、黄、吴（闽、粤、客、三江）、伍（客）、鄞（闽）

Ang: 洪、翁、汪（闽、粤、客）

Ong: 王、汪、黄、翁（闽、客、三江）

Teng: 陈（闽）、邓（客、闽）、丁（闽）

Chong: 张、仲、章、庄、钟、蒋（闽、粤、客、三江）、宗（粤）、曾、郑、邹（客）

笔者还发觉到，不同华人姓氏会共用相同的拉丁字母拼写，这种现象可说是因为母语语言之间存有相似拼音所造成的结果。好比陈、覃、曾、谭、邓、唐等都是上古音d和t声母，在拉丁字母拼写过程中只专注声音的拼写，故此同音拼写成的拉丁字母拼写也就概况了各种不同的姓氏。

(五)家庭成员姓氏有不同的拉丁字母拼写

华人姓氏以母语方言或汉语拼音拼写的拉丁字母姓氏，产生的另一结果是目前新加坡华人的家庭中，祖父，父亲与子女的姓氏在拉丁字母拼写不同的大有人在。而在子女之间如果正好是1980年代的变革时期出生，兄弟姐妹彼此中文是一个姓，拉丁字母拼写又各不相同的也普遍存在。这种现象尤其反映在大家庭中，笔者从报章的讣告上随意都能发现在同一家庭中，父亲，父亲的兄弟姐妹，儿子，女儿，孙子等人的姓氏皆有不同的拉丁字母拼写。例如《海峡时报》2008年2月10日的讣告：死者姓"刘"以母语方言拉丁字母拼写为"Lau"，他的父亲也是以母语方言拉丁字母拼写，却同姓异译拼写为"Low"，他与父亲拉丁字母拼写不同，他的兄弟姐妹有的拼写为"Lau"或"Low"，而自己的儿子则为"Liu"（汉语拼音）。从这则讣告很明显地反映了新加坡华人家庭里姓氏拉丁字母拼写的不统一和复杂现象。以这家庭的拉丁字母姓氏拼写引申来看，他们兄弟各有不同的拉丁字母拼写，而他们的孩子或者与他们相同仍然以方言拼写姓氏，又或者和他的儿子一样以汉语拼音来登记姓氏。如果年长者相继作古，他们年青的一代相互少来往，而又或者不大注重汉姓传承，当今社会又以英文为主，几代之后，这个原本姓"刘"的一家人会不会因为拉丁字母姓氏拼写不同而不知不觉地变成不同姓氏的几家人。又例如相同的复杂拼写现象发生在死者黄亚英女士家庭中，她的亡夫姓庄"Cheong"，共有9个孩子，其中也出现"Chong"、"Cheong"和"Zhuang"三种不同的拉丁字母拼写形式。

再例如亡者柯先生"Kuah"。他的12个孩子当中就有了三种不同的拉丁字母拼写："Quah"，"Kwah"和同他的"Kuah"，他的孙子很自然的跟着各自父亲延继拉丁字母拼写姓氏，其中两种拉丁字母拼写是有别于祖父，但他们原是一家人，就因为拉丁字母拼写的不同而产生了混淆。外人如果以拉丁字母拼写姓氏来看是不可能知道他们是同一家人的。早期华人移民一般都不懂英文，只是以方言读出或写出自己或孩子的姓名任由登记官作拉丁字母拼写。当时的拼写没有规范，如果登记官又与登记者不同方言群，在听和说之间就难免出现偏差或误拼等现象。故此在同一家庭中父亲和孩子之间往往会有不同的拉丁字母拼写。这种现象没有及时更正就演变成现在状况。然而这种家庭成员存在不同拉丁字母拼写姓氏的现象以后是不大可能再发生，因为现在为人父母者都受过教育，在为孩子出生注册时都会根据自己的拉丁字母拼写姓氏登记，所以不管是方言或汉语拼音拼写是不会再有错误的。

总体来说，新加坡华人姓氏拉丁字母拼写法：一是以威妥玛拼写系统根据不同方言语音拼写；二是以汉语拼音系统根据华语语音拼写。其中又以第一项最为复杂，因为拼音和音标的不统一，没有规范导致拼写的姓氏相互混乱，错综复杂，这种特征也印证了新加坡本土语言的特征。另一方面，从新加坡华人姓氏的拉丁字母拼写复杂与独特性来看，正包含了丰富的内涵，记录了一些地缘性的信息，透露出自己家族早先移民的来源地，反映了方言间的差别，更涉及到社会文化、心理现象等等。它的独特性是新加坡文化语言生活中非常重要的一种现象。

余论

新加坡在1979年9月推广华语运动之前，华人姓名的拉丁字母拼写延续中国大陆1978年以前人名的拼写法，是以威妥玛拼写系统根据不同方言语音拼写。因为新加坡华人来自不同的方言族群，故此形成同姓异拼或异姓同拼等复杂的现象，早期华人移民很多没有受过教育或者仅受过粗浅的教育，所以在作居民登记或为孩子出生注册时，只能以各自的方言读音登记，全靠登记官为他们作拉丁字母拼写，其中听与说难免出现偏差或误拼等现象。在推广华语运动之后，华人姓氏的拉丁字母拼写法起了重大的变革。政府在呼吁华族以讲华语代替方言的同时，鼓励人们以汉语拼音系统根据华语语音来注册婴孩姓名，那也只是属于自愿性质，并无立法规定。新加坡教育部也配合了这项运动，自1981年1月起至1982年，陆续以汉语拼音拼写启蒙班、小学、中学与初级学院各年级华族学生的姓名，以去除方言拼音而转向中文化。然而教育部在十年后取消了这项措施。这项运动与措施，当时引起了极大的反响，有人接受改用汉语拼音来拼写华人姓氏，有人则坚持保留威妥玛式来拼方言读音的姓氏。对人们来说，能否接受汉语拼音的姓名，在很大的程度上受到了习惯、情感和法律上等问题的影响。

从新加坡华人姓氏方言拼写法来看，它包含了丰富的内涵，记录了一些地缘性的信息，我们可以较容易地推测到姓氏主人的祖先所从属的方言系统，而从华人姓氏方言拼写分类则可观察到方言间的差别，另一方面从方言读音拼写观察反映了一系列古代音韵学的知识和道理，我们也可从语音学上认识到华人姓氏拉丁字母拼写的现象以及反映了姓氏从最小到多排列的复杂性。

新加坡华人姓氏拉丁字母的拼写由于依据的语音体系不同和采用的拼写系统也不同，以及没有规定统一的拼写标准，故此造成了新加坡华人姓氏拉丁字母拼写形式的复杂现象。一以姓氏而言，有汉语拼音和方言拼音，而后者的拉丁字母拼写形式更有高达49种之多，同时也存在着同一华人姓氏常常有不同的拼写或相同的拼写又代表不同的华人姓氏。二以姓名而言，则有华语语音系统和方言语音系统杂揉的拉丁字母拼写形式。三以家庭成员姓氏而言，也造成另一结果：即家庭中，祖父，父亲与子女之间，兄弟姐妹之间，彼此中文是一个姓，拉丁字母拼写形式又各不相同的也普遍存在。由此可见新加坡华人姓氏的拉丁字母拼写是相互混乱和错综复杂的，也带来了社交的不便和误解等问题。

我们从历史发展的角度来看，华人社会以华语取代方言是必然的趋势。而本国推行的讲华语运动也快要迈入30年，也取得了成果，所以华人姓名以华语拼写也应该有所成效。其实，新加坡政府自八十年代鼓励华人姓名以汉语拼音取代方言拼写已经成功了一半。现代大部分华人的做法是保存住自身籍贯拼写的姓而名字则以汉语拼音拼写，也就是说保留原本方言的姓，名字是汉语拼音。一些接受改革的人士就全然以汉语拼音取代方言拼写姓名。

新加坡华人姓氏的拼写方法的形成经历了很多曲折，后来随着语文政策的变迁，姓氏拼写法才逐渐走上了规范的道路，但是这种规范并不彻底。笔者认为若要取得成功，必须加强行政干预和管理以及各方配合，始能事成，因此建议采取以下的对策：（一）政府在国会明文规定新加坡华人姓名应以汉语拼音作为拉丁字母拼写法的统一规范，在其后附上华文姓名，其姓名具有法律地位。（二）教育部应坚持所有启蒙班、小学、中学、各级学院、大专学府的华族学生成绩单上都得使用汉语拼音的姓名。（三）各华人族群社团有必要向其族人讲解有关以汉语拼音拼写姓名的好处，并备有汉语拼音拼写姓氏手册以供族人参考。（四）通过各媒体如报章、广播电台、电视台、网络等向人民解释华族以汉语拼音拼写姓名的好处。笔者深信通过上述的策略，新加坡定能实现华人姓名统一以汉语拼音作为拉丁字母拼写。

从现今新加坡华人姓名发展的规律来看，我们可以推测到未来的发展方向是：如果没有立法规定华人姓名以汉语拼音作为拉丁字

母拼写，就有部分华人仍然会坚持保留方言拼音姓氏，另一部分华
人接受用汉语拼音姓氏。结果就是现状将会延续下去，存在着方言
拼音和汉语拼音姓氏拉丁字母拼写二种形式，至于名字则以汉语拼
音取代方言拼音成为日后的趋势。这是因为年轻的家长们都有学习
华语但不会方言之故。

　　本文立足于原始资料的搜集整理，建立新加坡华人姓氏拉丁字母
拼写法的资料库，给研究工作奠定基础。研究新加坡华人姓氏拼写法
的特征及其演变过程和所呈现的语文现象，包含多学科的知识，是很
有意义与历史价值的。本篇论文讨论的问题是从新加坡华人姓氏拉丁
字母拼写的演变和现状来认识华人姓氏拼写的复杂与独特性，以及其
所反映的社会文化和语文现象，其实还可以深一步研究新加坡华人名
字拼写法，甚至与马来西亚、印尼、泰国等东南亚国家作比较，来认
识彼此的语文生活文化现象。

【附注】

　　本文节选自作者中国语言文学学士学位毕业论文；论文导师为北京师范大
学李国英教授。

参考文献

一、专著、论文集、学位论文、报告

1.　纪宝坤，崔贵强，庄国土，族谱与海外华人移民研究[M]。新加坡：
　　新加坡华裔馆，厦门：厦门大学东南亚研究中心，2002。

2.　李子玲，从中国到东南亚：由新加坡华人名字的改革看思想意识[C]。
　　新加坡：新加坡亚洲研究学会，2007.12。（未刊物）

3.　林文丹，冯清莲，新加坡宗乡会馆史略·上册[M]。新加坡：新加坡
　　宗乡会馆联合总会，2005.11。

4.　林文丹，冯清莲，新加坡宗乡会馆史略·下册[M]。新加坡：新加坡
　　宗乡会馆联合总会，2005.11。

5.　刘宏，战后新加坡华人社会的嬗变：本土情怀·区域网络·全球视
　　野[M]。厦门：厦门大学出版社，2003。

6.　罗福腾，本地华人姓名包含的语言文化信息[Z]。新加坡金门会馆文教部主办专题讲座讲义，2004.10。

7.　罗福腾，汉语导论[M]。新加坡：新加坡管理学院，2003。

8.　罗福腾，汉语方言与民间文化新观察[M]。新加坡：新华文化事业（新）有限公司，1998。

9.　区如柏，新加坡宗乡会馆[M]。新加坡：新加坡宗乡会馆联合总会、莱佛士书社综合出版，1999。

10.　潘文光，谢世涯，华人姓氏正音录[D]。新加坡：南洋大学华语研究中心，1975.10。

11.　唐松波，百家姓助读[M]。北京：国际广播出版社，1998.5。

12.　谢世涯，新加坡华语运动的成就与反思[C]。台北：台湾世界华文教育协进会，1994.12。

13.　Emma Woo Louie, Chinese American Names. Tradition and Transition. McFarland & Company, Jefferson, North Carolina and London, 1998.

14.　Russell Jones, Chinese Names: The Traditions Surrounding The Use of Chinese Surnames and Personal Names. Malaysia. Pelanduk Publications (M) Sdn. Bhd. 1997.

15.　Russell Jones, Chinese Names: The Use And Meanings of Chinese Surnames and Personal Names in Singapore and Malaysia. Malaysia: Pelanduk Publications (M) Sdn. Bhd. 1984.

二、期刊文章

1.　巴特尔，《华族姓氏文化趣谈》[J]。源，2008，(79)：89–96。

2.　陈波生，《新加坡的客家人与客家文化》[J]。客总会讯，2008, (52): 37–39。

三、报纸文章

1.　陈妙华，追溯闽方言的源头[N]。联合早报，1995-5-19, (5)。

新加坡英中应用翻译评估

刘　玲

一　引言

　　新加坡的中英语言翻译市场，近年得到迅速发展。一是不少机构和商家为了争取本地或者整个华人市场，常常利用中文翻译打广告，做宣传。例如自2002年起，新加坡旅游局与政府部门合作，为不谙英文的主要旅客市场提供包括中文在内的其他文字的告示牌和宣传册子。二是政府和私人机构需要借助英中翻译对外跟中国密切往来，对内向各族民众传达政策和重要信息。一些有乐龄人士之称的老年人、教育程度不高或者受华文教育的华人、以及从中港台来的新移民无法用英文沟通，需要通过英中翻译了解国家政策和法规。

　　进入二十一世纪，互联网等信息技术出现了前所未有的革命性进展，全球化成为世界经济的大趋势。为不同语言社群提供沟通平台的翻译服务业，也随之展现出巨大的市场发展潜力。翻译，尤其是英中翻译，对新加坡的国内外发展都十分重要。南洋理工大学学者吴英成2004年发表了题为《打造新加坡翻译服务业》的讲话（吴英成，2010），总结了新加坡翻译服务业的现状，提出了发展战略。

　　无论是从翻译的功能来看，还是从翻译的语境来看，新加坡的英中翻译都有鲜明的独特性，有别于中国大陆、香港和台湾的翻译。近年来，对新加坡的英中翻译质量不乏批评之声。新加坡资深同步传译员李成业的《翻译传译与双语文集》是一本研究新加坡媒体翻译的文集，集作者四十多年的翻译心得，对本地的媒体英中翻译加以论述，尤其是分析了报章翻译的种种弊病，资料翔实。另外华文报章上不时发表一些翻译业界人士和读者对本地翻译的看法，但是多数批评是零散的、主观的个人意见，缺乏系统性和理论根据。目前对新加坡翻译的科学研究，尤其对英中应用翻译进行系统性的翻译评估似乎尚为空白。对本地英中翻译质量予以客观、系统性的评估很有必要。

本文尝试运用系统功能语言学的理论，通过系统语言学理论框架下的评估模式对新加坡英中应用翻译现状，尤其是存在的偏误，进行有点有面的评估，即既有对英中应用翻译整体问题的研究，又有对文本质量的抽样评估。笔者试图在评估中试图做到描写与解释并重，自上而下和自下而上并举，微观和宏观相结合。

本文一方面尝试对新加坡英中应用翻译笔译进行整体评估分析，语料多为笔者近年来收集的，从中选取有代表性的进行分析；另一方面将采用文本抽样分析的方法对时政英中讲话翻译本进行个案分析。之所以选这个样本，一是目前尚无对时政讲话的翻译评估，而是这个样本有代表性和影响力，符合研究目的。

本文试图回答如下问题：

1. 新加坡中英应用翻译的偏误主要有哪些类型？
2. 应如何修正偏误？
3. 应用文本翻译的质量怎样？
4. 如何改进新加坡英中翻译质量？

希望本研究能起抛砖引玉的作用，有开创性的实用意义和理论意义，有助于改善本地英中翻译的质量，提高对翻译研究的重视，丰富跨文化跨地域应用翻译研究的内涵，有利于翻译研究的多元化发展。此外，鉴于新加坡的语言政策独特，英中翻译对新加坡华文的使用、变异和发展有着深远的影响，这项研究将有助于新加坡华文研究。

关于翻译评估，不同的翻译观产生不同的翻译标准、不同的翻译策略和方法和不同的评估方法。因此对本地英中应用翻译进行评估，首先要明确翻译的实质，确立评估标准，建立一个较为可靠、具有较强操作性的评估模式。

1. 翻译的实质和标准

从功能语言学的角度来审视，语言作为一种抽象的系统有概念意义（semantic meaning）、人际意义（interpersonal meaning，也称语用意义）和语篇意义（textual meaning，也称成篇意义）。这三种意义是由语言的三种元功能（meta-function）体现的，两者互为指代，即功能就是意义。所以在以下的论述中，"意义"和"功能"的所指是同一的。翻译的实质就是"意义"在从一种语言转移到另一种语言时保持不变。"对译文质量的判断就是看译文是否在上述三种意义上与原文相等"（司显柱，2007: 35）。

另一方面，语言使用的实际存在形式是语篇，也叫文本。语篇功能是建立在语言功能之上的，是对语言功能的验证、折射或反映。任一文本一方面表现出语言的三种元功能，另一方面呈现出文本的三种功能，也就是说文本的功能不是单一的；但是任一文本总是以一种功能为主导的。这种主导功能被称作文本类型学意义上的文本功能（司显柱，2005）。翻译的实质是要求译本不仅对原文在语言元功能上的对等，还要求在文本主导功能上的对等（House 1977；Reiss, 1989）。翻译的标准就是"功能对等"，包括语言功能和文本功能。

根据语言功能理论与语篇类型的关系，赖斯（Reiss, 1989: 109）以三种语言功能为基础，根据文本的主要功能分出三类语篇——重内容（content-focused）语篇、重形式（form-focused）语篇和重感染(appeal-focused) 语篇（Reiss, 1971），后来分别称之为信息（informative）语篇、表情（expresseive）语篇和感染（operative）语篇（Reiss, 1989）。豪斯（House 1977: 67）则把文本划分为概念意义主导型和人际意义主导型两类。概念功能主导型文本包括科技文本、商务文本、新闻文本、导游手册，重传达概念意义，也被称为再现功能。人际意义主导型文本包括表情类文本和感染类文本，例如时政演讲、戏剧对白，着眼于人际功能，其焦点分别是"发送者"和"感染"的对象，即"接受者"。

鉴于不同类型语篇的主要功能不同，采用的翻译策略和方法也应不同，相应的翻译标准或者要求也不同。信息语篇的重点是"内容"，翻译要求直接、完整地传递源语语篇的概念内容；表情语篇的重点是"形式"，翻译要求传达源语语篇内容概念的艺术形式；感染语篇的重点是"效果"，翻译要求再造语篇形式以直接达到预期的接受者反映（Reiss, 1989）。

从功能出发的文本分类，不但为译者针对不同类型的原文翻译采用不同的翻译策略和方法提供了依据，而且为评估提供了依据。因此，在作出对译文质量的整体评价时必须考虑所译语篇或者文本的类型。一方面，我们对翻译评估时既要将文本功能列为一个标准，又要把翻译行为所要达到的特殊目的作为翻译批评的标准，即从原文、译文两者功能之间的关系来评价译文。这种关系指的是原文与译文的功能对等。另一方面，实现语篇主旨是各类语篇翻译与评估的共同标准（司显柱，2006）。

2. 评估模式

基于上述翻译质量观和评估标准，笔者在尝试评估新加坡英中应用翻译文本时，将借鉴一个基于系统语言学理论提出的翻译评估模式（司显柱，2007）。具体参数如下：

语言是一种以语篇为代表的系统，具有概念意义、人际意义和语篇意义。但是根据韩礼德（Halliday, 1994）的理论，语言的语篇意义是一种基于语言内部的、对语言所传递的信息的组织意义，其作用是辅助前两种意义的实现，所以，对译文质量的判断只消看译文语篇的概念意义和人际意义是否和原文对等（House, 1977）。另外，语言的意义是语言形式在语境中的功能。语境是语篇产生的环境，也叫情景语境，语篇的独特性是由情景语境的独特性决定的。情景语境由语场、语旨和语式三部分（被称为语域的变体）组成，影响着语言的使用。语场指的是发生了什么事，语言所谈及或叙述过的是什么，包括参与者从事的活动和题材；语旨指的是谁是交际者，或谁参与了交际事件以及交际者之间的各种角色关系。语式指语言在情景中的作用以及语篇符号组织方式等。因此，我们的翻译评估实际上是依据语言形式、功能和情境三者的关系而进行的。

对所选语篇／文本样本的评估，具体运行程序如下：

第一部：在宏观层面，从语篇的角度出发，判断原文属于何种文本或者体裁，并根据所评语篇类型，确定不同类型的功能偏误。

第二步：在语篇微观层面，分析语篇的基本单位，包括语篇的组成单位，从选词成句到组句成章，从语言形式、功能和情景三者互动的角度出发，依据语言的三种基本意义及与其对应的词汇-语法系统，对原文、译文语篇进行评价分析，揭示和描写原文与译文在概念意义和人际意义上的"偏离"和"不对等"。

第三步：根据上述各项评估以及特定文本功能判断译文的整体质量。

二　新加坡英中翻译整体评估

根据系统功能语言学理论，人们的交际内容不外乎概念意义和人际意义两大范畴。语言为了满足人们的交际需要而在机制上或者说词汇—语法平面上发展出了相应的系统：对人们交际内容的概念部分主要由语言中的及物性系统来实现；对属于人际意义部分的内容则有语言的语气系统部分来承担（司显柱，2007：48–49）。下面我们尝试根据概念意义和人际意义对等的标准对英中翻译整体偏误情况进行分析。

(一)概念意义上的偏误

概念意义主要体现在小句的及物性系统。所谓及物系统是一个在语义层面上体现语言概念功能的重要语义系统，以词汇—语法的形式表述真实世界中所发生的事情。翻译在概念意义上的偏误就是译文在词汇、语法意义上与原文的不对等，即误译，或称负偏离。词汇概念意义误译在英中应用翻译中很常见。例如：在新加坡旅游局编印的2000年2月出版的《新加坡旅游指南》（Contact Singapore）的英中译本中出现以下偏误：

原文	误译	正确译文
Hungry Ghosts Festival	匈牙利鬼节	中元节
London cab	伦敦马车	伦敦德士[1]
battery sergeant major	电池中士	炮兵连军士长
Singapore River Hong Bao	新加坡红包	春到河畔迎新年[2]
late Singapore presidents	已故的前新加坡总理	已故新加坡总统

此外，新加坡旅游局2012年在其官方中文网站中把Chinese New Year误译成"中国农历新年"。然而在新加坡人们所熟悉的正确表达应该是"华人新年"。在中国，因为有阳历年，所以这个节日称为"农历新年"，也称"春节"。这个节日的庆祝并不限于中国，东亚和东南亚各国包括新加坡在内的华人都有过这个节日的习俗，已经有很长的历史了。所以，在新加坡过"中国农历新年"的说法在概念意义上不成立。

其他英中翻译在概念意义偏离源语语篇的例子在新加坡原貌馆约200字的英中双语简介小册子中也可发现。该文中有这样的表述："……瞧瞧这些照片，体验早期殖民者为了维持生计而天天面对的挣扎。""您可在这发掘许多千里迢迢冒险来新加坡的殖民者的秘密及纪事。""前来倾听吧，跨入殖民者勇于探索未知世界以及探讨牛车水所隐藏的良机与秘密的时代。"其中三个"殖民者"显然是对英文原文中的settlers和migrants的概念意义的误译，正确的翻译应该是"定居者"和"移民"（张玉云，2011-09-01）。

除了词汇意义外，在句子方面，概念意义与源语语篇呈负偏离的例子也常见。例如：在新加坡夜间动物园有关斑马的中文说明译文中，把In a day, they may travel up to 40 kilometres in search of food and water. 错译成"斑马能在昼日以时速40公里的速度行走、觅食和饮水（见图片[3]）。"译文句子的概念意义明显译错，正确的翻译是"斑马一天可以走上40公里觅食、找水。"

---

[1] 新加坡的"德士"即出租车。

[2] 指新加坡从1986年起每年春节期间在新加坡河畔举行的大型的游园活动。

[3] 照片取自互联网。

表达概念意义不对等的翻译偏误包括搭欧化句式，主要是机械地照搬原文结构所致。例如：李成业（2007）列举了一些包括"在……下"在内的表达结构，称之为"翻译腔"，举例如下：

英文	翻译腔	可改译
under the law	在法律下	根据法律
under the agreement	在协议下	按照协议
under the new measure	在新措施下	依照新措施
under the constitution	在宪法下	依据宪法
I had no idea about it until you told me.	我对此一无所知，直到你告诉我时为止。	在你告诉我之前，我对此一无所知。

（二）人际意义上的偏误

人际意义也是语用意义，是指说话者或者作者使用语言所表达的意义，是体验外部世界和内心世界的经验，体现于小句的语气，包括情态和评价，表达态度、动机、判断、角色等。人际意义在新加坡英中翻译中不对等的例子在上述原貌馆宣传单中文翻译中也可发现。小册子把原貌馆介绍为"三间重修得非常美丽的店屋"。这里，用"美丽"来形容原貌馆在人际意义上出现偏误。新加坡原貌馆本是由一座典型的早期移民建筑改建的。虽然英文介绍里用的是"beautifully restored"，但是不能直译成"美丽"，因为"美丽"的含义是"在形式、比例、布局、风度、颜色或声音上接近完美或理想境界，使各种感官极为愉悦"，原貌馆用来反映早期移民的生活"原貌"，房屋低矮，里面灯光阴暗，"承载着历史重量"（张玉云，2011-09-01），不可能给人以"美丽"的感觉，用"古朴、破旧、幽暗"来形容或许更恰当。

另外，2009年8月22日，新加坡"绿色交通周"开幕仪式在新加坡管理大学校园草场举行，现场可以看到一些读起来很不通的中文牌子，是在未考虑人际意义的情况下，逐字直译的结果。例如其中一则是"停止全球性暖化"是从"Stop global warming"机械地译过来的，加上排版效果不佳，读起来令人啼笑皆非。若译成"防止全球暖化"，效果会好些。现场其它人际意义偏误的例子还有：

英文	原译文	建议改译
Do not travel alone	不要单独旅行	共乘车辆
Walk or cycle for short distances	步行或乘驾自行车为更短的距离	路途不远可步行或骑自行车

上述偏误在于译者没有考虑到语境，语法不通，语义不明，更谈不上反映源语语篇的人际意义，也就是说没有达到设立中文标语牌的目的。因为既然是关于环保的活动，标语翻译则应以表达宣传环保的目的为主，翻译时可以不保留源语的形式，采用意译或者归化的方法。

有些人际意义偏误时因为译者没有考虑到目的语读者的语言习惯。例如：把 Chinatown 译成"唐人街"，这在很多国家是行得通的，但是在新加坡就不行，因为在新加坡的华文对应词是"牛车水"。翻译应注意语言使用所在地的约定俗成，不仅准确地传达概念意义，而且恰当地表达人际意义。

人际意义上的翻译偏误也包括修辞翻译错误。虽然各个语言都有修辞，但是各个语言的修辞格或者修辞手段有其民族性和特色，翻译中应根据目标语的语用灵活处理，有些可以采用异化法，即直译原文，保留语言形式；有些则要采取归化法，即按照中文的特点翻译。如果死译原文，结果会造成让译语读者不易懂的译文，甚至令人莫名其妙。例如：新加坡建屋局为了强调在成熟组屋区有大批新组屋供居民选购而打的广告，英文广告词是"A large sprinkling of mature estates"，中文翻译则直译为"大方撒上已发展组屋区"，让中文读者莫名其妙。英文原文显然使用了修辞手段，把组屋比喻成食物。但是，中文读者并不接受这样的比喻。

若将译文意译成"成熟组屋区有大量新组屋供选购"，或许言简意赅，既反映概念意义，又不失人际意义。

　　以上笔者对新加坡的翻译偏误做了笼统的分析。从整体来看，新加坡英中应用翻译，尤其是旅游方面的英中翻译文本存在着较多的概念意义和人际意义上的偏误，亟待改进。

三　领袖讲话语篇翻译评估

　　领袖讲话的语篇样本选取的是新加坡总理李显龙2011年国庆献辞的英文讲话及其中文翻译，取自新加坡总理办公室网站（Prime Minister's Office: http://www.pmo.gov.sg/content/pmosite/home.html），具有可信性、权威性和代表性。原文共19段，鉴于篇幅有限，现节选前三段原文及其译文进行评估。

（一）语篇文本类型及其翻译宏观评估

　　该文本是时政讲话，属于人际性型语篇，注重人际意义。讲话的核心是交际目的和交际意图。总理讲话的目的应该是向国人（听众）传达与国人有关的国内外信息，增加国人对国家现状、政策等方面的了解，拉近政府与人民之间的距离。鉴于讲话者是领袖，在文本中的地位是"神圣的"，其个性成分构成了这类文本的"表达"要素，表现作者个人能语言风格。

　　从体裁上看，时政语篇有其独特个性，既有中文的传统表达风格，又有作者个人的语言习惯和表达风格。从内容上看属于国家政治文献，带有个人印记和权威性（贾文波，2004）。此外领导人讲话属于正式口语体。翻译这类文本应尽可能地贴近原语的句法、语义结构，将原文语境准确地表达出来，以彰显文本个性。

（二）语篇微观层面评估

　　第一段：The Singapore economy is consolidating its recovery from the 2008 global economic crisis. GDP grew 4.9% in the first half of 2011, while unemployment remains low at 2.1%. Despite some risks on the horizon, we project steady growth of 5–6% for 2011.

译文：亲爱的同胞，我国自从摆脱了2008年的全球经济危机，经济已恢复稳健的增长。今年上半年增长了百分之4.9，失业率也维持在百分之2.1的低水平。尽管前景存有一些风险，我们今年预料能取得介于百分之5到百分之6的增长率。

分析：(1)原文 is consolidating its recovery 译成了"自从摆脱"，与原文概念意义有出入，应译成"正在摆脱"。(2)译者将原文的"2008"译成直译成2008年，但是却把2011译成今年，这从语篇结构来看不一致，应看作偏误。正确的做法是把二者分别译成"去年"和"今年"，以符合汉语读者的语言习惯；(3)译文中"自从"小句后面应该搭配"一来"，才符合汉语表达语法。(4)译文使用了"尽管"，但是并没有根据中文的语法结构使用"而且"与之相对应。(5)"经济已恢复稳健的增长"也不符合汉语句式，应分译成"经济已经恢复，并稳健发展"。(6)另一方面译文中，在开首增译了"亲爱的同胞"，应该是比较好的做法，(7)但是如果译成"亲爱的同胞们"会更好，体现讲话者是在对着全体国人演讲的人际意义。(8)将 Singapore 译成"我国"，这些虽然偏离了原文，但是应看作偏误，说汉语的人一般称自己的国家为"我国"，如直译成"新加坡"在汉语读者听起来会显得说话者缺乏对自己国家的归属感。因为从人际意义上来，为了强调讲话着与听众的人际关系，符合中文讲话习惯，是合适的。

第二段：Our last five years were marked by uncertainty and rapid change. We enjoyed several very good years when our economy boomed, and wages went up. But we also experienced some very worrying moments, especially during the global economic crisis.

译文：过去五年，我们的大环境起落不定，变化快速。我们经历了几个好年头，经济取得可观增长，员工薪金也有上涨。但是我们也曾经历困难时刻，尤其在全球经济陷入危机的时候。

分析：（1）原文uncertainty译成了"起落不定"，与"大环境"不搭配，应译成"动荡不定"。（2）"经济取得可观增长"应增加"了"，与前面的小句搭配，并体现口语特色。（3）译文增译了"陷入"这个动词，是合适的，因为体现了中文多用动词的特点及其感情色彩。（4）"员工薪金也有上涨"这一表达中的"有"的使用，具有新加坡华文特色，从人际意义上来看，不失为好的翻译选择。

第三段：Amidst such unprecedented turbulence, the Government did its utmost to protect Singaporeans from the global crisis. We introduced the Jobs Credit to keep firms viable and save jobs. We formed the Economic Strategies Committee to identify long-term opportunities and map out a pathway for the future.

译文：我们在应付那场前所未见的经济风暴时，政府尽全力保护国人免受冲击。我们推出了雇用补贴计划，协助公司维持运作和保住工作。我们成立了经济战略委员会，寻找长远的发展机会，以及规划未来的发展道路。

分析：（1）"我们"不必要，后面的"政府"重叠，不该增加。（2）turbulence用译为"经济风暴"，属"深化"译法，符合语境意义。（3）但是global crisis在译文中没有译出，是不合适的，（4）"全球危机"在这里是重要的概念意义，应译出来。不过把（5）Jobs Credit译成"雇用补贴计划"，增译了"计划"这一范畴词，符合汉语多用范畴次的文本特色。（6）全段共用了三次代词"我们"，过分强调"我们"易造成与听众的感情隔阂，不符合汉语的人际意义表达。

（三）对译文整体偏误总结

现将上述三段的翻译评估总体偏离情况总结如下，其中负偏离指偏误，正偏离指译文虽然偏离了原文，但是属于翻译技巧的正常使用，有助于意义的表达。

	概念意义	人际意义	合计及印象
第一段	6处负偏离（误译、漏译、搭配不当）	2处正偏离（增译）	8处偏离，整体效果较差
第二段	2处负偏离（搭配不当）	2处正偏离（增译、本地语言形式特色）	4处偏离，一般。
第三段	3处负偏离，2处正偏离	1处负偏离（重复代词）	5处，较差
合计	10处负偏离，2处正偏离	1处负偏离，4处正偏离，	11处负偏离，6处正偏离。效果较差

总之，从整体语篇意义来看，译文反映的人际意义较好，能够基本表达讲话者的意图。译文使用了一些翻译技巧和方法，并使用了听众熟悉的表达方式，在语体方面是正式的语体，符合原文文体，但似乎缺少了口语色彩。在概念意义方面较差，包括漏译、误译、搭配不当等等，在语篇意义方面，有小句结构不搭配、不符合译语语法和修辞等偏误。整体翻译质量有待改进。

四　结论

新加坡中英应用翻译很有特色，质量方面欠佳。表现在译文的概念意义和人际意义与原文的不符，负偏离多——错译、漏译、语篇形式表达。

(一)中英翻译质量欠佳原因

造成翻译质量的原因有以下几方面。第一，多年来，新加坡实施的是以英语为主导的语言的双语教育。英语不仅是学校教育的媒介语，也是绝大多数工作场所和正式场合所使用的语言以及不同种族之间沟通的媒介语，许多官方和私人机构是用英文发布重要信息都的。由此可见，政府学校的华文教学往往只是单一的科目，华文的使用也非全方位的，基本上限于非正式场合。在这种语言环境下，新加坡真正精通双语（尤其是书面语）的人才并不多。近年来新加坡本土培养的英中翻译人员大多中文弱，这一点在笔译方面更为突出。

第二，有些错误是因为翻译者不了解新加坡的语言、文化特色而造成的。新加坡的翻译水准欠佳，也是全球化使然。如同其他所有劳动密集型产业一样，翻译也逃不脱从高成本国家流向低成本国家的厄运（王健，2012）。例如，把"Hungry Ghost Festival"译成"匈牙利鬼节"、把Singapore Prime Minister译成"新加坡首相"之类的错误或许就是因为外地译者不了解新加坡的语言文化而造成的。

第三，缺乏对翻译的重视。多年以来，翻译在新加坡从上到下得不到应有的尊重，翻译费低。不少人误以为双语教育政策既已实施，肯定会培养出许多双语人才，而懂得双语者，必然会当翻译。所以，对翻译人员的专业培训和待遇改善做的不够。因此即使有翻译能力的人也不一定肯做翻译。

（二）解决英中翻译质量问题

要解决翻译人才短缺的问题，必须先消除"只受重用不受重视"的现象，纠正主管当局和公众人士的错误观念和心态。加强医院的专业培训。翻译（笔译和口译）是一门专业工作。这种工作不但需要高度和平衡的双语程度，渊博的知识，不断的学习，良好的记忆，浓厚的兴趣，也需要一些先天的条件，更需要专业的训练（包括自修在内）。这并非只稍懂双语者所能胜任的工作。具备上述条件者，自有比翻译更好的出路。征聘能胜任的翻译人才，必须拟定适当的待遇，同别人"争聘"这种人才。翻译能力薄弱的问题如果不给予充分重视，会成为经济发展的一个大问题，绝不可等闲视之（李成业，2007）。

可喜的是贸工部已成立了一个由南洋理工大学校长徐冠林教授领导的"翻译服务业委员会"，该委员会的成员来自南洋理工大学、贸工部属下经济发展局、国际企业发展局、标准生产力与创新局，以及新闻通讯及艺术部等单位，结合产官学界的力量，推动新加坡成为翻译服务业区域枢纽的远景，应是指日可待（吴英成，2010）。

联合早报和新跃大学于2012年4月28日联办座谈会，探讨新加坡翻译窘境。郭振羽是"新加坡双语和翻译现况面面谈"座谈会主席。

他认为要推展本地的翻译，政府需要起带头作用，认识到翻译的重要性，安排适当的人来把关，把品管的机制建立起来，很多错误的翻译并不是那么难发现的。中小企业商会会长曾宗敏坦诚，一般中小企业并不重视翻译。他说："本地市场一般以英文为主，就算有华文翻译，也是为了翻译而翻译。"[4] 总之，新加坡英中翻译虽然存在着不少的问题，但是，"亡羊补牢，犹未为晚。"只要有关各方正视这个问题，采取相应的措施，有天时、地利、人和，相信新加坡的英中翻译将提高质量，而且随着全球化发展，必将扩大翻译规模，稳步发展，成为世界翻译市场的佼佼者。

【附注】

　　本文节选自作者中国语言文学博士学位毕业论文；论文导师为中国南京大学徐大明教授。

参考文献

Halliday, M.A.K. 1994, *An Introduction to Functional Grammar* (2nd ed.) [M]. London: Arnold/Beijing: Beijing Foreign Language Teaching and Research Press.

House, J. 1977, Translation Quality Assessment [M]. Tubingen: Gunter Narr Verlag, 30.

House, J. 2001, Translation Translation Quality Assessment: Linguistic Description versus Social Evaluation, Journal des traducteurs/Meta: Translators' Journal, vol. 46, n° 2, pp. 243–257.

Newmark, P. 1981, Approaches to Translation. Oxford:Pergamon Press.

Newmark, P. 1988, A Text Book of Translation. New York:prentice Hall International Ltd.

Reiss, Katharina, 1989, Text Types, Translation Types and Translation Assessment. In: Chesterman, Andrew (ed.) (1989). Readings in Translation Theory. Helsinki: Oy Finn Lectura Ab.

---

[4]　见新加坡《联合早报》2012年4月20日，新加坡版，第13页。

胡壮麟、朱永生、张德禄，1989，系统功能与法概论，长沙：湖南教育出版社。

李成业，2007，翻译传译与双语文集，新加坡：新加坡华文研究会。

贾文波，2004，应用翻译功能论[M]，北京：中国对外翻译出版公司。

司显柱，2005，翻译研究：理论、方法、评估，北京：中国文史出版社。

司显柱，2006，功能语言学视角的翻译标准再论[J]，《外语教学》，(3): 63–67。

司显柱，2007，功能语言学与翻译研究——翻译质量评估模式建构[M]，北京：北京大学出版社。

王健，2012-5-4 新加坡翻译现状之我见，新加坡《联合早报》。

吴英成，2010，汉语国际传播：新加坡视角，北京：商务印书馆。

张玉云，2011-09-01，原貌馆宣传单中文翻译可改善，新加坡《联合早报》。

新加坡中文广播语言研究

梁　萍

一　绪论

（一）新加坡电台广播之肇始

　　新加坡是一个多元种族的国家，曾经是英国的殖民地，广播的发展有其特殊的历史背景。在新加坡殖民地政府成立电台之前，1922年，英国广播公司BBC在英国做了第一次广播，一群热爱广播的人士便在新加坡浮尔顿大厦安置一个中波发射台，而广播节目是在乌节路国泰大厦对面的一间店屋运作，每天早上广播员会坐在桌前播报新闻[1]。可以这么说，在上个世纪二十年代，虽然已经有一些在新加坡的外籍人士成立了业余的新加坡无线电社，不过那时的新马无线电事业处于萌芽阶段，广播还是很新的传播手法，没有固定的节目，时间也不固定[2]，可说一切还处于试验性的阶段。那时候的广播只是一小部分有钱人的新鲜玩意儿，根本无法走进一般家庭，尤其是华人社群的生活中。

　　直到1936年6月1日，私人商业电台英属马来亚广播机构（British Malayan Broadcasting Corporation）的启播，才渐渐地播送例常节目[3]。作为当时的殖民地，新加坡广播的发展和风格深受英国的影响，而中文中文广播开始于三十年代末期。第一位中文节目部主任施祖贤，曾

---

[1]　《听说70》（Z），新加坡新传媒中文电台出版，2006年1月初版，第150页。

[2]　李光中，"星马电台的发展过程"（J），《电视与广播》，1963年1月1日（第九期），第10页。

[3]　同上。

在三十年代末期任职于英属马来亚广播机构。他原籍中国福建，毕业于上海圣约翰大学。[4]

"广播"（Broadcasting），根据现代汉语词典的解释是："广播电台、电视台发射无线电波，播送节目。有线电播送节目也叫广播。而"播音"是："广播电台播送节目"。所以"广播"一词可以包括单纯声音的广播和音象的广播，但后者一般是指电视。而本文所讨论的是广播电台的播音（Broadcast over the radio）语言。

从世界第一家广播电台KDKA（美国第一家向社会大众提供固定广播的电台）成立的1920年算起，广播电台至今已是老牌媒体。新加坡电视台在1963年2月15日才启播，在这之前普罗大众主要靠电台接收资讯。追溯历史，战前新加坡的中文广播不普遍，可考的资料很少，而新加坡两大重要的广播电台马来亚电台（Radio Malaysia 1946–1963）和丽的呼声有线电台（1949至2012年春），都是在大战后才成立的。1959年新加坡自治，1965年独立，广播在这段建国历程中扮演重大角色，宣扬政令，而方言播音更是占有一席之地，那时华语还是属于知识份子的语言，一般受教育不高的或贫苦百姓还是听方言节目。所以本文以"中文"为题，是因为七十年代以前方言是相当重要的播音语言，方言节目对本地民生有重大影响。

从八十年代起至今，电台因为环境改变，重视商业利益，以致于播音语言、技巧和节目内容都起了重大变化，也给新加坡广播的运作形态带来更大的冲击。

（二）本文研究重点与目标

研究的对象是"有声语言"，是一项艰巨的工作。有关这方面的文献资料很少，早期的就更难找了。因为广播节目数量大，保存技术也有限，所以节目播出后也没保留下来。

探讨播音语言要从广播节目与文稿中探索，但这些资料有的只见于零散的文章、报刊、杂志，没做系统的讨论与研究，有的是集中在

---

[4]　参见附录一。

研究新加坡华语的特色，而播音语言作为行业语言的属性、播音语言的表达技巧、主持人的风格等，本地没有专人研究。中国大陆在这方面的学术性研究就很全面，并形成一套具权威性的播音理论系统。

新加坡国大中文系学生叶能杰的口述历史个案调查《新加坡丽的呼声中文广播初探（1949–1965）》，以及张燕萍的2004年硕士学位论文《新加坡中文广播史（1945–1965）：一个社会史的研究》是本地极少数的中文广播论文。多数的资料或论文主要还是研究独立前的广播历史概况（主要还是英文著作）。

2006年2月由新传媒三大中文电台出版的《听说70》中文广播记实一书记载了不同年代新加坡中文广播的特色，但没做深入的探讨。

由于前人论述的少，而广播可谈的范围和内容又很广泛，笔者在写作中拟使用的资料包括：北京传媒大学播音系出版的播音语言学术方面的著作、报章杂志、学术期刊、广播特刊、及采访中港台从事播音教学老师或电台节目主持人。

本论文试图论述在新加坡特殊的环境下播音语言的发展概观，即从历史、政治、教育、商业化各个层面，来看新加坡的中文电台播音语言（上个世纪四十年代至今）在语体、内容、风格和表达技巧的特色及转变。通过与大陆、台湾的播音语言运用、词汇、语音比较，看新加坡中文播音语言的特色及成因，及其受海外广播影响的情况。最后，本文会侧重于谈论新加坡中文播音语言的优势和不足。这牵涉到新一代双语教育制度下华语水平的问题，也包括了电台新闻的编写和翻译；还有如何挑选节目主持人（有的电台是以艺人为号召力）、强调主持人的魅力造成的问题；节目形式可能比内容重要；一个主持人主持不同类型节目以节约成本；以经济挂帅的电台，主持人的市场价值如何定位；赞助商对节目及语言的要求；网络实时广播普遍，各地华语互相影响；年轻的播音人对播音语言的认识等等，这都直接影响语言的水平。最后，也会讨论新加坡中文播音语言的未来展望。媒体竞争激烈，广播事业开放，要在新加坡找土生土长华语说得标准、英文要好、能快速掌握互联网新技术的主持人是否容易。其它如：播音语言的规范程度如何拿捏；标准与实用性方面的冲突等都值得探讨。综合以上所述再提出一些个人建议及对策。

新加坡广播业，是一个重视成本回收、讲究经济效益的行业，收入以广告为主，有其一套播音管理方式。多媒体时代人们注重技术，忽视了传统意义上的播音理论，但无可否认的是新技术是广播事业发展的新的成长点。从DAB（数字音频广播）、Webcasting（网上广播），Podcasting（播客），到现在的Visual Radio（视觉广播，通过手机收听电台广播，也同时看到画面），改变了电台传统的运作模式，播音语言更多元化，节目精简，节奏快，也注入活力，以配合现代都市化的社会。

二　新加坡中文电台播音语言发展概观

(一)语体

广播电台播音语言（或广播语言）、报刊语言、电视语言、网络语言、广告语言等都是媒介语言。播音语言是广播与电视语言的口头表达形式。南京师范大学新闻与传播学院副院长毕一鸣说："播音语言，实际上包括了两方面的内容，它不仅指播音员的语言创作，或者说是有稿播音，也涵盖了广播电视中的无稿播音现象。所以播音语言的外延应该更加宽泛。它不仅研究广播电视的书面语体，更应该研究广播电视的口头语体……无论新闻报道性语言、媒介人物的访谈语言、交谈语言以及评论性语言等，都应该纳入广播电视口头语言的研究范畴……"正如《中国广播电视学》中所指出的："广播电视播音，是指在话筒前进行的有声语言创作活动。"它没有职业身份的限制，所以无论是播音员还是主持人，也不管是记者还是编辑，他们在广播、电视中所使用的有声语言传播手段，都是"播音"（播出声音）的概念[5]，与此相反，报刊语言的主要特征则表现为媒介语言的书面形式。

---

[5]　毕一鸣：《语言与传播》（M），北京：中国广播电视出版社，2005年8月第一版，第6页。

　　广播电台的播音虽是口头语体，但处理不同的文章体裁（即播音学中的"文体"，如：新闻、通讯、评论和文艺稿件）时，还是离不开书面语的。还是需要书面语的提炼和一些艺术加工，播音员在播读时明显地有报刊语体的痕迹。

　　在上个世纪五十到七十年代，新加坡中文广播电台有稿的节目还是有不少。那时的播音员偏向读稿，有的专题节目稿件还是外人撰稿的，而写稿的人未必懂得"播音语言"，往往造成播音员"照本宣读"。早期的节目偏向知识性，如广播讲座、信箱和教育节目等。讲座涵盖范围广大，包括以妇女或青年为对象的内容，谈政治或体育等。这类讲座由新闻部提供，当然，在播读稿件时就得小心谨慎。五十年代马来亚电台的《空中医生》和《空中律师》，则分别回答有关医药和法律问题。由于节目受欢迎，电台在节目播出后还把内容刊登在《南洋广播》周刊里[6]。由于文章要刊登，广播时也就按照稿件播读。

　　播读稿件是不容易的，因为播音员要经过"再创作"。张颂的著作《播音语言通论》一书中曾提到："有稿播音，根本不像有的人贬斥的那样，是念别人写的稿子，'是已经固定在文字材料中的思想的传递'，而是一种创作。这种创作不仅把文字语言变成有声语言，而且把自己的理解、感受、个性结构系统、审美理想追求，融入有声语言。这是一种转述……。这种转述，使稿件使稿件脱离写作时的语言而进入一般社会环境从而获得了更为深广的社会文化意义。"[7]

　　早期新加坡中文电台，尤其是作为官方的电台，有稿播读广播还是很普遍的，以"保证安全"，有时免不了流于读稿形式，与现在的播音方式相比较，就不太像"在谈话"。

---

[6]　张燕萍，《新加坡中文广播史（1945–1965）：一个社会史的研究》（D）（新加坡国立大学中文系硕士学位论文），新加坡国立大学中文图书馆，2004年，第38页。

[7]　张颂，《播音语言通论——危机与对策》（M），北京：中国传媒大学出版社（原北京广播学院出版社），2002年1月第二版，第145页。

　　播音语言，不论是书面语体还是口语语体，都不是孤立的。在复杂的语言环境下，在不同的文章体裁下，互相渗透与交叉。

　　广播朗读、广播阐说和广播谈话，三种口头语体形式一直是电台广播的"主流"。而新闻播报可说是电台的主要内容。新加坡有限电台丽的呼声（Rediffusion）前播音员励燕女士回忆四十年代，她从上海来新加坡时就到马来亚广播电台应征华语新闻播报员（1941年），后来成功加入电台[8]。新闻报告的口语语体在早期的播音是举足轻重的，四十到六十年代的新闻报告（包括方言新闻）就占了很大的比重[9]，而文学、诗歌朗诵和交谈性质的节目极少。华语流行歌曲、方言流行歌曲、地方戏曲、音乐、文艺歌曲倒有不少。对于这类型节目，一般只做简单的介绍，就直接播送歌曲。

　　到了上个世纪九十年代，播音语体有相当大的转变，主要是受媒介环境的影响。正如毕一鸣说的："全球传播环境"、"多元文化环境"、"冗余信息环境"和"高新技术环境"[10]这四大因素对播音语体产生极大影响。本地目前的广播趋势是无稿的广播谈话语体类型（不加修饰）现今很流行，在谈话节目上（发表意见、谈心等）更是发挥得淋漓尽致；阐说语体中的评述和解说类节目在本地华语电台不多见，但户外报道形式（阐说语体）却经常出现。属于广播朗读语体（有稿播读）的新闻消息、新闻通讯、新闻评论在资讯电台永远占有一席之位；同属朗读语体的文艺作品、诗词朗读节目很少播出；不过，记叙文和小说依然是广播电台的常青节目。服务性专稿朗读中的专题节目电台已不多见，而广告和气象报道却还是电台不可少的。播音语体就类型来说，从过去到现在变化不大，都是客观存在的口语语体现象。语体发展至今，面对复杂的，瞬息万变的环境，以不同的语

[8]　张燕萍，《新加坡中文广播史(1945–1965)：一个社会史的研究》(D)（新加坡国立大学中文系硕士学位论文），新加坡国立大学中文图书馆，2004年，第73页。

[9]　参见附录二。

[10]　毕一鸣：《语言与传播》(M)，北京：中国广播电视出版社，2005年8月第一版，第92–93页。

言方式（如交谈、转述和评述）灵活地根据场景、对象及个人身份相互协调使用，才能适应环境的变化，才能吸引听众。

(二) 节目内容

广播电台的内容信息主要通过三大要素来传达，即音乐、音响和语言。略作分析如下。

音乐：音乐有自己特殊的表意系统。它按照一定的规律进行排列、组合和运动，并通过旋律、节奏、和声、复调、音色、力度、密度等要素来构成特殊的音乐语言[11]。音乐能营造气氛和感染情绪，所以其另一重要功能是表情功能。适当的音乐陪衬能增加节目的生动性，甚至不需用太多的语言，用音乐语言也能产生意想不到的效果。如念一首抒情诗，以柔美音乐衬底，则更富有感染力，播音员的感情也能随音乐的节奏调动情绪，这是现场的主持常用的手法。

音响：音响效果有实感。常用于故事、广播剧或猜声响之类的节目。它能让人有画面的真实感受，如海浪声、车声、鸟鸣声、雨声、掌声等，营造一个联想的音响世界。

语言：广播员或主持人以语言塑造个人形象和呈现不同风格的节目。新加坡早期的播音不讲究个人魅力和风格，比较强调节目的内容和表现形式。

节目内容少不了这三大元素。把音乐、音响和语言做个整合，笔者从广播节目内容的改变来看播音语言，这里主要谈"从方言走向华语"。

从四十年代马来亚电台（官方电台）节目表来看[12]，播音时间不长，节目内容几乎都是音乐、歌曲和新闻。如：福州、潮州、广东、厦门、海南和国语歌曲。在四、五十年代，都把华语流行称为"国语

---

[11]　毕一鸣，《语言与传播》（M），北京：中国广播电视出版社，2005年8月第一版，第248页。

[12]　参见附录二。

歌曲”，直到1957年后，马来语被定位马来亚联邦[13]的“国语”后，马来亚电台[14]才开始统一采用“华语”一词。马来语成为新加坡的“国语”，“国语歌曲”才改成华语流行歌曲。早期在上海，流行曲被称为“时代曲”、“爵士曲”或“摩登歌曲”。“弦歌寄意”、“知音何处”属于点播歌曲之类的节目。其他还有“汉剧”、“平剧”、“南音锦曲”、“粤语歌剧”、“民间音乐”等，方言音乐歌曲十分流行。

四十到六十年代，方言在新加坡中文播音里占主导地位（七十年代华语开始受到重视，新加坡第一届讲华语运动在1979年举行）。播音员以方言播音。包括六大方言新闻（粤语、厦语、潮语、客语、琼语和榕语），节目方面有：“誠凉誠热”（潮语，意为：谈天说地，“言皮”为一个字）、“福州评话”、“福州漫谈”、“福建戏仔”、甚至六十年代也有厦语和粤语的儿童节目[15]。

以上列举的是官方电台“马来亚电台”（四、五十年代）和“新加坡电台”（六十年代）的方言节目，而创立于1949年8月1日的有线商业广播电台“丽的呼声”（Rediffusion）更是以方言广播为主，直到1983年方言节目停播为止（为了配合新加坡的多讲华语的政策），方言节目风光了三十年。

广播节目基本上分为新闻与娱乐两大类别。而丽的呼声作为商业性质电台，偏重于商业娱乐节目。其金色与银色电台五十年代方言娱乐节目有：成美金庄特约潮州歌曲、美珍香肉干行特约福建歌曲、哈申氏薄荷软糖特约粤曲、匙标万兰地酒特约广东音乐、妈爹万

---

[13]　战后，英国政府把马来亚九州和槟城以及马六甲组织成马来亚联邦（Malayan Union）新加坡则自成一个英国殖民地，把新马分开管理是以新马长远自治为目标。见 Ernest Chew (ed), A History of Singapore (Singapore: Oxford University Press, 1991), p. 117.（转载自张燕萍，《新加坡中文广播史（1945–1965）：一个社会史的研究》（D）（新加坡国立大学中文系硕士学位论文），新加坡国立大学中文图书馆，2004年，第3页）。

[14]　“马来亚电台”在新加坡的总台在1959年以后改名为新加坡电台。分台设在吉隆坡、马六甲和槟城。

[15]　参见附录二。

兰池酒特约粤语故事、益补力鸡精特约潮曲、轩尼诗万兰池特约粤语时代曲、菲力氏镁奶特约粤语故事《慈云走国》李大傻主讲等等[16]。其他无商家赞助的节目包括：粤厦潮语社会动态（本地新闻摘录）、兴化歌曲、琼州歌曲等。

以娱乐节目来说，不论是马来亚电台或是丽的呼声，音乐节目的比重都是最高的。尤其是丽的呼声，早期节目百分之90都是音乐节目。各方言戏曲节目为数不少。

除了音乐戏曲类节目，早期的广播故事与广播剧十分受欢迎。尤其是"方言讲古"节目更是创造一个时代的听故事高潮。

在方言里，"讲古"即讲故事。"讲古"可以说是因应本土需求的节目类型，以方言为主，对象是教育水平较低的方言听众。早期新加坡最出名的三大"讲古"人是李大傻（粤语）、黄正经（潮州）和王道（厦语）。三十年代末期，李大傻就开始在马来亚电台讲15分钟的粤语节目《谈天说地》，说一些典故和坊间故事，如《西游记》、《乾隆游江南》、《神雕侠侣》等。由于他讲得活灵活现，每到他的讲古时间，咖啡店都坐满了人，附近居民老老少少三三两两或蹲或站在咖啡店外的骑楼听到入神[17]。潮语讲古人黄正经在1947年也有一个《詖凉詖热》节目，以及后来的《詖正经话》、《听食白口且》（讲古怪故事）、《古头古蒂》（民间有趣的短篇故事）。而王道是在1953年开始播讲长篇故事，题材也是一些武侠小说与民间故事。其他方言的故事节目还包括福州评话、客语和琼语故事。方言讲古节目内容题材主要是武侠历史和通俗故事，着重忠孝仁义的精神。

早期马来亚电台和新加坡丽的呼声，从香港引进不少粤语戏剧化故事。例如马来亚电台在1957年播出香港录制的粤语长篇戏剧化

16　参见附录二。

17　张燕萍，《新加坡中文广播史(1945–1965)：一个社会史的研究》(D)（新加坡国立大学中文系硕士学位论文），新加坡国立大学中文图书馆，2004年，第41页。

小说《不由自主》[18]，而丽的呼声粤语戏剧节目百分之九十是由香港提供的。

　　广播剧方面，马来亚电台未制作厦语和潮语广播剧时，曾经向香港买过厦语话剧。后来，脱离马来亚电台的新加坡电台在1960年开始商业广播后，先后成立厦、潮、粤语戏剧组，录制更多广播剧[19]。而丽的呼声在1957年也开始成立了厦语话剧组。

　　除了以华语播音之外，上个世纪四十到八十年代初，新加坡中文广播电台同时以粤、厦、潮、客、琼、榕语、多达六种方言进行广播是一大特色，早期主要的目的是为了配合中国南方不同籍贯移民的需求。

　　根据1947年的记录，新加坡最大的方言群是福建人，占华族人口的百分之39.6，其次是广东人和潮州人，同占百分之21.6，接着是海南人、客家人、福州人各方言群占的比例不到百分之10[20]。为了人口最多的几个方言群的需要，所以方言节目以厦、粤、潮占大多数。

　　在上个世纪四、五十年代有农村广播。方言节目在这时期发挥了很大的作用。那时马来亚的乡村地区缺乏电流供应，对村民和工人来说广播不普遍，因此殖民地政府还必须在偏远地区安装收听广播的设备。由于广播的对象是教育水平低的乡村居民、农场和矿场工人，因此必须以他们听得懂的语言来广播。除了华语之外，也用方言广播，播出时间每天两小时十五分钟，节目内容方面一部分是为了达到政治

---

[18] 《南洋广播周刊》第264期，1956年1月12日，第1页（转载自张燕萍，《新加坡中文广播史(1945–1965)：一个社会史的研究》（D）（新加坡国立大学中文系硕士学位论文），新加坡国立大学中文图书馆，2004年，第52页）。

[19] 新加坡电台在1961年先后成立了厦、粤、潮语话剧组，并在1965年第一次播送琼语广播剧（转载自张燕萍，《新加坡中文广播史(1945–1965)：一个社会史的研究》（D）（新加坡国立大学中文系硕士学位论文），新加坡国立大学中文图书馆，2004年，第52页）。

[20] 崔贵强，《新加坡华人——从开埠到建国》，第229页（转载自张燕萍，《新加坡中文广播史(1945–1965)：一个社会史的研究》（D）（新加坡国立大学中文系硕士学位论文），新加坡国立大学中文图书馆，2004年，第44页）。

宣传目的，让人们"更了解政府和外界的发展情况"[21]。农村广播可说是配合政治局势而播出。[22]

新加坡在年1979年开始举行推广华语运动，方言节目渐渐式微。第一届讲华语运动主题是"多讲华语，少讲方言"，华文，华语也随着受重视，主要是鼓励人们从方言改为多讲华语，中文广播电台也配合政府的政策制作更多华语节目，作为官方中文电台的第三广播网也逐渐减少方言节目。

新加坡中文播音语言从方言走向华语，另一目的也是为了争取年轻听众，现在新加坡中文资讯电台FM95.8城市频道除了六种方言新闻之外，其他节目都以华语播出。

从1990年开始，新加坡第一个华语流行音乐台"FM93.3醉心频道"成立。中文电台分为新闻资讯与音乐台，节目内容根据不同听众年龄层来设定，广播走向企业化发展，节目内容与名称紧扣时代的动脉。新传媒电台属下的资讯电台FM95.8城市频道偏向新闻、时事、金融、财经、保健等生活话题节目，从节目名称来看，富有时代感，如：《有话自己说》、《听众民调》、《今日大小事》、《笑极辩论会》、《名人堂》、《有话好好讲》等。FM93.3醉心频道的节目如：另一音乐台FM97.2最爱频道的节目[23]。

(三) 播音风格

何谓播音风格？对此张颂做了阐释："所谓播音风格，是指在长期实践中形成、被受众接受并承认的、表现在一定的播音作品

---

[21] Report of the Department of Broadcasting for the years 1946–1952, p. 17.（转载，同上，第20页）。

[22] 1948年，马来亚共产党意识到在新加坡进行城市革命无法成功后，转移阵地，进入马来亚联邦，展开了武装斗争，殖民地政府随即在这一年宣布实施紧急法令。当时，在马来亚进行游击战的马共分子会选择一些能够获得当地村民支持的地区为基地，他们会争取村民的同情和支持。因此殖民地政府开始了针对马来亚的乡村居民和工人进行广播的社区与农村广播，在年改为农村广播（转载，同上，第21页）。

[23] 参见附录二。

（节目或栏目）中的创作个性和创作特色。所谓"一定的播音作品"，是指一定的数量、一定的代表性。"[24]

就电台广播而言播音风格涵盖面相当广泛，包括：电台播音风格、栏目播音风格、个人播音风格；新闻播音风格、评论播音风格、解说播音风格和节目主持播音风格。

新加坡的广播发展有其特殊的历史因素。新加坡和马来亚曾经是英国的殖民地，早期无线广播深受英国的影响。

四、五十年代局势动荡时期，由政府主导的电台广播发挥重要的政治宣传功能。如1948年战争刚结束，当时的新加坡社会百废待兴，新加坡殖民地政府实施紧急法令，规定非法携带或拥有枪械者处死刑，并由联合邦钦差大臣通过电台广播，向人民解释实施紧急法令的意义。

传播的重要机制之一是学校，1946年学校广播于马来亚创设。马来亚广播电台（Radio Malaya，总台在新加坡）属下的学校广播，设华、英、巫三组，华语组的就称为"华校广播"负责推广教育以补充学校教育，播出的节目包括：中学科学、时事、历史、地理以及小学的英语、华语、唱游、常识、故事等。华校广播主要是教育农村孩子。制作的节目要配合殖民地政府政策。后来，学校越办越好，师资与教材有很大的改善，华校广播组无须再辅助学校的教材不足，最后在1965年4月9日华校广播结束，当时的工作人员就全部转到中文部工作。

1948年，英殖民地政府为了应付马来亚左翼激进分子，把贫苦大众集中到"新村"，实施"紧急法令"，马来亚电台在1950年开始了政治宣传使命的农村广播，目的是要让这群人"更了解政府和外界的发展情况"。农村广播节目内容主要是方言新闻、华语新闻、歌曲点播、"讲古"、医药疾病常识、讲座节目等。"广播是政治的声音"，除了华语广播之外，执政者也采用福建、广东和客家方言进行每天两小时的政治宣传。

---

[24] 张颂，《播音语言通论——危机与对策》（M），北京：中国传媒大学出版社，2002年1月第二版，第98页。

综观以上所述，四、五十年代的电台播音风格主要是作为政治宣传目的，广播对象很多是教育水平低的乡村居民、农场和矿场工人，因此，必须以他们听得懂的语言进行广播，方言节目在这阶段有其政治宣传目的。著名的播音员是：李强（厦语广播）、李光中（粤语广播）、吴荣斐（潮语广播）及冯仲汉（华语广播）。除了冯仲汉，其他三位也是农村广播时期的当红播音员。

这时期个人播音风格较突出的有三位"讲古"（讲故事）人。即：李大傻（粤语）、黄正经（潮语）及王道（厦语）。他们不是电台全职播音员，而是受邀在电台讲方言故事。他们可说是那时期听众的"偶像"。根据新加坡口述历史中心对李大傻的访问，每到他的"讲古"时间，"咖啡店都坐满了人，附近居民老老少少三三两两或蹲或站在咖啡店外的骑楼听得入神"[25]。王道播讲故事时"厦门街一带人烟稀少，因为大家都在屋内听广播。"[26]

把街边以方言说书的方式搬到电台广播中，深受目不识丁或下层阶级的欢迎。四、五十年代电台的播音风格还是以宣传与教育为主，因"讲古"节目受欢迎，也没忽略这类型讲故事的节目。而华语广播节目主要还是针对知识份子。

在1963年9月，随着新、马的合并，新加坡电台(Radio Singapore)和马来亚电台(Radio Malaya)又合而为一，改称马来西亚电台(Radio Malaysia)，那时中文电台的台呼"新加坡广播电台"改为"Ini-lah, Radio Malaysia, dari Singapura，这是马来西亚广播电台，从新加坡广播"。1965年脱离马来西亚而独立，就用原有之台呼。这也是当时的播音特色。

六十年代前期在电视尚未出现之前（电视到1963年才开播），广播仍积极扮演政令的角色，与此同时也开始了在亚洲可算是最大

---

[25] 张燕萍，《新加坡中文广播史（1945–1965）：一个社会史的研究》（D）（新加坡国立大学中文系硕士学位论文），新加坡国立大学中文图书馆，2004年，第41页。

[26] 叶能杰，《新加坡"丽的呼声"中文广播初探（1949–1965）：口述历史个案调查》（D）（新加坡国立大学中文系论文），新加坡国立大学中文图书馆，2000年，第37页。

的商业广播服务，每天通过英语、华语、马来语及淡米尔语向超过两百万居民的地区作商业广播，四种语言的商业广播时间每日总共超过二十五小时。新加坡商业电台服务并非一个划分开来的机构，它是文化部广播组的一部分。中文电台于1961年就有一个"虎标万金油"商业广播问答游戏。

六十年代的电台播音以娱乐、信息和知识为旨。也成立了粤语、厦语、潮语和琼语广播剧。据第三广播网和933醉心频道前节目总监林刚说："受欢迎节目包括方言讲古、流行歌曲点播《弦歌寄意》、广播据与方言戏曲等。节目多由专人撰稿及播音员念稿。只有户外广播、户外采访，如：国庆庆典、体育项目、赛车、联欢广播舞台演出主持及随总理下乡现场录音等，则由播音员自由发挥。当时华语播音员并不多，也谈不上什么风格。对播音员而言，基本上要求发音标准，但有个别播音员对自己要求不高，电台也无监听安排，发音参差不齐。"[27]。总的来说播音员还是以台的形象，节目内容为主，不强调个人风格表现。六、七十年代著名华语广播员有：林刚、箫之沧、符和琳、曾非敏、陆月馨、蔡芙蓉、林少英、林丽玉等。他们也兼职播报电视新闻（类似现在的新闻主播）。这些广播界前辈为后来的中文部广播打下了深厚的播音基础，其中有些还在广播界服务至2000年。

这是个商业广播意识抬头的年代，节目开始有商家赞助，但做为官方电台的新加坡电台还并不十分商业化。

七十年代播音方式有改变，特别是受文艺潮流的影响，节目偏向文学、艺术、教育和知识性质的内容（如《文艺园地》、《文学节目》、《歌曲教唱》、《儿童歌曲教唱》、《相声短剧晚会》，医药与法律知识节目等），强调要给听众教育，灌输知识。当时特别为妇女、青年、和儿童制作的富有知识性的节目有不少，也几乎每天都有文艺歌曲播出。这时期少儿广播研究组、电台华乐团和电台合唱团也正式成立，积极推广健康的文艺表演节目。林刚说："栏目时间安

---

[27]　林刚2006年12月1日的电邮访问记录。本文再次引用林刚的访问记录时，将不另做注，以（林：访问日期）代替。

排分明，与60年代的节目编拍风格迥异。节目内容丰富、素质高，水平明显提高，整体风格呈严肃、专业。对播音员的语音标准与播报技巧要求严格。播音员对播音专业的职责及对广大听众与社会若大影响的认识也提高，因此对自己的要求也特别严格。尤其是新闻播报，非常讲究，要求不念错音，段落分明，抑扬顿错，轻重点句恰当。电台整体风格较为统一。"（林：1/12/2006）那时期还是偏重于"有稿播读"，节目多数是预先录制。那是一个对文艺、文学节目充满激情的年代，播音方式多少也受中国广播影响。

八十年代，是法定机构下的市场广播年代。新加坡电台的播音风格大体上是受所属机构的专型及其市场策略影响的。1980年2月1日，是新加坡电视广播史上的新纪元。在这一天，原本隶属于文化部的新加坡广播电视台改组成法定机构，称为新加坡广播局（Singapore Broadcasting Corporation SBC）。

新加坡广播局成立不久，电台第三广播网节目以更生动活泼的形式广播，并增加较多的流行歌曲节目，广播员也同听众建立起更亲切的交流。这时期的播音十分商业化，广告商纷纷进场赞助节目，美容、餐馆、保健品、唱片公司等通过广播大力推销其产品，尤其是唱片公司的特约节目几乎是每天都有[28]。这也同当时唱片业蓬勃发展有关。这可说是电台商业节目第一阶段辉煌期。

主持或制作商业节目的播音员在播音时，用柔和亲切的方式很直接地"推销"产品，一般通过电话或让听众填写表格来参加空中有奖游戏，以赢取丰富奖金或奖品。播音员在主持这类节目时，是无法真正发挥特长的，最重要是节目能吸引听众买产品。参加的听众多，商家销售量增加，愿意继续在电台买广告，从而使电台广告收入多，是最终的目的。

七十年代广播员在直播室临场发挥的节目不多。到了八十年代，现场的电话点播节目，与听众交流的问答游戏把本地广播带入另一里程碑。这时期的广播从业员分成监制（Executive Producer）、

---

[28] 参见附录二。

编导（Producer）、编导兼节目主持人（Producer/presenter）和广播员（Announcer）。监制、编导、编导兼节目主持人和广播员是职位等级上有分别。刚入行的都从广播员开始。到了九十年代初期还是有广播员的职位称呼。编导兼节目主持人以主持节目为主，经常在直播室现场主持节目，同时也制作节目和出外采访。编导以制作和采访为主，一般很少在现场主持节目。广播员制作节目，也值班，较少主持现场直播节目。

编导兼主持人主持某个时段的节目，"驾驭"节目的播出，使节目流程顺畅，起着主导作用，电台逐渐重视个人的播音风格，但是以节目为"招牌"，而不强调主持人名字。那时具代表性的节目有：《夜晚的约会》（主持人邀请专业人士及听众参与讨论话题，三方面交流意见）、《龙虎榜》（每周选出十大最受听众喜欢的歌曲，这节目到现在还保留）、《歌韵新声》（介绍本地年轻人创作的歌曲）、《军人时间》（介绍军人在军中的生活信息及让他们点播歌曲）、《广播连续小说》、《广播剧》、《弦歌寄意》（听众点播歌曲）《文章选读》、《昨日之歌》还有名人过客的访谈节目。这些节目主题鲜明，节目制作严谨。另外，还有每两周一次的《群星会》综艺节目，在电台大厦礼堂举行，主持人在台上访问歌星，主持游戏项目等。这时期的广播主持人渐渐要参与户外主持节目，也带给广播新鲜的元素。主持方式比过去轻松活泼。

1990年1月1日，新加坡中文广播第一个华语流行音乐台FM93.3频道的《醉心频道》启播，给本地广播市场带来新气象。设立该台之前特别邀请美国电台方面的专家担任顾问，探讨音乐电台的运作和方向。参考美国的音乐台风格，《933醉心频道》打的口号是"歌多话少，不受干扰"（More music, less talk）(18小时播音)，是一歌歌曲多，主持人少说话的音乐台。因为是一个全新概念的广播形式，开始阶段，做为主持人就很不习惯这样的播音方式，主持人无法突显个人风格。在这类音乐台的主持人重要的任务是编歌曲供播出，及做户外宣传。初期歌曲是以大家熟悉的经典好歌为主，不一定是新歌，但是流行一阵子的。而现在的醉心频道，是以十多到二十多岁的年轻人为主要对象，选播的是市场上最新，及流行的歌曲，更是全新加坡收听率最高的电台。

同年的3月2日，新加坡职工总会也成立了一家"职总心电台"（Radio Heart），播出轻资讯与谈心之类的节目。该台创立之初，塑造了八颗"心"的形象，包括：关心、贴心、安心、好心、知心、真心、花心和贝心，八位主持人都附上一颗"心"，有各自的风格，强打八颗心的名字，为电台开辟另一路线，与当时的新加坡广播机构（Radio Corporation of Singapore）属下的中文电台播音风格不太一样。他们以主持人的魅力取胜。

1994年9月23日，新加坡广播机构又有一家电台诞生，那就是FM97.2的"最爱频道"。开播时主要播出六十至八十年代的怀旧金曲，代表性的标语是"有你的感觉真好"。

林刚提到八十至九十年代初的播音风格时说："以信息、娱乐和知识为主。节目逐步改为与听众互动与交流方式，念稿节目相对减少。开放热线让听众咨询，抒发己见，讨论社会与民生课题。方式较为活泼生动。因逐渐增加频道，从'广播'改为'窄播'，以听众年龄策划节目，针对性强。"（林：1/12/2006）

从1995年开始，广播员明星制度的概念在广播界首次被引用。一些节目主持人签约为"广播明星"，很自然地就成为广告的代言人。广播主持人和市场行销挂钩，个人主持的发挥空间更大，也可以在电视上当兼职演员或主持人，在说、唱、写和演方面充分发挥个人的才华。播音风格兼具电视主持的特色，即兴发挥，亲和力强与听众的距离越拉越近。

三　新加坡中文电台广播语言的特色

集合华语和多种方言节目是上个世纪八十年代以前新加坡中文广播的一大特色。随着中国国力和国际影响的日益加强，从六十年代末期开始，新加坡政府对于华语教育愈来愈受重视，从教育部、文化部直至1973年成立的华语研究中心，都为指导华语规范化和推广华语教育做了大量的工作。从七十年代开始，播音员便陆续被安排到南大华语研究中心上"汉语拼音"培训课程，目的是为提高新闻播报员的语音水平。新加坡华语是虽以普通话作为发音标准，但由于国情不同，播音语言还是有差异。以下就从新闻、娱乐、生活资讯节目的播音方式、语音、语法和词汇等各方面做一些分析，同时也与中国大陆、台湾及香港等地电台做一比较，以便凸现各地之不同。

(一)播音方式的多样化

播音有多种表达方式。说、播讲、播读和念是四种区别较大，易于辨别的表达方式。这几种表达方式，不仅发音方式有区别，播音员发音的心理过程也不尽相同。[29]

说是口语的语言形式。说，要脱离稿件，往往带有随意性，有明显个人色彩，如：热线电话节目、交谈及访谈节目等，用的就是"说"的语言形式。而新闻播报多依据新闻稿，很少有真正意义上的"说"。

播讲，方式类似说的效果，还是"有稿"播讲。随意、放松，可修改稿件，以便适合口语表达。

播读，方式类似播讲，同样是看稿播读，但发音比较正式和工整。播读让人感觉是转述别人的话语，但要做得流畅自然，这种表达方式适合新闻播音。

念，本质上与播读没差别，但念是逐字将字或词转换成字音，缺少与句子目的相关的语调。

中国有相当完整和严谨的广播电视播音理论，以上也只是简略概述播音的表达方式。中国传媒大学张颂曾提到从1940年到1962年，播音理论萌芽时期，中国是学习苏联的播音经验；从1962年到1981年，是草创期，中国各地电台开展了业务研究，播音理论体系已经开始建

29　陈京生，《中国内地、台湾、新加坡三地华语电台新闻播音比较》(A)。李晓华、胡正荣、冉丽主编，张正法执行主编，《聚点－世界华语播音》(C)，北京：北京广播学院，2004年9月第一版，第33页。

立一定的格局和必要的基本观点间架。从1981年开始，播音理论进入了形成期，这一时期还在延续。[30]

在六、七十年代，因为受大环境局限，条件不足，新加坡的播音方式可借鉴的来源不多，只能够用短波收听中国内陆的播音，收不到台湾和香港的播音。一些前辈播音员收听北京中央人民广播电台的节目，并阅读有关中国出版的广播理论书籍，从中摸索学习。个别播音员反映出严肃庄重、刚柔并济、朴实清新的个人风格。节目多数以念、播讲、播读形式呈现。期间也偶尔在工作中接受来自英国广播电台英语节目培训导师的训练。由于时代的改变，现在的播音主持人收听的电台多，也接受各种广播课程的培训，呈现的播音方式也多样化。

新闻节目是电台的主干。中国传媒大学播音主持艺术学院的陈京生，在比较新传媒电台95.8城市频道与中央人民广播电台的新闻播报论文中说："新加坡城市频道的播音员的感情力度较弱，吐字较软，口气更接近与讲述。播音的发音风格更接近内地，但是缺少内地播音的权威和正式感。语句中停顿较多，语句的行进感稍差，有时略嫌拖拉。"[31]

中央广播电台的新闻播报较正式与严肃，播读的意味浓，陈京生说其特点是："在语句的处理上保持语速的稳定，使人不仅能明白句子的意思，还可以对句子中间的细微含义有所体会，得到更多信息。"[32]

中国传媒大学播音主持艺术学院的陈雅丽在接受访问时提到95.8城市频道的新闻播报说："中国的播报方式是奋进、鼓舞人心的。现

[30] 张颂，《播音语言通论——危机与对策》(M)，北京：中国传媒大学出版社，2002年1月，第二版，第33–34页。

[31] 陈京生，《中国内地、台湾、新加坡三地华语电台新闻播音比较》(A)。李晓华、胡正荣、冉丽主编，张正法执行主编，《聚点－世界华语播音》(C)，北京：北京广播学院，2004年9月第一版，第34页。

[32] 陈京生，《中国内地、台湾、新加坡三地华语电台新闻播音比较》(A)。李晓华、胡正荣、冉丽主编，张正法执行主编，《聚点－世界华语播音》(C)，北京：北京广播学院，2004年9月第一版，第34页。

在不再喊口号，而是实实在在地告诉听众信息，心理状态是热情的；城市频道的播报方式较为平实、随意。"[33]

电台新闻播报现阶段也尝试以"说新闻"的方式来报告新闻，在中国，毕一鸣在其《语言与传播》中提起"说新闻"曾在上个世纪五六十年代的广播电视中风行一时，如上海电台的《阿福根说新闻》（沪语）、江苏电台《农村节目》中的《老农说天下事》、天津电台的《快板新闻》等。到了九十年代再度兴起，最初人们只是要求把文字稿变成自己说的"话"，"读"起来像"说"的。但是，仅仅满足于"读"得像"说"，显然不是"说新闻"的初衷……"说新闻"实际上就是主持人对新闻事实的一种阐释方式，所以把它说成是"阐说新闻"可能更准确一些。[34]

在现阶段，新加坡中文电台已尽量尝试把新闻"读"得像说，说得自然亲切，但大势所趋，本地的新闻播报方式也将与时并进，最终也会探索一条"说新闻"的道路。

八十年代中国大陆第一个主持人节目《空中之友》在广播中采用交谈式的播音主持方式，并将以往的"播"节目一改而为"说"节目，在很短的时间内迅速风靡全国。一时间，"说"也成了主持人节目语言样态。新加坡的中文广播在八十年代也开始倾向于与听众多交流，走亲切活泼路线，深受听众欢迎。

其他节目如娱乐、保健、饮食、时事、语文、故事、辅导等本地节目现今的呈现方式都配合都市人的生活节奏。基本上节目的制作是以五、六分钟为主（故事性节目或特备节目例外），讲究"精致"，由于时间短很难往深度去"挖掘"；主持人说话干净利落，喜欢穿插音乐或效果制造气氛，加强感染力，注重"感觉"，强调节目流程衔接流畅。大体说来，节目偏于轻松、随意，贴近本地人的生活。与中国的各大电台比较，新传媒电台的中文台节目相当注重"包装"，和

---

[33]　陈雅丽，2006年8月30日在北京的访问记录。
[34]　毕一鸣：《语言与传播》（M），北京：中国广播电视出版社，2005年8月第一版，第153页。

制作的创意；而中国的电台节目侧重于语言的生动活力，和内容的素质。不论是新加坡或中国，说教式及灌输式的播音方式也渐渐被淘汰，更多的是注入"人文精神"。新加坡与中国各地广播电台节目也都有热线、信箱、对话、谈话、嘉宾参与、访谈节目等等，与中国一样谈话语体（访谈，交谈和侃谈）在现代广播中扮演重要角色。

中国大陆电台有不少文艺和文化类型节目，而新加坡却很少文艺性质节目。在资讯电台调频95.8城市频道里，流行歌曲还是占重要的位置。

台湾的电台播音也是本地播音的一个参照。

根据台湾中央广播电台（Radio Taiwan International）2006年三月号的一份月刊资料《漫谈台湾广播年代的演进（一）》记载，1950年到六十年代当时台湾刚光复不久，电台在节目可运用的资料非常贫瘠，主持人在做节目的同时倍感压力。当时的AM电台一天大约只播出十二小时的节目，节目内容只有讲古及小型乐团三、四个人在演奏及播放一些老唱片而已。当时的唱片都是日据时代留下来的石膏唱片，非常沉重又容易破损。除了石膏唱片，就是到美国新闻处借唱片，不过只有轻音乐、舞曲、古典音乐欣赏等，没有国、台语歌曲，商业广告也都是一些味素、鱼肝油及汽水等。

1958年前后，是台湾广播电台设立最多的时期，随着经济越加好转，广播越来越蓬勃。六十年代以后，开始有唱片的出版，国语及台语歌曲渐渐流行。在电台的推波助澜下，爱唱歌的人也越来越多，许多电台也开始举办歌唱比赛；同时间，电晶体收音机也出现在市场上，音质好价格便宜，所以短时间内收听广播就普遍起来了。台湾的国语歌曲（新加坡称华语流行歌曲）之所以如此蓬勃发展有其历史因素，再加上唱片公司有规划性的宣传，从六十年代开始，新马一带主要还是听或播台湾的流行歌曲，到现在还是如此，中国和香港的华语流行歌曲较少。

原本台湾在战略因素的考量下，电台的数量是被限制的。在1993年却有了大改革，戒严已久的广播电台首度开放。现在各种的节目形态纷纷出炉，热热闹闹的，广播进入了"战国时代"。

现在的电台广播风格及语言受台湾媒体影响很大，尤其是蓬勃发展的电视娱乐综艺节目中电视主持人的遣词用句，以及平面媒体广告杂志的文字应用，都不时渗透入电台广播语言。

世新大学广播电视电影学系专任讲师黄雅琴，在《台湾广播节目现状与发展》论文中说："电台节目风格主要塑形于二十世纪七八十年代，而新电台则成型于九十年代……面对社会环境之多元化，广播经营典范彻底转变。包括：从'包山包海'到'专业电台'的节目形态；从'主持人导向'到'内容导向'；从'中成年导向'转为'青少年导向'；从'正经八百'到'活泼轻松'。[35]

新加坡的播音方式，就节目的处理来说，新传媒集团属下三大中文台，FM95.8城市频道、FM93.3醉心频道、FM97.2最爱频道基本是遵守五分钟一个栏目的原则，如果时间不够，就分为几集来播，可能是中间穿插两首歌之后，再播出第二集，避免听众听得累；也有的节目是安排下个星期再播第二集。上班人士在车里也没太多时间听节目，所以节目时间短，很适合紧张的都市生活。甚至有的短至一、两分钟，主要是看节目内容和侧重点来考虑。与中国和台湾相比，新加坡更重视这类的播出方式。

台湾中国广播公司新闻部主播姚爱真说："台湾电台有公民营之分，相较之下，公营电台的支持风格仍比较传统保守；一般民营电台就走亲和个性路线，电台方面不会要求主持人得有怎样的风格，而近年来，像是聊家常般的节目在台湾大行其道，包括主持人在现场节目中讲错话、当场道歉等等，只要不失大体，反而可让听众觉得亲切，进一步累积主持人在听众心目中的地位与人气。"[36]

不论是新加坡还是台湾，明星（电视艺人或歌星）主持人或名人入主广播节目已成为一种趋势。新加坡的音乐电台FM97.2最爱频

---

[35] 黄雅琴《台湾广播节目现状与发展》(A)。李晓华、胡正荣、冉丽主编，张正法执行主编，《聚点－世界华语播音》(C)，北京：北京广播学院，2004年9月第一版，第91页。

[36] 姚爱真，2006年10月13日的电邮采访，本文再次引用姚爱真的访问记录时，将不另做注，以（姚：访问日期）代替。

道节目主持人有好几个是艺人身份，他们所主持的节目以娱乐、饮食或保健为主，基本是轻松话家常，但台湾这种明星主持人类型更广，塑造了多元化的主持风格。

台湾世新大学广播电视电影学系专任讲师黄雅琴在其《台湾地区名人入主广播的现象与发展》论文中把台湾目前的广播谈话性主持人分为两类：一是由线上记者担任节目主持人（中广新闻网）；一是由专家、学者、社会名流、资深平面媒体新闻人担任节目主持人（中广流行网、NEWS98飞碟电台、ETFM）。黄雅琴也谈到从"节目本位"来看主持人应该根据节目内容的需要，提出主持人的见解和感受，同时往往要透过主持人与专家访谈来传递专业信息；此外，主持人的真诚、坦率、中肯，鼓励听众在没有压力下分享经验或倾吐心声，才显出主持人的亲和力。"主持人本位"却是评论性节目非常重要的标志，听众对此类节目主持人的要求自然很高。如：赵少康、陈文茜、胡忠信、蔡诗萍、周玉蔻等他们因本身的深度评论内涵与实力而享有名气。这类主持人在节目中充分表现其权威感与魅力。在广播界里具有影响力。

明星主持人的播音方式具有强烈的个人风格，各有特色。在新加坡还没有这类型的广播主持人，但与电台主持人搭档一起主持，交谈的嘉宾有的还是有一定的深度与内涵。

陈京生就新闻播报方式，提到中国、台湾与新加坡的不同指出，台湾中广新闻网的播音方式较为放松，语句的处理比较灵活，播报中包含着讲述口气，与听众较为接近。播报速度较快，语句的细节意味不多，但语句意思明了，没有拖拉的感觉。与大陆中央台相比，台湾中广播音员的播报有一种在陈述句句尾扬起加重的语调，构成自己的语言表达风格。[37] 这一点台湾资深新闻主播姚爱真也有同感，她说："台湾人的国语尾音往往会上扬，像：你说呢？'呢'的音会拖长而不会发轻声"（姚：13/10/2006）。比较中国大陆、台湾和新加

---

[37]　陈京生，《中国内地、台湾、新加坡三地华语电台新闻播音比较》(A)。李晓华、胡正荣、冉丽主编，张正法执行主编，《聚点－世界华语播音》(C)，北京：北京广播学院，2004年9月第一版，第34页。

坡新闻广播播讲风格的特点，陈京声归纳为：大陆播音使人感到严肃，具有权威感、吐字工整，语言流畅自然。台湾播音感情放松，语言明快，吐字清楚，但有明显的地域语调。新加坡播音表达亲切，但吐字力度稍弱，语言略松散，语言活力稍差。[38]

(二)语音的标准化

新加坡的华语播音以北京音为标准，从过去的播音员到现在的节目编导、主持人基本上都遵守讲标准和规范华语。北京广播学院（现今的中国传媒大学）播音主持艺术学院陈京生曾经以新闻播报为例指出与台湾的发音比较，"新加坡的华语更接近普通话，实际上是普通话的一种变体。在播音发音上与中国内地相似。"[39]

新加坡电视或电台的标准华语读音基本上是以中国出版的《现代汉语词典》为依据，论读音有时还比中国内地的播音人还标准，如甘肃的"肃"，《现代汉语词典》注明读音为"su"，第四声；但当地的播音员却读成"su"第一声。因为的"为"，读音是"wei"第四声，或轻声，但现在的中国新闻播报员也都倾向于读"wei"，第二声。再如："单挑"的"挑"，本地说第一声，中国大陆说第三声；总的来说，新加坡的电台主持人不论是在新闻播报或主持节目时，因为依据词典，都遵守"普通话"的标准读音，已成为规范。如果与台湾相比较，台湾的标准读音与中国大陆差距较大。

除了读音，在声调与语调的使用方式，新加坡与中国有不易察觉的细微区别。新加坡的新闻播报员或节目主持人没接受过严格的发音训练，都是靠个人自修，从工作中累积的经验来学习与体会，所以没有特别去注意声调与语调的使用方法。

上文说，本地电台节目主持人与中国大陆主持人的读音差别不大，有不同的读音有时是个别主持人掌握规范语言的问题（如不遵

[38] 同上。

[39] 陈京生，《中国内地、台湾、新加坡三地华语电台新闻播音比较》(A)。李晓华、胡正荣、冉丽主编，张正法执行主编，《聚点－世界华语播音》(C)，北京：北京广播学院，2004年9月第一版，第35页。

照《汉语词典》规定的读音、从众的心态、受台湾华语影响等）。但是由于一直以来，新加坡与台湾都保持着密切的联系，所以也不能忽视台湾华语读音对本地的影响。

台湾在部分字音的读音上与新加坡（或与中国大陆）有明显不同。如："星期"的"期"、"下跌"的"跌"，"淑女"的"淑"新加坡读第一声，阴平，台湾读第二声，阳平。"综艺"的"综"，新加坡读第一声，阴平，台湾读第四声，去声。"柏杨"的"柏"，台湾读"bo"第二声，阳平，而不读"bai"第三声，上声。"和"台湾的发音是"han（去声）"。"垃（la阴平）圾（ji阴平"），台湾读"le（去声）se（去声）"。至于基本的轻声词，新加坡广播主持人还是掌握得不错，如："关系"、"先生"、"太太"、"爸爸"、"妈妈"等。台湾的广播（当地称国语）较少用轻声。与大陆普通话语音做比较时，陈京生也提到："内地很多常用词后字都倾向于轻声化，如'朋友'、'态度'、'部分'等，而台湾广播中较少使用轻声，这些词多使用'中重'格式发音。尽管读音不同的字数量不大，但很多是出现频率较高的常用字，形成明显的发音差别……相比之下，台湾播音具有明显的地域发音特征，与内地和新加坡发音有一定差别。"[40]

台湾中国广播公司新闻主播姚爱珍谈到台湾标准国语时说："台湾所谓的标准国语，就是把37个注音符号念标准，通常比较注意的是翘舌音，如：吃饭不会说成'雌饭'、喝水不会变成'喝髓'……很多人是en、eng不分，也就是'诊'和'整'、'阵'和'正'分辨不出；台湾人也比较没有说儿话韵及轻声字的习惯。"（姚：2006年10月13日）姚爱真也提到一种"洋腔洋调"的现象，这主要是因为华侨子弟或留过洋、具有国外居住或学习背景的艺人兴起，他们的国语影响一些主持人，说话故意不翘舌。这类情形多半是存在音乐或娱乐

[40] 陈京生，《中国内地、台湾、新加坡三地华语电台新闻播音比较》（A）。李晓华、胡正荣、冉丽主编，张正法执行主编，《聚点－世界华语播音》（C），北京：北京广播学院，2004年9月第一版，第34页。

节目，一般新闻播报或多数节目还是会注重国语，只是传统字正腔圆的国语已经在台湾不再是必备不可了，因为会被视为八股、老态。

新加坡的年轻主持人也有类似以上所谈的台湾播音语言问题，他们的华语倾向于似翘非翘，同样的，前后鼻音也掌握不好。

(三)词汇与语法的规范化

新加坡有独特的地域特色（马来语与英语掺杂），在新闻广播或口语化的节目中，词汇与语法的使用难免会与中国不同。就词汇来说，经常会出现以下的情况。

方言，马来或英语词汇，例如："大耳窿"（广州方言词语，非法放高利贷的人）、塑胶（塑料）、巴刹（马来语，菜市场）、甘榜（马来语kampung的音译，乡村；村落；村庄）、罗厘（英语lorry的音译词，卡车）、户口（广州方言词语，户头）等。

新加坡特有的词语：组屋（政府建造的居民住宅）、拥车证（购买汽车或摩托车的凭证）、固本（英语coupon的音译，一种相当于"券"或"票"的凭证）、乐龄人士（老年人）。

跟中国大陆异名同实的词语：德士（出租汽车）、华乐（民乐）、顶限（上限）、机师（飞机驾驶员）。

语法方面，新加坡华语有其特点，广播语言也受其影响，列举以下几个特点，比如：

1. 调查人员问卡南："王有没有拿那笔钱？"卡南说有。（这一格式在中国普通话中不是很普遍）[41]

2. 和邻居和睦相处，总好过正面冲突。[42]（中国普通话里没有这种用法）

3. 敢敢去做（放胆去做）。

---

[41] 陆俭明、张楚浩、钱萍《新加坡华语语法的特点》（A）；周清海编著《新加坡华语词汇与语法》（C）。新加坡：玲子传媒私人有限公司，2002年9月初版，第83页。

[42] 同上。第88页。

4. 信已被投入信箱（信已投入信箱）。

5. 在药材店工作的周启仕（33岁）特地拿了半天假到书城购买政论选。（拿假／假期是方言的讲法，原文应改成"请了半天假"。"拿假期"应改为"申请假期"或请假）。[43]

以上为典型的新加坡华语特色，在播音当中也存在这类问题。

新加坡广播在语法方面与台湾、中国大陆基本相同，尤其在新闻广播语言上还是遵循着基本相同的语法规范。

在词汇方面的差异，还是有"地域"的色彩。有时，新加坡播音语言是既用大陆的词汇，也兼受台湾的影响，如：

	新加坡	台湾
(1)	沟通的渠道	沟通的管道（新加坡也用）
(2)	网络	网路
(3)	博客	部落格
(4)	知识产权	智慧财产权
(5)	德士	计程车

其它还包括：华乐（新加坡）、国乐（台湾）、民乐（大陆）；华语（新加坡）、国语（台湾）、普通话（大陆）。

（四）语速与发声

陈京生在语速和发声方面曾经以新闻素材统计来比较新加坡同大陆及台湾的不同。他说："新加坡城市频道的语速最慢（2003年7月10日，22点整点新闻），一分钟约260字。内地中央人民广播电台其次（2003年7月10日18点30分《全国新闻联播》），一分钟约280字。台湾中广新闻网（2003年7月10日早上7点《中广新闻联播》）最快，一分钟约三百字。如果以节目时长30分钟计算，台湾广播可

---

[43] 华文报集团新闻研究组《词语评改》续编，联合早报丛书(C)。新加坡：联邦出版社，1995年初版。

比新加坡广播多播1200字，比内地广播多播600字。如果其它条件相同，新加坡信息量为1，内地为1.08，台湾为1.15。"[44]

在发声特点上，陈京生总结，新加坡城市频道播音员声音略单薄，用声偏高；台湾中广新闻网播音员音域较宽，声音起伏明显；大陆中央人民广播电台播音员声音平稳、明快。在用声方面，台湾播音员用声较紧；新加坡和大陆的播音员音色都较为放松，接近口语发音的用声状态。新加坡广播音色变化少，感情较平淡，播音节奏略嫌单一；台湾播音感情积极，节奏活跃；大陆播音感情沉稳，节奏稳重。

从整体来看，新加坡的电台主持人播音语言，以资讯电台和音乐电台来说，要求略有不同。做为资讯电台的FM95.8城市频道，因为每小时都有新闻报道，对主持人的语言要求较严格；而音乐台的主持人以年轻人居多，爱听台湾流行曲，爱看港台娱乐节目和杂志，受台湾的语音、词汇、语调影响大，连带的主持方式也"台湾化"。近年来，有电视艺人、歌手加入音乐台主持行列，广播语言的标准和规范化与过去十年相比有下降的趋势。与台湾国语（华语）广播语言比较，发展状况类似。

在访问台湾中国广播公司新闻部主播姚爱真时，她说："约莫十年前仍相当重视播音员或主持人的发音，所谓"字正腔圆"是考入电台的基本要求。不过，随着台湾近年来强调本土化，再加上媒体开放后，许多进入电台的从业人员不再被要求国语标准，当前许多政治性脱口秀或者是以播放音乐为主的DJ主持人（音乐类型电台），国语可能不仅不标准，甚至还有个人的腔调，因为他们的节目诉求超越传统广播，而以政治性议题或者是音乐资讯为主，前者注重的是主持人的背景（部分过去是政治人物……）；后者在类型化（Formate Station）电台逐渐成熟、受欢迎后，负责音乐播放的主持人被要求说话的时间少了，因此，对于语言的要求也就不如以往严格。"（姚：2006年10月13日）

---

[44] 陈京生，《中国内地、台湾、新加坡三地华语电台新闻播音比较》(A)。李晓华、胡正荣、冉丽主编，张正法执行主编，《聚点－世界华语播音》(C)，北京：北京广播学院，2004年9月第一版，第32页。

台湾世新大学广播电视电影学系专任讲师黄雅琴，也如此提到："台湾传统讲究语言的标准化播音技巧，随着1993年以后，新电台加入广播市场竞争，产生明显松动甚至瓦解现象。电视语言结构的随性感与生活化直接影响广播语言传播的方式……高知名度的名人光环效应主持广播节目，'言之有物'俨然构成听众青睐的决定性关键，关于播音的专业素养与技巧（如字正腔圆、抑扬顿挫）已然退居非主流地位，不再成为首要条件。名人的敏锐思维、畅所欲言的专业形象淡化了对传统播音中发音、咬字、音调、速度的标准化要求……"[45]

新加坡的电台广播语言，基本上新闻播报还是比较传统与严格，要求语音规范与标准，但一般节目基本上较为松散。但这也视个别主持人对这领域的专业水平的要求。

（五）影响本地电台播音特色的因素

新加坡是个多元文化和种族的社会，英语、华语、马来语和淡米尔语是四大官方语言，民间的语言交流除了用这四大语言，还用方言，这几种语言搀杂使用，也互相影响。

新加坡华语是在新加坡的土壤上形成并发展起来的现代汉民族共同语，即普通话的区域变体。在语音上，是根据普通话的发音，但在词汇、语法中存在着一部分反映新加坡本土特色的事物或现象的词语。新加坡华语广播语言自是离不开新加坡华语特色。在华语广播中，主持人虽然说的华语比一般民众标准与规范，但不免也会受环境影响，尤其是现代的播音方式，强调亲切，用接近民众的语言，主持人语言专业水平若把持不稳，就很容易陷入讲不规范的华语。新加坡华语特色形成的原因，与其特殊的文化环境是分不开的。就从马来语、英语、方言及双语教育如何影响华语来谈。

---

[45] 黄雅琴，《台湾地区名人入主广播的现象与发展》(A)《媒介研究》(C)，卷2-5，2004年9月，北京：北京广播学院广播电视研究中心，第60-70页。

1. 马来语与英语的渗透

新加坡与印尼和马来西亚相邻。华人多数是中国南方沿海各省份的移民及其后裔，与当地马来人共同建造家园。在共同的生产活动中，互相接触，互相影响，通婚繁衍，马来语对汉语的影响与渗透就不可避免了。

1965年8月9日，新加坡脱离马来西亚建国，殖民者的语言——英语一开始就凌驾于马来语、华语、华语方言和淡米尔语之上。

英语是顶层语言，在行政语言方面也是以英语为主，教育的媒介语也是英语，华语只是学校教育里单科的语言科目。在这种情况下，英语对华语的影响是很大的。有许多新事物是先有英文的命名，才翻译成华文，如"高速公路监察与提示系统"译自英语"expressway monitoring advisory system"。[46]

2. 方言词语融入

新加坡华人的先辈多数是来自中国闽粤两省，以闽南及潮州人占多数。来到南洋，也把家乡话带来。新加坡华语受新加坡闽南话的影响较大，如：怕输（做什么都落后）、一路来（向来、一直）、爽（痛快、舒服）、搭客（乘客）等。从广东话中吸收的如：搞定（办妥、解决）、大跌眼镜（预测失准）、摆乌龙（做错、误会）、冲凉（洗澡）等。新加坡的闽南话和广东话词语在不知不觉中成为华语的常用词语。本地节目主持人在使用规范华语的同时，也用了不少方言词汇，甚至也分辨不出是华语还是方言。

3. 双语教育的影响

早期还有华校与英校的区分，华校生的华文、华语基础打得好，在这样的华校教育背景下出身的播音员，华文词汇的运用较好。在八十年代，还是严格遵守中文电台必须讲标准和规范华语的原则。在九

---

[46] 汪惠迪，《新加坡华语特有词语探微》（A）。周清海编著《新加坡华语词汇与语法》（Z），新加坡：玲子传媒，2002年9月初版，第49页。

十年代之后，渐渐地电台的华语水平就显得参差不齐。语言环境的改变也间接影响电台广播的水平。

从1966年起，新加坡政府在所有学校正式推行双语（英语与各族母语）教育政策。从1987年起传统的四大语文（英语、华语、马来语和淡米尔语）源流学校，统一使用一种教学语言即英语，而本族语文一律作为第二语文学习。一旦进入大学，除了除了中文系课程外，全部用英文。如果中学毕业不升大学而进入理工学院的话，所有课程也都用英文。因此，在新加坡的双语教育制度下，接触华文华语的机会是随着学年的递升而递减的。现在的二十、三十多岁年青节目主持人深受双语教育影响，华文及华语水平每况愈下。一般人在讲华语时，习惯上要搀杂运用华语和英语。在广播时，也下意识的会穿插两种语言，尤其在交通报告方面，如：往AYE高速公路方向行驶的Normanton Park前面发生交通事故（以华语来表达应该是"往亚逸拉惹方向行驶的诺曼顿园前面发生交通事故）。这是双语并用的例子，平时在主持谈话节目时，主持人偶尔英语会脱口而出，多数表现在词汇的运用上，如"请把你的问题SMS给我们"（SMS：手机短信）、"投选最佳DJ"，连电台的台呼如："Flash资讯第一台，958城市频道"（flash此处含迅速、闪光的意思）也用上英语，这似乎是一种潮流现象，不加英语，显得跟不上时代。另一原因是与新加坡讲华语的特殊环境有关。

新加坡报业控股华文报语文顾问汪惠迪说："新加坡华人在用华语交谈时语码混用或转换的情形是非常普遍的，最常见的是搀杂英语词句。其结果是字母词（Lettered-word）大量产生。"[47] 汪先生举了几个例子，如：U转（U-turn，掉头）、CPF（Central Provident Funds，中央公积金）、MRT（Mass rapid transit 地下铁路）、ERP（Electronic road pricing，电子公路收费制）、MC（medical certificate，诊断书）、CDP（The Central Depository Pte Ltd, 中央托收公司）、GST（goods and

---

[47] 汪惠迪，《新加坡华语特有词语探微》（A）。周清海编著，《新加坡华语词汇与语法》（Z），新加坡：玲子传媒，2002年9月初版，第61页。

services tax，消费税）等。还有使用音译词也是一大特色，如：固打（quota）－限额；罗厘（Lorry）－卡车；德士（Taxi）－计程车、出租汽车；巴刹（Market）－菜市场等。这些互相对应的音意词和意译词，照例可以完全使用意译词，而无须再用音译词，但是在口语和书面语中音译词仍时有所见，纯粹是语用习惯使然[48]。为了表现"广播语言的生活化"，主持人也使用这类词语。至于直接以英语来表达主持人要传达的含义的情况较少见（视个别主持人的讲话习惯）。

新加坡语言的复杂性，也影响听众的收听习惯和理解能力。陈京生就大陆、台湾和新加坡的新闻播报语速不同得出的结论，是可能与下列因素有关："台湾听众的文化水平较高、理解速度较快、能适应较快发音速度。中国内地新闻听众数量庞大，整体文化水平不高，理解速度偏低，致使播音语速略慢。新加坡的情况与两地略有不同，华语虽然是通用语言，但许多人同时也使用汉语方言或英语，华语熟练程度会受到影响，可能影响播音速度。"[49]

新加坡华语的特色，多少也渗透进中文广播里（但与一般人使用的华语还是有层次的差别）。本地的华语与现代汉语一脉相承，没有实质性的差异，但是，在语音、语汇和语法上，差异还是程度不等地存在的[50]。但就广播语言来说，新加坡的华语发音以北京音为蓝本，说的是"普通话"，当然因地域的不同，难免有地域的发音特征（如：语速、声调和语调）。语法方面与大陆和台湾基本上遵循着相同的语法规范，尤其是新闻广播语言，没有明显的语法差异。词汇方面新加坡与大陆基本相同（除了新加坡特有的词汇之外），这主要是

---

[48] 同上，第62页。

[49] 陈京生，《中国内地、台湾、新加坡三地华语电台新闻播音比较》(A)。李晓华、胡正荣、冉丽主编，张正法执行主编，《聚点－世界华语播音》(C)，北京：北京广播学院，2004年9月第一版，第37页。

[50] 汪惠迪，《新加坡华语特有词语探微》(A)。周清海编著，《新加坡华语词汇与语法》(Z)，新加坡：玲子传媒，2002年9月初版，第61，65页。

指新闻广播语言，词汇差异不大与新闻节目使用的书面语词汇较为稳定有关，在口语化的节目中词汇差异会加大[51]。

四 新加坡中文电台广播语言现状评议

(一)新加坡中文广播语言之优势

新加坡的中文广播在本地有其一定的市场。根据2005年第一季尼尔森 (Nielsen Media Research Radio Diary Survey) 电台收听率调查显示：新加坡前三名最受欢迎的电台依次为：为Yes93.3醉心频道、Capital 95.8城市频道和Love97.2最爱频道。有半数的新加坡人，收听本地中文广播电台，即听中文广播的听众占全新加坡人口的百分之49；听英文台的听众占百分之30；淡米尔或其他语言电台的听众占百分之21。[52]

从以上的调查显示，中文广播电台华语播音是最受欢迎的。

为什么大多数听众选择华语电台？有几个方面可以探讨：

1. 小市民的共通语言

中文广播从三十年代末到今天一直配合时代的改变而呈现不同的面貌。它早期以方言和华语一起广播，方言与华语并重的时代，汲取了华族方言丰富的文化，不少方言词渗透到华语里，如"阿兵哥"（国民服役军人）、"怕输"（做什么事都怕落后）、"大伯公"（土地神）、"摆乌龙"（出现差错）等。这些都出现在广播中，用得较普遍。对小市民来说，适当的加入方言词汇能拉近他们与主持人彼此的距离，也增添本地色彩。但在广播大前体下，新加坡还是讲求规范的，方言词汇使用得不多。

---

[51] 陈京生，《中国内地、台湾、新加坡三地华语电台新闻播音比较》(A)。李晓华、胡正荣、冉丽主编，张正法执行主编，《聚点－世界华语播音》(C)，北京：北京广播学院，2004年9月第一版，第39页。

[52] 《听说70》(Z)，新加坡新传媒中文电台出版，2006年1月初版，第6—7页。

九十年代后，广播中的华语词汇的运用渐渐放宽尺度，能允许方言词汇的加入，这同早期严格遵守华语规范是不一样的（当然这与广播天空的开放，受港台播音影响有关）。小市民从小就听华语广播，而先今四十岁以上的听众多数是华文教育背景的，听华语广播已形成一种习惯。在这方面，中文广播语言有其优势，华语广播让他们觉得亲切。

2. 学华语的渠道

新加坡中文广播电台的语言，经常是听众学习华语的渠道，这是我们的优势之一。主持人必须讲标准和规范华语，主持人是听众学习的榜样，因为新加坡听广播的人当中，有不少白领阶级平时很少有机会讲华语，为了学好华语就听广播来提升水平。

中国经济起飞，大开门户，不少新加坡人与中国有商贸来往，或在中国工作，都要接触华文、华语。再加上政府的鼓励，华语受重视，促使人们听华语播音了解时局，也间接学华语。

3. 中文广播的水平

综合比较台湾、香港、和马来西亚的中文电台广播，新加坡的资讯电台FM95.8城市频道和新加坡国际广播电台，播音语言水平较高，与普通话接近；音乐台则视个别主持人的语言水平。

本地播音语言以中国的规范为标准，有时比大陆播音员还讲究，新加坡的主持人以词典的读音为依据，不会出现像大陆的广播员把"因为"的"为"（第四声或轻声）读成第二声的情况。电台对主持人的华语，还是有一定的要求（对音乐台的主持人，要求就不那么严格）。

4. 表现手法灵活

在表现手法上，如交通报告方面，路名或街道名称，华语电台使用双语（华语和英语）报告，是特殊情况，因为新加坡的路标很多是以英文或马来文标志，驾车的人对英文较熟悉，报告英文名称，能迅速接收，但为了引导听众及推广华语，有的主持人还是双语并用报道。

近年来，本地的广播节目也受港台电视节目影响，流行"说话式"的主持方式，使广播节目更轻松自然。

中文广播语言讲的是华语。华语是优美的语言，中华文化渊源流长，华文或华语，语言本身就不存在问题，而是把它放在什么国家，什么位置上来谈其优点或不足之处。在生活中只要还用到这种语言，而且，在广播内容方面注入本地色彩，兼顾华人的文化传统，听众还是会喜欢的。当然，为了吸引年轻的听众，在节目的表现手法上，如多加音响效果、节奏明快、与时并进。

(二) 新加坡中文广播语言之不足

前面曾提到广播语言的特性，即：口语化的语言、加工的口语、通俗易懂、语言要具体形象。

新加坡的中文广播语言，在这几方面有什么不足之出吗？肯定有。一个人具有运用现代汉语（包括它的口语形式和书面形式）的能力，是掌握和运用广播语言的基础。从广播的特点来考虑，广播是要特别照顾人们的听觉的，从写稿到播讲，都要着眼于"听"。

在中国大陆，有传媒大学培养电视与播音的人材，非常有系统地、很专业地指导；但在新加坡，大众传播系主要还是以英语为教学媒介语，而华语广播是必须训练华文语言的驾驭能力，以及写稿能力，大多数的播音人是靠私下进修，或向有经验的广播员学习，所以往往在广播语言上显得不够严谨或引起困惑。

一些同音词容易在广播中出现混乱，引起听众的困惑。如："治癌"与"致癌"，前者在广播中可用"医治癌症"或"治疗癌症"，后者用"引起癌症的物质"意思更清楚。再比如："那个继女"和"那个妓女"，也容易混淆。如果前面的"继女"，改成"妻子（或后妻）带来的女儿"，语义就清楚地分开了。

在本地广播中也习惯使用"书面语"，如"逾期逗留"（超过逗留期或超过期限）、否则（不然的话）、即（就是、也就是）、日益重要（越来越重要）等。这是因为写稿的人不了解广播语言的性使然。

广播语言不是不用书面语，一般是用在庄严的事件或场合。如："陛下"、"诞辰"、"逝世"等。广播语言长期以来，受书面语的束缚较大，口头语言艺术的优势未能得到充分发挥[53]，其实在中国大陆也同样有这样的现象。

语言的加工、通俗易懂和具体形象的描绘都是广播语言的基本要求。现在的主持人由于多数主持现场访谈、户外采访或热线讨论话题，空中游戏之类的节目，很少（或没有）有文艺朗诵、播读讲稿或小品的节目，所以"读稿"的功力不够，抑扬顿挫、节奏鲜明、声感优美的播音已少听到。取而代之的是谈话、交流、聊天式的节目，广播语言趋向随意和轻松。

新加坡的另一现象也同台湾一些电台一样，即邀请艺人当主持（主要是音乐台）人。这样一来，就无所谓讲规范华语的问题了，因为艺人是以名气进入广播，重视的是形象和个人的专长，如果同正式考进来当主持人的，就明显有区别。这也形成一个台的广播语言参差不齐的现象，各自发挥所长。

（三）电台播音未来发展的基本趋势

现在的广播天空占据不少竞争者，再也不像早期的播音，唯我独尊。八十年代以前可收听的频道，可借鉴的广播，主要还是以西方国家的英语电台为主。由于新加坡曾是英国的殖民地，作为本地的官方电台"新加坡广播电台"，广播节目的呈现手法，形式还是参照英国广播电台（BBC）的体制。在新加坡独立前后的时期，"广播是政治的声音"，电台广播还是较谨慎，不像现在如此开放。时代的改变，生活素质的提高，不论是哪一地区（大陆、香港、台湾、马来西亚、印尼还是新加坡），广播的语音、语速、发声、词汇与语

---

[53] 谭细心编著，《广播电视语言分析》（M），大众实用语文丛书。北京：中国物资出版社，1990年10月第一版，第42页。

法虽有地域性的特点，但主持的表现手法，差别不很大，尤其是音乐台的主持风格相当接近。

中文的广播未来发展如何，仍有许多不确定的因素，但以目前的情况来看未来，新加坡的中文广播语言受台湾和大陆影响（也包括受电视的影响），语言特征已趋向亲切、平和及富有人情味，当然这与"交谈式"的播音方式流行有密切关系。同时也密切关注受众的心理，会适度的加入本地华语的特色。未来的广播趋势发展，会更注重主持人与听众的交流互动，使播音更生活化，并充分发挥广播的"谈心"优势。这几点应该是会持续发展下去的。

无可否认的是，随着新加坡与大陆在各个领域的频繁接触，会引进大陆常使用的词汇。而本地人又经常收看台湾的综艺节目，受台湾主持人的语言风格，语音影响。从好的方面来看，语言的表现力会更活泼、生动，但如果没有专业的语言规范指导，势必造成整个台的语言不规范，主持人各说各的，一台"多音"（语音）的现象也就不足为奇了。另外，如由艺人来担任主持人，也会形成电台播音语言参差不齐，而这样的趋势目前就已存在，未来情况看来也将如此。

电台主持人个性化（类似台湾的艺人或专家、学者主持节目），是目前的一种趋势，但这种现象将来会更明显。有个人魅力，展现个人特长的主持人，听众较能留下深刻印象。主持人的个性和特点，往往表现在其语言习惯和风格上，这也能凸显栏目及节目的个性。换了另一个人制作，节目风格必然发生变化。

电台广播，主要靠的是声音，这是传统意义上的广播，但现在的广播已经以数字和影象新媒体的姿态出现，如新传媒电台的网络广播（Radio East West）、数码广播（Smart Radio）、通过网络进行的播客广播（Podcasting）、通过手机可看的可视广播（Visual Radio），都使广播从"只闻其声"进展到具有视觉效果、积极互动以及"个人拥有的广播电台"（Radio on demand）[54]。广播虽是历史悠久的媒体，但随着时代的转变，它也跟着转变，紧密地与新媒体结合。到现在，它

---

[54] 《听说70》（Z），新加坡新传媒中文电台出版，2006年1月初版，第11页。

还是大众媒体的主流。未来的广播将更紧密地、直接地与受众沟通，积极地扮演"朋友"（甚至是老朋友）或"辅导员"的角色。借助新科技，它更能巧妙地融入听众的生活。

（四）几点建议

本地中文广播语言及节目风格，据可考据的资料显示，从三十年代到现在有相当大的转变。广播在语言传播上还是可以继续发挥其功效。

1. 使用规范标准的华语播音

新加坡的华语该如何规范？向来电台或电视台使用的华语都是以中国大陆普通话规范标准为依据的。从这点来看，新加坡中文广播语言还是可以发挥其教育的作用。以广播作为学习华语的对象，是最简易的学习华语的方法，因为通过听各类型节目，使学习更有乐趣。这点应该给予重视。

大致上，新加坡中文台的主持人基本上都讲标准华语，但有必要提升水平。在周清海编著的《新加坡华语词汇与语法》一书中，由语言专家陆俭明、张楚浩和钱萍撰写的"新加坡华语语法的特点"曾提到"新加坡华语的规范化对促进新加坡的政治、经济、文化、科技的发展，对加强新加坡国内的团结、对加强新加坡与中国和其他华人社区的联系，都有十分重要的意义……"[55]，并提出建议"新加坡应尽早成立一个由若干语言专家、教育学家、中小学语文教师和文学工作者组成的研究机构，专门研究新加坡华语的规范化问题和规范化华语的推广问题。这一研究工作要长期坚持进行下去。这个研究机构可直属新加坡教育部领导。事实将证明，这个研究新加坡华语规范化的机构成立得越早，对新加坡越有利。"[56] 在广播方面，如

---

[55] 陆俭明、张楚浩、钱萍，《新加坡华语特有词语探微》（A）。周清海编著，《新加坡华语词汇与语法》（Z），新加坡：玲子传媒，2002年9月初版，第136页。

[56] 同上，第136-137页。

有一小组语言专家，能监督广播的语音、语法和词汇的运用，必定能提升播音的素质与专业水平，而中国的语言专家肯定能在这几方面提供宝贵意见。因为有部分主持人的华语，学习得不全面，在广播中使用不当，会影响电台的语言水平。

新加坡电台在节目制作，与创意构想方面的课程很重视，但在供中文主持人广播语言训练的课程方面就很少（譬如：如何写广播稿、如何避免使用欧化的句子、如何处理方言的影响等），广播语言要保持一定的水平，此类训练课程对播音是重要的。

2. 制作文化艺术类节目

娱乐与新闻、生活资讯一向是本地电台广播重视的内容。在二十一世纪的今天，人们不仅仅于满足身边的娱乐与新闻资讯，对文化与艺术的欣赏也渐渐需要。我们也应该以深入浅出的方式，让一般听众走进文化艺术"殿堂"。介绍散文与诗歌（此类节目能提升语言水平），播送华乐及民歌民曲，知识性的空中游戏等都应该推广，让节目"百花齐放"，让听众"各取所需"。普及常识，净化人的心灵，这类节目会是一股清流，滋润听众的精神生活，并减轻人们生活的压力。但表现手法要简练，生动活泼，才能吸引年轻听众。

结语

新加坡的中文广播从1980年开始转型。法定机构下的市场广播，促使电台第三广播网节目以更生动活泼的形式广播，并增加更多的流行歌曲节目，由商家赞助的节目很多，对主持人的语言的表达和主持方式有一定的要求，以活泼轻松的语气介绍产品，以达到宣传效果。

1990年，当新加坡首家中文音乐电台启播时，以"歌多话少，不受干扰"为其口号，主持人讲话的时间不多，主要以播歌为主。这是另一类的音乐台播音手法。语言运用得精简，要求节奏快。

现在的广播语言运用形式更多样化了。主持人"有稿"播出或"无稿"播出都有。更多的是节目"播"中有"说"，"说"中有

"播"，所以广播主持人必须具有扎实的语言基本功，能够自由地运用各种的语言表达方式，才能适应丰富多彩的节目要求。

我们无法预测将来中文广播语言的走向，但可以肯定的是，播音语言是艺术语言，如何使听觉愉快、感染受众还是至关重要的。而这些完全得由主持人通过个人的语言习惯来掌控，所以主持人的修养和素质就影响其谈吐和节目风格。

新世纪是个"地球村"，外来的刺激与影响在所难免。笔者个人觉得新加坡的中文广播，无论在语言、节目制作和表现手法上都能吸取海外广播（主要是台湾、大陆和英国广播公司）的长处，而且能适当地凸显本地的语言特色。但能否适当地加插英语来主持，成为另一特征，是需要认真考虑的，因为如果主持人若英语能力不强，反而破坏说话的流畅和语言的美感。

从早期的广播到现在，中文广播不断精益求精，在新加坡始终占有重要位置。

【附注】

本文节选自作者中国语言文学硕士学位毕业论文；论文导师为北京师范大学李运富教授。

附录：受访者简介和访谈日期记录

1. 受访者：林刚（新加坡）

FM95.8城市频道和FM93.3醉心频道前节目总监（1985–1993年）。1961年加入当时的新加坡广播电台中文部担任兼职播音员。1963年正式受聘为电视台全职播音员，后调职电台中文部，是新加坡第一位播报华语电视新闻的播音人。1971年开办儿童广播演员训练班，1973年成立电台少儿组，培养广播不少人才。1976年国庆日荣获总统颁赐效率奖章，1993年9月离开广播局。

访谈：2006年12月1日，电邮访问

2. 受访者：陈雅丽（中国大陆）

中国传媒大学播音主持艺术学院广播教研室主任。教导广播主持艺术。

访谈：2006年8月底，在北京住家访问。

3. 受访者：黄雅琴（台湾）

现为世新大学广播电视电影学系专任讲师。

访谈：2006年9月底，电邮访问。

4. 受访者：姚爱真（台湾）

1983年自新闻专科学校毕业，后考入国家广播电台任播音员。1991年从大学新闻系毕业，并于同年考入中国广播公司新闻部，工作至今，目前也在大学兼职任教。从事广播工作24年，跨越台湾广播相当长的年代。

访谈：2006年9月27日，电邮访问。

5. 受访者：彭远青（香港、新加坡）

1990年为FM93.3醉心频道播音员（新加坡）。1995年至1996年任醉心频道节目经理。1996离职后，同年到香港参与首个普通话台的试播。1997年2000至年为全职香港电台普通话台编导兼主持人。2000年至2002年为兼职编导，并策划香港普通话节活动。

访谈：2006年9月，电邮访问。

参考文献

（一）专著及文章

1. 《论播音艺术》张颂、乔实著，北京广播学院出版社，1990年5月第一版。

2. 《主持人语言表达技巧》，吴郁著，中国广播电视出版社，2002年1月第一版。

3. 《广播电视语言分析》，（大众实用语文丛书），谭细心编著，（中国人民大学语言文字研究所编委），中国物资出版社，1990年10月第一版。

4. 《新加坡华语词汇与语法》，周清海编著，南洋理工大学中华语言丛书，玲子传媒私人有限公司出版，2002年9月初版。

5. 《新加坡特有词语词典》，汪惠迪编著，新加坡联邦出版社，1999年初版。

6. 《华文字词句》，汪惠迪编著，玲子传媒私人有限公司，2002年5月初版。

7. 《聚点，世界华语播音》，李晓华、胡正荣、冉丽主编，张正法执行主编，北京广播学院出版社，2004年9月第一版。

8. 《播音语言通论——危机与对策》，张颂著，中国传媒大学出版社，2002年1月第二版。

（二）学术论文

1. 张燕萍，《新加坡中文广播史（1945–1965）：一个社会史的研究》（D）（新加坡国立大学中文系硕士学位论文），新加坡国立大学中文图书馆，2004年。

2. 黄雅琴，《台湾地区名人入主广播的现象与发展》，发表于媒介研究（卷2–5，第60–71页），2004年9月，北京广播学院（中国媒体大学前身）广播电视研究中心。

（三）特刊

1. 《听说70》新加坡中文广播纪实，总编辑石惠敏，新加坡新传媒中文电台城市频道、醉心频道、最爱频道联合出版，2006年1月初版。

新跃人文丛书

总主编　郭振羽

新加坡华语应用研究
新进展

阅览 八方 共享文化

八方文化创作室

主　编	罗福腾
企划编辑	潘国驹
责任编辑	何华
封面设计	何美娇
排　版	李丽芳
出　版	新跃大学新跃中华学术中心 461 Clementi Road, Singapore 599491 www.unisim.edu.sg 八方文化创作室 （世界科技出版公司之附属机构） 5 Toh Tuck Link, Singapore 596224 www.globalpublishing.com.sg
发　行	八方文化创作室 （世界科技出版公司之附属机构）
联　络	65-64665775 chpub@wspc.com
印　刷	World Scientific Printers (S) Pte Ltd
初　版	2012年10月
国际书号	978-981-4436-04-5 (pbk)
定　价	S$20
版权所有	新跃大学　八方文化创作室

香港、台湾、马来西亚读者可以该地货币购书，
我们的书籍也以美元定价。请参考本公司网上书店。

《新马华文文学研究
新观察》
罗福腾　主编
ISBN 978-981-4436-02-1

《新加坡华语教材研究
新视角》
罗福腾　主编
ISBN 978-981-4436-06-9

繁体版
《新加坡政府经验
动态治理之文化、能力与变革》
梁文松　曾玉凤　著
ISBN 978-981-4322-61-4

《新中社会发展对比研究》
连瀛洲纪念奖学金理事
及项目办公室　编
ISBN 978-981-4299-99-2

推荐网站：全球华人专业人士网络
w w w . n e t w o r k c h i n e s e . c o m

■

欢迎浏览本公司网上书店查阅其他书刊及优惠配套

www.globalpublishing.com.sg

八方文化创作室，简称八方文化，以世界科技出版公司为后盾，致力于推动新加坡的中文出版，并且放眼全球华裔的人文舞台。我们的重心在于介绍世界各地华人学者及作家的言论与著作，同时也积极推动各类艺术与文化活动。八方文化期望以出版良心作信念，以高素质为诉求，为各地中文读者多开启一扇东西文化的窗户，共同努力营造一个富有质感和充满活力的人文空间。

世界科技出版公司总部及海外分公司

总部 (新加坡)
World Scientific Publishing Co. Pte. Ltd
5 Toh Tuck Link
SINGAPORE 596224

新泽西
27 Warren Street
Suite 401–402, Hackensack
NJ 07601, USA

伦敦
57 Shelton Street
Covent Garden, London
WC2H 9HE, ENGLAND

北京
中国北京大学数学科学学院
理科2号楼2526W室
邮编100871

上海
中国上海滩国际大厦
黄浦路99号2003室
邮编200080

香港
香港尖沙咀山林道
46–48号
运通商业大厦1004室

台北
台湾台北市10091
罗斯福路四段
162号8楼

真奈
No. 16, South West Boag Road
T. Nagar, Chennai 600 017
INDIA